Simón Bolívar

Simón Bolívar

Personalidad y alcance

Editado por Wilhelm Stegmann

Por motivo del Bicentenario del nacimiento
de Simón Bolívar

DIETRICH REIMER VERLAG · BERLIN

Simón Bolívar

Persönlichkeit und Wirkung

Herausgegeben von Wilhelm Stegmann

Aus Anlaß der 200. Wiederkehr des Geburtstages
von Simón Bolívar

DIETRICH REIMER VERLAG · BERLIN

CIP-Kurztitelaufnahme der Deutschen Bibliothek

Simón Bolívar: Persönlichkeit u. Wirkung; aus Anlaß d. 200. Wiederkehr d. Geburtstages von Simón Bolívar / hrsg. von Wilhelm Stegmann. – Berlin: Reimer, 1984. –

Parallelt.: Simón Bolívar
ISBN 3-496-00762-1

NE: Stegmann, Wilhelm (Hrsg.)

In Zusammenarbeit mit Inter Nationes Bonn
En colaboración con Inter Nationes Bonn

Übersetzung der Ansprachen und des Festvortrages/Traducción de los discursos y de la conferencia conmemorativa: Ernesto Garzón Valdés

Printed in the Federal Republic of Germany

INHALT – CONTENIDO

BIBLIOGRAPHIE/BIBLIOGRAFÍA

Festakt

Acto Festivo

Vorwort

Es gibt nur wenige große historische Persönlichkeiten, die ihre Aktualität über die Jahrhunderte hinweg bewahrt haben und deren Taten und Gedanken bis in die Gegenwart hinein im Bewußtsein ihrer Völker verankert geblieben sind. Zu ihnen zählt Simón Bolívar, der Feldherr und Staatsmann, dem die iberoamerikanischen Länder ihre Unabhängigkeit verdanken und deren Bewohner ihm auch heute noch Verehrung und Bewunderung zollen. Seine in unzähligen Briefen und Proklamationen festgehaltenen Ideen werden ständig zitiert; sie werden immer wieder neu interpretiert und damit den unterschiedlichsten geistigen und politischen Richtungen nutzbar gemacht. So bleibt Simón Bolívar in Lateinamerika lebendig und wird nach wie vor als stets präsente Kraft empfunden.

Es ist daher nicht verwunderlich, daß die herausragenden Gedenktage nicht an ihn zu erinnern brauchen, sondern daß sie ihn wie eine in die Gegenwart hineinreichende Persönlichkeit zeigen. Die Zahl der Publikationen über ihn ist insbesondere im Laufe der letzten fünfzig Jahre stets gestiegen. Anfang der dreißiger Jahre dieses Jahrhunderts leiteten die hundertfünfzigjährige Wiederkehr seines Todestages und das Gedenken an seinen hundertfünfzigjährigen Geburtstag eine Flut von Publikationen ein, die sich mit seiner Person, seinen Vorstellungen und seinem Lebenswerk auseinandersetzten. Diese Entwicklung hat mit seinem hundertfünfzigjährigen Todestag am 17. Dezember 1980 und seinem zweihundertjährigen Geburtstag am 24. Juli 1983 einen vorläufigen Höhepunkt gefunden. Lateinamerika feierte den Architekten seiner Unabhängigkeit, den Staatsmann, den Politiker, den General der Befreiungstruppen in Wort und Schrift, voller Bewunderung, aber auch in kritischer Würdigung. In dieser Situation durfte die Bundesrepublik nicht abseits stehen. Das Auswärtige Amt setzte sich mit den Botschaftern der von Bolívar unmittelbar befreiten Länder Venezuela, Kolumbien, Panama, Ekuador, Peru und Bolivien in Verbindung und gründete zur Vorbereitung der Bolívar-Feierlichkeiten in der Bundesrepublik ein Organisationskomitee, in dem als wissenschaftliche Institutionen das Ibero-Amerikanische Institut Preußischer Kulturbesitz, die Historischen Seminare der Universitäten Hamburg und Köln sowie das Institut für Ibero-Amerika-Kunde Hamburg vertreten waren. Außerdem gehörten ihm das Presse- und Informationsamt der Bundesregierung, Inter Nationes, die Deutsche Forschungsgemeinschaft, die Alexander-von-Humboldt-Stiftung, der Deutsche Akademische Austauschdienst und der Ibero-Club Bonn an.

Es wurde ein Programm ausgearbeitet, dessen erster Teil der Gegenstand der vorliegenden Festschrift bildet: ein Festakt in Anwesenheit des Bundespräsidenten sowie ein am folgenden Tag anschließender Vortragszyklus zur

Persönlichkeit Bolívars. Diese Veranstaltungen fanden am 21. und 22. September 1983 am Ibero-Amerikanischen Institut Preußischer Kulturbesitz in Berlin statt und wurden von einer umfangreichen, aus mehreren Teilen bestehenden Ausstellung eingerahmt, die der Persönlichkeit und dem Werk Bolívars gewidmet war und bis zum 29. Oktober 1983 lief.

Die Ausstellung umfaßte eine durch historische Karten ergänzte Buchdokumentation sowie einen aus verschiedenen Elementen zusammengestellten Bildteil. Besonders hervorgehoben waren dabei die graphischen Portrait-Darstellungen von Bolívar und anderen bekannten Zeitgenossen, eine Leihgabe des Westfälischen Landesmuseums für Kunst- und Kulturgeschichte in Münster. Beigegeben waren ihr zudem eine fotografische Bilddokumentation, die der Nationale Kulturrat (CONAC) in Venezuela zusammengestellt hatte.

Ferner wurden Bolívar, die Unabhängigkeitskriege und nationale Momente der Zeit als Motive für die venezolanische Währungseinheit – den «Bolívar» – und für venezolanische Postwertzeichen gezeigt. Dieser Teil der Ausstellung wurde von der Bundesdruckerei Berlin konzipiert, die des öfteren Aufträge für die venezolanische Regierung ausgeführt hatte.

Den Abschluß der Berliner Veranstaltungen bildete ein zweitägiges wirtschaftshistorisches Symposium unter internationaler Beteiligung von Wissenschaftlern, deren Forschungen sich auf lateinamerikanische Wirtschaftsgeschichte konzentriert hatten. Ziel des Symposiums war es, eine vergleichende Diskussion durchzuführen, die sich auf neueren Erkenntnissen über den Aufbau der nationalen Volkswirtschaften nach Beendigung der Unabhängigkeitskriege stützen sollte. Gleichzeitig war zu klären, welche Rolle die europäischen Wirtschaftsinteressen dabei spielten. Die Referate dieses Symposiums werden demnächst in einem Band der von Ibero-Amerikanischen Institut herausgegebenen Reihe «Bibliotheca Ibero-Americana» erscheinen.

Die Tagungsteilnehmer reisten im Anschluß an die Berliner Ereignisse weiter nach Hamburg und Köln, wo die historischen Seminare der dortigen Universitäten ein Symposium von je zwei Tagen über die Probleme der Staatenbildung in Lateinamerika zur Zeit Bolívars abhielten. Die Ergebnisse dieser Tagung sollen als Beiheft zum «Jahrbuch für Geschichte von Staat, Wirtschaft und Gesellschaft Lateinamerika» erscheinen. Außerdem sendete die Deutsche Welle mit den Tagungsteilnehmern einen großen Diskussionsabend, an dem die Beziehungen zwischen Lateinamerika und Deutschland zur Sprache kamen.

Mit den hier skizzierten Veranstaltungen in Berlin, Hamburg und Köln wurde in der Bundesrepublik einmal ein Beitrag zur wissenschaftlichen Forschung über Aspekte der politischen und Wirtschaftsgeschichte Lateinamerikas zur

Zeit Bolívars geleistet und zum anderen mit ihnen der deutschen Öffentlichkeit die Persönlichkeit Bolívars und ihre geistige und politische Ausstrahlung in Vergangenheit und Gegenwart vorgestellt. Dies war als ein Ausdruck der Verbundenheit Deutschlands mit den Völkern Lateinamerikas gedacht, für die Bolívar Vorbild und Leitstern darstellt, die sich aber auch kritisch mit ihm auseinandergesetzt haben.
In den in dieser Festschrift abgedruckten Vorträgen spiegeln sich nicht nur positive Einstellungen zur Persönlichkeit Bolívars wider. Um den aktuellen Stand der Diskussion in Lateinamerika zu zeigen, kommen neben zustimmenden Schilderungen auch Versuche zum Zuge, Bolívar und den um seine Person getriebenen Kult zu demystifizieren. Generell wird jedoch das Bemühen sichtbar, die komplexe Gestalt des «Libertador» objektiv zu würdigen und ihn für die Gegenwart mit seinen Meriten, aber auch mit allen Fehlern, die ihm anhaften, darzustellen.
Mit Deutschland ist Bolívar durch die Person Alexander von Humboldts in Kontakt gekommen, den er 1804 in Paris kennenlernte und mit dem er, soweit uns bekannt ist, bis 1826 Korrespondenz pflegte. Inwieweit der erst kurz zuvor von seiner großen Amerikareise zurückgekehrte deutsche Gelehrte den weiteren Lebensweg des jungen Venezolaners durch Anregungen beeinflußte, bleibt umstritten. Nach Humboldts eigener Aussage, die durch die Memoiren des Generals Daniel F. O'Leary belegt wird, hat er sich im Jahre 1804 oft mit Bolívar getroffen. Wie erste Zeitungsmeldungen beweisen, haben sich die Deutschen früh für die ersten Unabhängigkeitskämpfe und Simón Bolívar interessiert; Höhepunkte im Schrifttum stellten dann die «Geschichte des neunzehnten Jahrhunderts seit den Wiener Verträgen» des Historikers Georg Gottfried Gervinus (Leipzig 1855–1866) sowie die große Bolívar-Biographie von Gerhard Masur (Konstanz 1949) dar. Dem Thema «Bolívar und die Deutschen» kam folgerichtig mit dem im vorliegenden Band abgedruckten Festvortrag des Kölner Historikers Günter Kahle für die Berliner Veranstaltungen anläßlich der 200. Wiederkehr des Geburtstages von Bolívar eine zentrale Bedeutung zu.
Die am Ende der Festschrift veröffentlichte Bibliographie umfaßt das wesentliche Schrifttum zu Bolívar, soweit es im Ibero-Amerikanischen Institut greifbar ist. Im Interesse der Forschung wird das Institut auch künftig alle wichtigen Schriften über den lateinamerikanischen Freiheitskämpfer erwerben, um sie der deutschen Öffentlichkeit zugänglich zu machen.

Dr. Wilhelm Stegmann
Direktor des Ibero-Amerikanischen Instituts
Preußischer Kulturbesitz

Prefacio

Pocos son los grandes personajes históricos que han conservado su actualidad a lo largo de los siglos y cuyas obras e ideas han quedado arraigadas en la conciencia de sus pueblos hasta nuestros días. Entre éstos se cuenta Simón Bolívar, aquel general y hombre de estado a quien los países iberoamericanos deben su independencia y cuyos pueblos aún hoy veneran y admiran. Sus ideas, expresadas en incontables cartas y proclamaciones, son citadas constantemente; son objeto de siempre nuevas interpretaciones, sirviendo a las más variadas tendencias espirituales y políticas. Es así que Simón Bolívar se mantiene vivo en la América Latina como una fuerza constante y omnipresente.

No es de extrañar entonces que no haga falta evocar su memoria en fechas específicas, pues éstas revelan la candente actualidad de su persona. El número de publicaciones que se ocupan de él ha aumentado continuamente, sobre todo en el curso de los últimos cincuenta años. A comienzos de los años treinta de nuestro siglo, el centenario de su muerte y la conmemoración de los cientocincuenta años de su nacimiento se da una avalancha de publicaciones referentes a su persona, su obra y su vida. Este desarrollo culminó por ahora al cumplirse los cientocincuenta años de su muerte, el 17 de diciembre de 1980, y el bicentenario de su nacimiento, el 24 de julio de 1983. Latinoamérica celebró al arquitecto de su independencia, al hombre de estado, al político y al general de las tropas de liberación con palabras y textos plenos de admiración, pero también con apreciación crítica. En esta situación la República Federal de Alemania no podía mantenerse al margen. El Ministerio de Relaciones Exteriores se puso en contacto con los embajadores de Venezuela, Colombia, Panamá, Ecuador, Perú y Bolivia, los países directamente liberados por Bolívar, y se fundó un comité organizador para la preparación de los homenajes y actos festivos a celebrarse en la República Federal de Alemania en honor a Bolívar. En este comité participaron como instituciones científicas el Instituto Ibero-Americano del Patrimonio Cultural Prusiano, los Seminarios de Historia de la Universidades de Hamburgo y Colonia así como el Institut für Ibero-Amerika-Kunde de Hamburgo. El comité contó además con la colaboración del Departamento de Prensa e Información del Gobierno Federal, de Inter Nationes, de la Fundación Alemana para la Investigación Científica, de la Fundación Alexander von Humboldt, del Servicio Alemán de Intercambio Académico y del Ibero-Club de Bonn.

Se elaboró un programa cuya primera parte constituye el objeto de la presente publicación homenaje: un acto festivo en presencia del Presidente de la República Federal de Alemania así como un ciclo de conferencias relativas a la persona de Simón Bolívar, celebrado al dia siguiente. Estos actos tuvieron lugar el 21 y 22 de septiembre de 1983 en la sede del Instituto Ibero-Americano del Patrimonio Cultural Prusiano en Berlín y fueron enmarcados por una extensa exposición, compuesta de varias partes, dedicada a la personalidad y obra de Simón Bolívar, que permaneció abierta hasta el 29 de octubre de 1983.

La exposición comprendía una documentación literaria, complementada por mapas históricos, y una parte iconográfica integrada por diversos elementos. Mención especial merecen en este contexto las representaciones gráficas de retratos de Bolívar y de conocidos contemporáneos suyos, puestas a disposición en calidad de préstamo por el Westfälisches Landesmuseum für Kunst- und Kulturgeschichte de Münster. La exposición fue acompañada, además, por una documentación fotográfica compilada por el Consejo Nacional de Cultura (CONAC) de Venezuela.

Se exhibieron asimismo semblanzas de Bolívar, de las guerras de independencia y de episodios nacionales de la época como motivos para el «Bolívar» – la moneda nacional de Venezuela – y para sellos de correo venezolanos. Esta parte de la exposición fue realizada por la «Bundesdruckerei» (Imprenta Estatal Federal) de Berlín, que a menudo ha cumplido encargos del Gobierno de Venezuela.

Los actos celebrados en Berlín finalizaron con un simposio históricoeconómico de dos días de duración, en el que participaron científicos internacionales cuyas investigaciones se concentraron en la historia económica latinoamericana. Finalidad del simposio era abrir una discusión comparativa, apoyada en conocimientos recientes, sobre la formación de economías nacionales una vez finalizadas las guerras de independencia. Al mismo tiempo se trataba de esclarecer cuál era el papel que en ello desempeñaron los intereses económicos europeos. Los trabajos presentados en este simposio aparecerán próximamente en un volumen publicado en la serie «Bibliotheca Ibero-Americana» editada por el Instituto Ibero-Americano.

Los participantes de las conferencias y del simposio viajaron a continuación de los eventos celebrados en Berlín a Hamburgo y Colonia, donde los Seminarios de Historia de las respectivas Universidades organizaron un simposio de dos días en cada ciudad sobre los problemas de la formación de estados en Latinoamérica en la época de Bolívar. Los resultados de este simposio se publicarán como suplemento del «Jahrbuch für Geschichte von Staat, Wirtschaft und Gesellschaft Lateinamerikas». Además, la radioemisora «Deutsche Welle» transmitió una un extenso debate con los participantes de los simposios, que tenía por tema las relaciones entre Latinoamérica y Alemania.

Los actos de Berlín, Hamburgo y Colonia aquí bosquejados constituyen por una parte un aporte a la investigación científica sobre diversos aspectos de la historia política y económica de la América Latina en tiempos de Bolìvar y, por la otra, permitieron presentar al público alemán la personalidad de Bolívar y su alcance espiritual y político en el pasado y el presente. Fueron concebidos como expresión de los lazos que unen a Alemania con los pueblos latinoamericanos para los cuales Bolívar viene a ser ejemplo y guía sin que, por ello, dejaran de someterlo a juicio crítico.

Las conferencias reproducidas en esta publicación homenaje no sólo reflejan apreciaciones positivas de la personalidad de Bolívar. Con el propósito de mostrar el estado actual de la discusión en Latinoamérica, junto a descripciones afirmativas se da lugar también a intentos de desmistificar a Bolívar y al culto celebrado en torno a su persona. Por lo general empero se denota el esfuerzo de enfocar objetivamente el complejo carácter del Libertador, presentándolo a la actualidad con sus méritos, pero también con los defectos propios de su persona.

Bolívar tuvo contacto con Alemania a través de Alejandro de Humboldt, a quien conoció en 1804 en Paris y con quien, hasta donde sabemos, mantuvo correspondencia hasta 1826. En qué medida las sugerencias del sabio alemán, que había regresado hacía poco de su gran viaje a América, influenciaron la vida futura del joven venezolano es materia de controversias. De acuerdo con informaciones del propio Humboldt, acreditadas por las memorias del General Daniel F. O'Leary, se reunió en 1804 repetidas veces con Bolívar. Según comprueban primeras notas de prensa, los alemanes se interesaron desde un comienzo por las guerras de independencia y por Simón Bolívar; puntos culminantes en la literatura fueron luego la «Historia del siglo XIX a partir de las conferencias de Viena» del historiador Georg Gottfried Gervinus (Leipzig 1855–1866) y la gran biografía de Bolívar de Gerhard Masur (Constanza 1949). Consecuentemente en el acto festivo celebrado en Berlín con ocasión del bicentenario del nacimiento de Bolívar, le cupo relevancia central a la conferencia conmemorativa dictada por el historiador Günter Kahle de la Universidad de Colonia, reproducida en el presente volumen.

La bibliografía incluida al final de la publicación homenaje abarca las obras esenciales de y sobre Bolívar existentes en el Instituto Ibero-Americano. En interés de la investigación, el Instituto seguirá adquiriendo también en el futuro todas las publicaciones de importancia sobre el héroe de la independencia latinoamericana para ponerlas a disposición del público alemán.

Dr. Wilhelm Stegmann
Director del Instituto Ibero-Americano
del Patrimonio Cultural Prusiano

Begrüßung
Prof. Dr. Werner Knopp
Präsident der Stiftung Preußischer Kulturbesitz

Herr Bundespräsident,
Herr Regierender Bürgermeister,
Exzellenzen,
Meine Damen und Herren

Die letzten Monate des Jahres 1806 waren für das nördliche Deutschland eine Zeit der Umwälzungen und der Unsicherheit. Unter den Schlägen Napoleons war nach dem Heiligen Römischen Reich jetzt auch eine zweite Säule deutscher Staatlichkeit, das Königreich Preußen, zusammengebrochen, sein Heer und sein König auf der Flucht, sein Oberfeldherr in einem Dorf bei Hamburg der Wunde von Auerstedt qualvoll erlegen.
Den jungen kreolischen Aristokraten, der in eben diesen grauen Tagen nach Hamburg kam, um dort eine Passage nach dem fernen Amerika zu erreichen, diesen Simón Bolívar dürfte die damalige Not der Deutschen kaum beschäftigt haben. So sehr er als leidenschaftlicher Republikaner gerade in diesen Monaten den frisch inthronisierten Kaiser der Franzosen kritisch zu sehen begann, so sehr stand er doch im Banne der auch den Imperator noch tragenden revolutionären Ideologie Frankreichs und im Banne der Umwälzungen, die beide – Ideologie wie Imperator – in der Alten Welt bewirkt hatten und weiter bewirkten. Eines aber verband den jungen Bolívar doch auch mit Preußen: die in Paris begründete Freundschaft mit Alexander von Humboldt, dessen wissenschaftliche Erschließungsarbeit Lateinamerika gerade in das Bewußtsein des gebildeten Europa gehoben hatte. Die Gespräche mit Humboldt hatten Bolívars Gefühlen eigener nationaler Identität und daraus folgendem Selbstbewußtsein eine unverlierbare Grundlage gegeben. Und es war auch Humboldt, der weltberühmte Humboldt gewesen, der ihm in Paris gesagt hatte: «Ich glaube, daß Ihr Land schon reif ist für die Unabhängigkeit.» Hinzugefügt hatte Humboldt indessen: «Ich sehe allerdings den Mann nicht, der es vollbringen wird.» Wahrhaft unprophetische Worte. Aber gerade sie kennzeichnen besser als alle anderen das Ausmaß der Lebensleistung des damals erst 21-jährigen unbekannten Aristokraten aus Caracas. Nur weitere 21 Jahre nach dem Gespräch mit Humboldt waren die kontinentalen Länder Lateinamerikas frei von spanischer Herrschaft. Viele hatten daran Anteil, aber keiner einen größeren als jener Mann, den wir heute und hier ehren wollen: Simón Bolívar.
Er war, wir sahen es, nur einmal und nur kurz in Deutschland, und der Anteil der Deutschen an seiner Formung und Stützung, von Humboldt bis hin zu den

wackeren Hannoveranern und Hessen, die unter ihm kämpften, tritt hinter dem anderer großer europäischer Nationen eher zurück. Doch war dieser Anteil, wir werden es noch hören, keineswegs unbedeutend.
Entscheidend aber für unseren Entschluß, den großen Befreier aus Anlaß seines 200. Geburtstages am 24. Juli auch in Deutschland mit einer Gedenkstunde zu ehren, waren doch zwei Gründe. Einmal wollen wir mit der Ehrung des großen Befreiers den Völkern Lateinamerikas ein weiteres Zeichen der Freundschaft senden, die diese Völker über die Jahrhunderte hinweg mit den Deutschen verbindet, und die sich im Namen Alexander von Humboldts bis heute symbolhaft verkörpert. Zum anderen ehren wir in Simón Bolívar den großen Vorkämpfer von Freiheit und von Vernunft in den staatlichen und internationalen Beziehungen, der allen freiheitsliebenden Menschen eine mahnende Vision hinterlassen hat: *Sin libertad no hay Patria* – Ohne Freiheit gibt es kein Vaterland. Dieser Mann ist es wert, in seiner Vision und in seiner Beharrlichkeit auch in unserem Volke als Vorbild lebendig zu sein. Wo könnte man dies stärker empfinden als in dieser Stadt Berlin, die nicht nur die Stadt Alexander von Humboldts ist, sondern auch ein Symbol der Freiheit.
Das Gewicht, daß wir Deutschen aus allen diesen Gründen dieser Feierstunde beimessen, kommt durch nichts besser zum Ausdruck, als durch Ihre Anwesenheit, hochverehrter Herr Bundespräsident, und durch Ihre Bereitschaft, zu uns zu sprechen. Unter den sonst lange Zeit eher binnenländlich denkenden Deutschen haben die Hanseaten aus naheliegenden Gründen die längste Tradition globalen Denkens, das Verständnis und Respekt für ferne, überseeische Nationen einschließt. Es ist kein Zufall, daß es unter den deutschen Staaten jener Zeit eine Hansestadt war, welche die Unabhängigkeit der Bolívarschen Staatsschöpfung als erste anerkannte. Die von Venezuela geschenkte Büste des Befreiers schmückt daher bis heute das Rathaus der Freien und Hansestadt Hamburg. Sie sind nun zwar Bremer, Herr Bundespräsident, aber ich betrachte es doch als glückliche Fügung, daß heute mit unserem Staatsoberhaupt zu unserem Thema zugleich ein Hanseat zu uns spricht. Nehmen Sie unser aller herzlichen Dank, daß sie bei uns sind.
In Ihnen, Herr Regierender Bürgermeister, grüße ich den Repräsentanten der Stadt Alexander von Humboldts, die aus diesem Grunde und als alte deutsche Hauptstadt seit mehr als fünfzig Jahren Sitz unseres Ibero-Amerikanischen Instituts ist, das heute der Bund und alle deutschen Länder als eines der Zeichen deutscher Verbundenheit mit Lateinamerika unterhalten. Möge allen Berlinern an diesem Tage bewußt werden, warum eine ihrer Straßen seit über 50 Jahren den Namen Simón Bolívars trägt.
Meine Damen und Herren, gestatten Sie mir nun einige Worte der besonderen Begrüßung an unsere Gäste aus Lateinamerika.

Excelencias, distinguidos amigos latinoamericanos:
Me es un gran honor poder saludarlos en esta ceremonia, que honran con su presencia. Esta presencia acentúa fundamentalmente la gran importancia que Alemania ha querido dar a este homenaje al gran Libertador. El ideal de libertad, por el cual Simón Bolívar luchó durante toda una vida, ha sido igualmente cimentado después de tantas vicisitudes de nuestra historia nacional en la constitución de la República Federal de Alemania como el pricipio fundamental, llegando a ser tesoro entrañable de nuestro pueblo. Además, la gran visión que toda nación debe autodeterminar libremente su destino, visión inmortalizada por Simón Bolívar, es propiedad inapreciable de todos los hombres amantes de la libertad. Pero nuestro homenaje también destaca la amistad tradicional que une nuestro pueblo con las naciones de América Latina. Hago votos que esta amistad perdure en el tiempo, así como los ideales del Gran Libertador; los ideales de libertad y de razón en todas las relaciones entre hombres y gobiernos.
Excelencias, damas y caballeros, les expreso mis más sinceros agradecimientos por su presencia. Muy especialmente agradezco a usted, Señor Embajador Aristeguieta Gramcko, que como representante de la Patria de Simón Bolívar quiera dirigirnos la palabra.
Mein Gruß und Dank gelten Ihnen, verehrter Herr Kollege Kahle, für Ihre liebenswürdige Bereitschaft, den Festvortrag zu halten. Er gilt einem Thema, das in besonderer Weise zu unserer heutigen Feierstunde paßt und für das Sie in besonderem Maße kompetent sind.
Mein Dank gilt weiter allen Damen und Herren unseres Auswärtigen Amtes, des Ibero-Amerikanischen Institutes und anderer Institutionen, die – in dem seit zwei Jahren tätigen Arbeitsausschuß und außerhalb von ihm – an der Vorbereitung dieser Feierstunde und der anschließenden Veranstaltungen beteiligt waren.
Die Vorträge und das Symposium, die hier in Berlin stattfinden und deren Teilnehmer aus dem In- und Ausland ich ebenfalls herzlich begrüße, werden in Hamburg und Köln ihre Fortsetzung finden. Darüber hinaus wird eine, vorerst an der Universität Köln angesiedelte Gastdozentur, die den Namen des Befreiers tragen soll, über das Jubiläumsjahr hinaus dem deutschen Interesse an vertieften Beziehungen zu Lateinamerika Ausdruck verleihen. Ausstellungen, Veröffentlichungen, Denkmalserrichtungen – hoffentlich auch hier in Berlin – Schülerwettbewerbe, Programme in den Medien sowie Informationsreisen von Lateinamerikanern in die Bundesrepublik Deutschland sollen das Verständnis der Deutschen für Wirken und Wirkung Simón Bolívars wecken und befestigen. Mögen diese Anstrengungen von Erfolg gekrönt sein.
Welthistorisch, meine Damen und Herren, gehört Simón Bolívar in die Reihe

der großen Persönlichkeiten, welche die Befreiung erwachender Völker von kolonialer Herrschaft verkörpern. Insofern steht er in einer Reihe mit George Washington und dem Mahatma Gandhi. Die koloniale Form von Unfreiheit kann heute bis auf geringe Reste ebenso als überwunden gelten wie die Sklaverei, die Bolívar in den von ihm geformten Ländern ebenfalls mit Leidenschaft und Erfolg bekämpft hat. Aber wer wollte behaupten, daß mit diesen Erfolgen die Probleme jener Länder und der Welt gelöst sind. Zwischen den Drohungen und Verlockungen von Diktatur und Anarchie den schmalen und schlüpfrigen Weg durch Ordnung gesicherter Freiheit zu finden und zu behaupten, ist schwer – die Geschichte unserer Nation beweist es wie die vieler anderer. Es zeigt die Größe des Befreiers Simón Bolívar, daß er seinen Völkern und der Menschheit nicht nur die Vision von Freiheit und vernunftgetragener Zusammenarbeit hinterlassen, sondern daß er in seinem Staatsdenken beständig um Sicherungen gegen die doppelte Bedrohung dieser Vision gerungen hat. Objektive Bedingungen wie Unzulänglichkeit der Menschen haben sein Ideal von Staat gegen Ende seines Lebens vor seinen Augen zerbrechen lassen. «Los que han servido a la revolución han arado en el mar» – «Die der Revolution gedient haben, haben das Meer gepflügt», so formulierte er seine Resignation selbst. Und sie spricht erschütternd zu uns aus dem in Bolívars Todesjahr entstandenen Portrait, das Espinosa geschaffen hat und das in unserer Ausstellung zu sehen ist. Dieses Scheitern aber lag nicht an Simón Bolívar, sondern an der Größe seiner Vision.
Männer, Völker und – man gestatte mir dieses Wort in Berlin – und Städte, die durch Streben und Schicksal das große Ideal der Freiheit verkörpern, können ihm weder selbst noch in ihren Wirkungen je in vollkommener Weise gerecht werden. Trotzdem sind sie als Symbole der menschlichen Sehnsucht nach Freiheit unzerstörbar. Man mag ihnen Zerrspiegel vorhalten soviel man will, sie sind unzerstörbar, solange es Menschen gibt, die in Freiheit leben wollen und die bereit sind, dafür – wenn es denn nicht anders geht – auch Risiken und Opfer auf sich zu nehmen, so wie unter den Bedingungen seines Landes und seiner Zeit Simón Bolívar.

Herr Bundespräsident, ich darf Sie nun bitten, zu uns zu sprechen.

Palabras de bienvenida
Prof. Dr. Werner Knopp
Presidente de la Fundacion del Patrimonio Cultural Prusiano

Señor Presidente Federal,
Señor Burgomaestre,
Excelencias,
señoras y señores:

Los últimos meses del año 1806 fueron para la Alemania septentrional tiempos de revoluciones e inseguridad. Bajo los golpes de Napoleón, después del Sacro Imperio Romano Germánico, se había derrumbado también una segunda columna de la organización política alemana, el Reino de Prusia; su ejército y su rey habían huido y su comandante supremo había sufrido una dolorosa muerte en un pueblo cerca de Hamburgo a raíz de las heridas contraídas en Auerstedt.

El joven aristócrata criollo que justamente en aquellos sombríos días llegó a Hamburgo a fin de obtener allí un pasaje para la lejana América, este Simón Bolívar, posiblemente no se sintió muy preocupado por la penuria de los alemanes en aquel momento. Por más que, como republicano apasionado, justamente en esos meses comenzaba a ver con ojos críticos al emperador de los franceses recientemente intronizado, estaba todavía demasiado influido por la ideología revolucionaria de Francia que aún abrigaba el emperador y por los cambios que ambos – la ideología y el emperador – habían provocado y seguían provocando en el Viejo Mundo. Pero había algo que vinculaba al joven Bolívar también con Prusia: la amistad nacida en París con Alejandro de Humboldt, cuyas investigaciones científicas habían justamente despertado la conciencia de América Latina en la Europa culta. Las conversaciones con Humboldt habían proporcionado a Bolívar el sentimiento de una propia identidad nacional y a la consiguiente autoconciencia, un fundamento permanente. Había sido también Humboldt, el mundialmente famoso Humboldt, quien le dijera en París: «Yo creo que su país está maduro para la independencia.» Pero había agregado: «desde luego no veo al hombre que pueda realizarla.» Palabras por cierto nada proféticas. Pero justamente ellas caracterizan mejor que cualquier otra la dimensión de la hazaña del entonces desconocido aristócrata caraqueño de 21 años. Otros 21 años después de la conversación con Humboldt, los países continentales de América Latina se habían liberado de la dominación española. Muchos habían participado en ello, pero nadie tanto como aquel hombre a quien hoy honramos: Simón Bolívar.

Como hemos visto, estuvo sólo una vez por muy breve tiempo en Alemania y la participación de los alemanes en su formación y apoyo, desde Humboldt hasta los valientes soldados de Hannover y Hesse que lucharon bajo sus órdenes, pasa más bien a segundo plano cuando se la compara con la de otras grandes naciones europeas. Pero esta participación, como habremos de escucharlo, no fue en modo alguno irrelevante.
Sin embargo, para nuestra decisión de honrar también en Alemania, con un acto recordatorio al gran Libertador en el bicentenario de su nacimiento, el 24 de julio; tuvieron importancia fundamental dos razones. Por una parte, con el homenaje al gran Libertador queríamos hacer llegar a los pueblos de América Latina otro signo más de la amistad que desde hace siglos vincula a estos pueblos con los alemanes y que hasta hoy se manifiesta simbólicamente en el nombre de Alejandro de Humboldt. Por otra, honramos en Simón Bolívar al gran paladín de la libertad y de la razón en las relaciones nacionales e internacionales, que legara a todos los hombres amantes de la libertad una visión admonitoria: *Sin libertad no hay patria.* La visión y la constancia de este hombre merecen que se mantengan vivientes también en nuestro pueblo. ¿Y dónde podría sentirse esto con mayor fuerza que en esta ciudad de Berlín, que no sólo es la ciudad de Alejandro de Humboldt sino también un símbolo de la libertad?
La importancia que por todas estas razones otorgamos nosotros, alemanes, a este acto encuentra su mejor expresión en vuestra presencia, muy distinguido señor Presidente Federal y en vuestra disposición a hablar en este acto. Entre los alemanes que, por lo demás, durante mucho tiempo tuvieron la tendencia a pensar más bien mediterráneamente, son los hanseáticos los que por razones obvias han tenido la más larga tradición de pensamiento global, que incluye la comprensión y el respeto por lejanos países de ultramar. No es casual que entre los Estados alemanes de aquella época haya sido una ciudad hanseática la primera en reconocer la independencia de los Estados bolivarianos. Por ello, hasta hoy el busto del Libertador, donado por Venezuela, adorna el ayuntamiento de la ciudad libre y hanseática de Hamburgo. Usted, es de Bremen, Sr. Presidente Federal, pero considero que es una feliz coincidencia el que hoy hable sobre nuestro tema, como Jefe del Estado un hanseático. Reciba nuestro agradecimiento por estar entre nosotros.
En usted señor Burgomaestre, saludo al representante de la ciudad de Alejandro de Humboldt que, por esta razón y como antigua capital alemana, desde hace más de cincuenta años es la sede de nuestro Instituto Iberoamericano que hoy es financiado por la Federación y por todos los Estados federados alemanes como un signo de la amistad alemana con América Latina. Esperemos que en este día todos los berlineses sepan por qué, desde hace más de 50 años, una de sus calles lleva el nombre de Simón Bolívar.

Señoras y señores, permitidme algunas palabras de saludo especial a nuestros huéspedes de América Latina.
Excelencias, distinguidos amigos latinoamericanos:
Es un gran honor para mí poder saludarlos en esta ceremonia, que honran con su presencia. Esta presencia acentúa fundamentalmente la gran importancia que Alemania ha querido dar a este homenaje al gran Libertador. El ideal de libertad por el cual Simón Bolívar luchó durante toda una vida, ha sido igualmente cimentado después de tantas vicisitudes de nuestra historia nacional en la Constitución de la República Federal de Alemania como el principio fundamental, llegando a ser tesoro entrañable de nuestro pueblo. Además, la gran visión de que toda nación debe autodeterminar libremente su destino, visión inmortalizada por Simón Bolívar, es propiedad inapreciable de todos los hombres amantes de la libertad. Pero nuestro homenaje también destaca la amistad tradicional que une nuestro pueblo con las naciones de América Latina. Hago votos por que esta amistad perdure en el tiempo, así como los ideales del gran Libertador; los ideales de libertad y de razón en todas las relaciones entre hombres y gobiernos.
Excelencias, damas y caballeros, les expreso mi más sincero agradecimiento por su presencia. Muy especialmente agradezco a usted señor Embajador Aristeguieta Gramcko, el que como representante de la patria de Simón Bolívar haya querido dirigirnos la palabra.

Mi saludo y mi agradecimiento también para usted estimado colega Kahle por haber aceptado amablemente pronunciar la conferencia conmemorativa. Se refiere a un tema muy adecuado para nuestra actual ceremonia y en el que usted es especialmente competente.

Mi agradecimiento a las señoras y señores del Ministerio de Relaciones Exteriores, del Instituto Iberoamericano y de otras instituciones que – en el grupo de trabajo que funciona desde hace dos años y fuera de él – participaron en la preparación de esta ceremonia y de los actos que habrán de realizarse.

Las conferencias y el simposio que tienen lugar aquí en Berlín y a cuyos participantes nacionales y extranjeros saludo muy cordialmente, serán continuados en Hamburgo y Colonia. Además, una cátedra para profesores invitados, que se creará en la Universidad de Colonia y que llevará el nombre del Libertador, será expresión, más allá del año aniversario, del interés alemán por profundizar las relaciones con América Latina.
Exposiciones, publicaciones, monumentos – esperemos que también aquí en Berlín – concursos escolares, programas en los medios de comunicación, como así también viajes de información de latinoamericanos a la República Federal de Alemania, deberán despertar y reforzar la comprensión de los

alemanes por la obra y la influencia de Simón Bolívar. Es de esperar que estos esfuerzos se vean coronados por el éxito.

Desde el punto de vista de la historia universal, señoras y señores, Simón Bolívar pertenece a la serie de las grandes personalidades que representan la liberación de pueblos emergentes con respecto a la dominación colonial. En este sentido se encuentra a la par de George Washington y del Mahatma Gandhi. Salvo pequeños restos, la forma colonial de dominación puede ser considerada en la actualidad como superada, al igual que la esclavitud que también combatiera con pasión y éxito Bolívar en los países que creara. Pero nadie puede sostener que con estos éxitos han sido solucionados los problemas de aquellos pueblos y del mundo. Entre las amenazas y las tentaciones de la dictadura y la anarquía, es difícil encontrar y mantener la vía estrecha y resbaladiza de la libertad asegurada por el orden; la historia de nuestra nación, lo mismo que la de muchas otras, lo demuestra. Es una prueba de la grandeza del Libertador Simón Bolívar el que legara a su pueblo y a la humanidad no sólo la visión de la libertad y de la cooperación basada en la razón sino el que en su pensamiento político luchara permanentemente por lograr seguridades en contra de la doble amenaza de esta visión. Condiciones objetivas, a la vez que la poca confiabilidad de los hombres, destruyeron al final de su vida ante sus ojos, su ideal de Estado. «Los que han servido a la revolución han arado en el mar», así formuló él mismo su resignación. Y ella nos habla conmovedoramente desde el retrato que en el año de la muerte de Bolívar pintara Espinosa y que puede verse en nuestra exposición. Pero este fracaso no se debió a Simón Bolívar sino a la grandeza de su visión.

Hombres, pueblos y – permítaseme esta palabra en Berlín – ciudades que a través de sus afanes y su destino representan el gran ideal de la libertad, no pueden hacerle plenamente justicia ni con respecto a sí mismo ni con respecto a su influencia. Sin embargo, son indestructibles como símbolos del anhelo humano de libertad. Por más espejos deformantes que se les ponga delante, son indestructibles mientras haya hombres que quieran vivir en libertad y que estén dispuestos – cuando no haya más remedio – a afrontar riesgos y sacrificios, tal como lo hiciera Simón Bolívar bajo las condiciones de su país y de su tiempo.

Señor Presidente Federal, le ruego que haga uso de la palabra.

Traducción del alemán,
Prof. Dr. E. Garzón Valdés

Grußwort
Professor Dr. Karl Carstens
Bundespräsident

Herr Regierender Bürgermeister,
Exzellenzen,
Herr Professor Knopp,
verehrte Gäste!

,,Ein großer Mann, dessen Taten ich bewundere, dessen Freundschaft mir zur Ehre wurde und dessen Ruhm der Welt angehört.«
So erinnert sich Alexander von Humboldt an Simón Bolívar im Jahre 1853. Es war 22 Jahre nach Bolívars Tod. Einsam und verbittert war der große südamerikanische Freiheitskämpfer und Staatsmann gestorben. Sein Traum von einem Bund freier und republikanischer Staaten in Südamerika wurde nicht Wirklichkeit.
Aber Humboldt behielt im tieferen Sinn recht: Bolívars Ruhm – seine Ideen – haben fortgewirkt. Sie sind – auch 200 Jahre nach seiner Geburt – Maßstab für politisches Urteil und politisches Handeln.
Simón Bolívars Ideen und Pläne eilten seiner Zeit voraus. Obwohl sie die tiefen Sehnsüchte und Notwendigkeiten seiner Epoche und seines Kontinents erfaßten, trafen sie immer wieder auf Unverständnis bei seinen Zeitgenossen. Sein ganzes Leben litt Bolívar und litt sein Werk unter diesem Konflikt. Und in gewisser Weise besteht dieser Konflikt bis heute.
Es wird sowohl bei der Verfassungsentwicklung des Subkontinents sichtbar als auch bei den Bestrebungen, lateinamerikanische Solidarität politisch und rechtlich zu verankern.
Aus solcher Solidarität und in Verantwortung für den Frieden im Mittelamerika hat sich eine Gruppe von Staaten, die Contadoragruppe, gebildet. Ihre Bemühungen um Frieden, die wir nachhaltig unterstützen, werden von den bolivarianischen Staaten mitgetragen. Sie handeln in der Tradition, die wir heute feiern.
Bolívars Leben und seine politischen Überzeugungen weisen auf die enge Verbindung zwischen Lateinamerika und Europa hin. Bei seinen Studien und Reisen in Europa hat er die republikanischen und freiheitlichen Ideen aufgenommen, die, zusammen mit der Unabhängigkeitserklärung der Vereinigten Staaten von Amerika, den Grund legten für die Befreiung des südlichen Kontinents.
Sein Name verpflichtet uns, die geistigen Verbindungen zwischen beiden Kontinenten ebenso zu pflegen wie die wirtschaftlichen und politischen.

Die Bundesrepublik Deutschland ist offen für einen Austausch von Gedanken und Erfahrungen mit Lateinamerika, heute wie in der Zeit Bolívars. Die Deutschen, die damals, in der ersten Hälfte des 19. Jahrhunderts, gegen Fremdherrschaft, Kleinstaaterei und für ein freies und demokratisches Deutschland eintraten, sahen ihre Ideale im Freiheitskampf Bolívars verwirklicht. Sie bewunderten ihn und sein Werk.

Seither hat sich die geschichtliche Situation grundlegend geändert. Geblieben aber ist unsere Sympathie und unsere Unterstützung für das Ziel eines friedlichen Zusammenschlusses unabhängiger, freier und demokratischer Staaten in Lateinamerika.

Meine Schirmherrschaft über die Gedenkveranstaltungen zum 200. Geburtstag Bolívars ist Ausdruck der freundschaftlichen Verbundenheit der deutschen Nation mit den Völkern der bolivarianischen Staaten.

Damit knüpfe ich an die Tradition der ersten deutschen Republik an. Sie hat in zahlreichen Gedächtnisfeiern des 100jährigen Todestages Bolívars gedacht, deren Höhepunkt ein Festakt in der Berliner Kroll-Oper am 17. Dezember 1930 war.

Ich danke allen, die an den Gedenkveranstaltungen mitwirken, und allen, die den heutigen Festakt gestalten. Ihnen, Herr Regierender Bürgermeister, und Ihnen, Herr Professor Knopp, danke ich für die Gastfreundschaft, derer wir uns heute erfreuen. Mein ganz besonderer Dank aber gilt Ihnen, meine Herren Botschafter, und allen Gästen aus Lateinamerika: Indem Sie zur Besinnung auf Simón Bolívar und seine Bedeutung für unsere Zeit beitragen, stärken Sie die Partnerschaft zwischen Europa und Lateinamerika. Ihrer weiteren Tätigkeit als Wissenschaftler, Politiker und Diplomaten gelten meine besten Wünsche.

Palabras de saludo
Prof. Dr. Karl Carstens
Presidente de la República Federal de Alemania

Señor Burgomaestre,
Excelencias,
Señor Prof. Knopp,
señoras y señores:

»Un gran hombre cuyas obras admiro, cuya amistad me honra y cuya gloria pertenece al mundo.«

Así recordaba Alejandro de Humboldt a Simón Bolívar en 1853, 22 años después de la muerte de Bolívar. Solo y amargado murió el gran estadista y libertador sudamericano. Su sueño de una federación de Estados libres y republicanos en América del Sur no se había realizado.

Pero Humboldt tenía razón en un sentido más profundo: La gloria de Bolívar – sus ideas – han perdurado. 200 años después de su nacimiento siguen siendo la pauta para el juicio y el actuar políticos.

Las ideas y planes de Bolívar se anticiparon a su tiempo. A pesar de que respondían a los anhelos profundos y a las necesidades de su época y de su continente, tropezaron reiteradamente con la incomprensión de los contemporáneos. Durante toda su vida, Bolívar y su obra padecieron este conflicto. Y, en cierto modo, este conflicto subsiste hasta hoy.

Ello puede apreciarse tanto en el desarrollo constitucional del subcontinente, como en los esfuerzos por afianzar política y jurídicamente la solidaridad latinoamericana.

Sobre la base de esta solidaridad y asumiendo su responsabilidad por la paz en Centroamérica, una serie de países han formado el Grupo Contadora. Sus esfuerzos por la paz, que apoyamos firmemente, son compartidos por los Estados bolivarianos. Actúan así dentro de la tradición que hoy commemoramos.

La vida de Bolívar y sus convicciones políticas reflejan la estrecha vinculación entre América Latina y Europa. En sus estudios y viajes por Europa, recogió ideas republicanas y de libertad que, conjuntamente con la Declaración de la Independencia de los Estados Unidos de Norteamérica, sentaron las bases para la liberación de la parte sur del continente.

Su nombre nos obliga a cultivar las relaciones espirituales entre ambos continentes, al igual que las vinculaciones económicas y políticas.

La República Federal de Alemania está abierta al intercambio de ideas y experiencias con América Latina; ahora al igual que en tiempos de Bolívar. Los alemanes que entonces, en la primera mitad del siglo XIX, luchaban contra la dominación extranjera y el particularismo, y abogaban por una Alemania libre y democrática, veían realizados sus ideales en la lucha por la libertad que llevaba a cabo Bolívar. Admiraban su persona y su obra.

Desde entonces, la situación histórica ha cambiado fundamentalmente. Pero sigue en pie nuestra simpatía y nuestro apoyo al objetivo de una unión pacífica de Estados independientes, libres y democráticos en América Latina.

Mi patrocinio a los actos commemorativos del bicentenario del nacimiento de Bolívar es expresión de la amistosa vinculación de la nación alemana con los pueblos de los Estados bolivarianos.

Con esto continúo la tradición de la primera República alemana, que con numerosas commemoraciones recordó el centenario de la muerte de Bolívar; los actos culminaron en una ceremonia realizada el 17 de diciembre de 1930, en la Opera Kroll de Berlín.

Agradezco a todos los que colab oravon en estos actos commemorativos y a todos los que han hecho posibles la ceremonia de hoy. A usted señor Burgomaestre, y a usted señor Profesor Knopp, les agradezco la hospitalidad que hoy nos brindan. Pero mi agradecimiento muy especial está dirigido a usted señor Embajador y a todos los huéspedes de América Latina. Al contribuir a reflexionar sobre la persona de Simón Bolívar y su importancia para nuestro tiempo, reforzaís la cooperación entre Europa y América Latina. Mis mejores deseos para vuestras actividades como científicos, políticos y diplomáticos.

Traducciòn del Alemán, Prof. Dr. E. Garzón Valdés

Grußwort
Dr. Richard von Weizsäcker
Regierender Bürgermeister von Berlin

Hundertachtzig Jahre ist es her, da saßen zwei der größten Lateinamerikaner einander in Paris gegenüber. Der eine trug einen Berliner Namen: Alexander von Humboldt. Er sagte zu seinem Gegenüber: »Welch eine erhabene Aufgabe ist die Befreiung Ihres Landes. Ich glaube, Ihr Land ist schon reif für die Unabhängigkeit, aber ich sehe den Mann nicht, der es vollbringen wird.«

Hier irrte Humboldt, soviel er auch von Lateinamerika wußte. Denn er sah gerade in diesem Augenblick den Mann vor sich, der es vollbringen sollte: Er sprach mit dem zwanzigjährigen Simón Bolívar. In diesen beiden großen Männern reichten sich zum erstenmal Lateinamerika und Berlin die Hand.

Seit den Reisen Alexander von Humboldts am Anfang des 19. Jahrhunderts stehen wir Deutsche und in besonderem Maße wir Berliner unter der Faszination des lateinamerikanischen Kontinents, seiner Menschen, seiner Reichtümer, seiner erhabenen Natur und der Zeugnisse seiner Geschichte. Heute, endlich, haben wir auch seine Literatur entdeckt – vor wenig mehr als einem Jahr hat mich bei der Eröffnung des lateinamerikanischen ›Horizonte‹-Festival die Begegnung mit Octavio Paz und seinem Werk tief bewegt – und breite Schichten der Bevölkerung sind vom lateinischen Temperament des weltmeisterlichen Fußballs von Südamerika begeistert. Eine menschliche Brücke zwischen Lateinamerika und Deutschland ist vierzehn Jahrzehnte lang durch immer neue deutsche Einwanderer gefestigt worden. Enge Handelsbeziehungen gibt es seit der Unabhängigkeit Lateinamerikas.

Dennoch ist der Geburtstag Simón Bolívars, des größten Lateinamerikaners der Geschichte, für uns ein willkommener Anlaß, unsere Aufmerksamkeit für die Geschichte, die politische und die kulturelle Gegenwart seines Kontinents zu schärfen.

Bolivr ist eine moderne Gestalt, ja mehr als das: Der Zukunft erst bleibt es vorbehalten, sein weltpolitisches Vermächtnis einzulösen. Denn im Jahrhundert der Nationen und Nationalstaaten dachte Bolívar in Kontinenten. In historischer Zeitrechnung gehört er deshalb dem 20. und 21. Jahrhundert. An seinen lateinamerikanischen Erben, an den Afrikanern ebenso wie an uns Europäern ist es, Bolívars Vision von vereinigten Erdteilen zu verwirklichen.

Er war ein Kind der aufklärerischen Ideen des 18. Jahrhunderts: er stand für Menschenrecht, Freiheit, Vernunft, Würde, Unabhängigkeit und immer wieder Humanität. Er war Romantiker und Realpolitiker zugleich, Visionär und Diplomat, ein aktiver ebenso wie ein kontemplativer und künstlerischer Mensch und ein Meister des Wortes. Er versinnbildlichte wie kaum ein anderer den Reichtum und die Chancen des weiten Landes, das er in die Unabhängigkeit führte.

Trotz unserer faszinierten freundschaftlichen Gefühle für Lateinamerika haben wir Deutsche immer noch erhebliche Wissens- und Erlebnislücken, nicht zuletzt wegen der Sprachbarrieren. Zwar hat sich die Wissenschaft bei uns seit Alexander von Humboldt ununterbrochen auf hohem Niveau mit diesem Kontinent beschäftigt. Gerade in Berlin legen davon das Ibero-Amerikanische Institut der Stiftung Preußischer Kulturbesitz und das Lateinamerika-Institut der Freien Universität Zeugnis ab, aber auch die Schätze in der Sammlung des Dahlemer Völkerkunde-Museums zur Archäologie Lateinamerikas.

Aber wir, das deutsche Publikum, haben erst spät gemerkt, was uns entging, als in den sechziger Jahren in den USA und im romanischen Teil Westeuropas bedeutende lateinamerikanische Autoren Triumphe feierten – Octavio Paz, Jorge Luis Borges, Gabriel García Márques und viele andere. Mit Recht schreibt der Herausgeber einer neuen deutschen Lateinamerika-Anthologie, der kalifornische Professor Oviedo, in seiner Einleitung: »Die ästhetische Vielfalt, das Gewicht der menschlichen und gesellschaftlichen Erfahrungen sowie die Weite des geographischen und kulturellen Raumes, den die lateinamerikanische Literatur abdeckt, sind so einzigartig, daß die Unkenntnis oder auch die Gleichgültigkeit, die dieser Literatur von gewissen europäischen Kreisen entgegengebracht wird, sie nicht ärmer macht: sie macht Europa ärmer.«

Gleichgültig sind wir längst nicht mehr, aber noch immer wissen wir zuwenig. Durch das Lateinamerika-Festival ›Horizonte '82‹ wurden viele unserer Wissens- und Erlebnislücken geschlossen. Der Kontinent Simón Bolívars hat durch seine Kultur, seine Sprache, seine Religion und seine Tradition eine dauerhafte Verbindung zu Europa. Europa kann den Vorteil davon haben, daß dieser Kontinent in zwei Welten verankert ist, wie es sich in der lateinamerikanischen Debatte zwischen den »Tercermundistas« und »Occidentalistas« heute zeigt. Damit kann Lateinamerika Brücke werden für ein neues, kooperatives Nord-Süd-Verhältnis.

Sehr zu begrüßen ist es, daß der 200. Geburtstag Bolívars nicht nur wichtige wissenschaftliche und kulturelle Gedenkstunden in Deutschland hervorbringt, sondern darüber hinaus Anstoß wird, festere Strukturen über das Bolívar-Jahr hinaus zu schaffen, wie etwa eine ständige Gastdozentur in Köln, die dem geistigen Austausch zwischen lateinamerikanischen und deutschen Wissenschaftlern dienen soll.

Dankbar begrüßen wir in diesem Zusammenhang das kulturpolitische Engagement des Staates Venezuela, das durch die ehrende Anwesenheit seines Botschafters, Herrn Dr. Gramcko, in der heutigen Feierstunde wirksam bestätigt wird.

Berlin hat die Chance und den Ehrgeiz, an der Brücke zu Lateinamerika weiterzubauen, für die vor hundertachtzig Jahren Simón Bolívar und Alexander von Humboldt den Grundstein legten. Sie, Herr Botschafter, setzen zum Zeugnis dessen heute nachmittag einen Gedenkstein im Park des Humboldt-Schlosses Tegel.

Mit Freude feiern wir heute den Geburtstag des größten Lateinamerikaners, mit Ehrfurcht verneigen wir uns vor seinem weltpolitischen Vermächtnis, mit freundschaftlichen Gefühlen ergreifen wir die Hände seiner Völker.

Palabras de saludo
Dr. Richard von Weizsäcker
Alcalde Gobernador de Berlín

Hace ciento ochenta años, dos grandes latinoamericanos se sentaron frente a frente en París. Uno de ellos llevaba un nombre berlinés: Alejandro de Humboldt. Dijo a su interlocutor: »!Qué tarea sublime es la liberación de su país! Yo creo que su país está ya maduro para la independencia, pero no veo al hombre que pueda realizarla.«

Aquí se equivocó Humboldt, por más que supiera acerca de América Latina. Pues justamente en ese momento tenía ante sí al hombre que habría de realizar esta independencia: hablaba con Simón Bolívar, quien entonces tenía veintiún años. A través de estos dos grandes hombres se dieron por primera vez la mano América Latina y Berlín.

Desde los viajes de Alejandro de Humboldt a comienzos del siglo XIX, nosotros los alemanes, y especialmente los berlineses, sentimos la fascinación del continente latinoamericano, de sus gentes, de sus riquezas, de su espléndida naturaleza y de los testimonios de su cultura. Ahora, finalmente, hemos descubierto también su literatura – hace poco más de un año, en la inauguración del festival latinoamericano »Horizonte«, me conmovió profundamente el encuentro con Octavio Paz y su obra – y amplios sectores de la población se entusiasman ante el temperamento latinoamericano en los campeonatos mundiales de fútbol en Sudamérica. Durante catorce decenios se ha reforzado un puente humano entre América Latina y Alemania a través de renovadas corrientes alemanas de emigrantes. Desde la independencia existen estrechas relaciones comerciales con América Latina.

Sin embargo, el día del nacimiento de Simón Bolívar, del más grande latinoamericano de la historia, es para nosotros ocasión propicia para centrar nuestra atención en la historia y en el presente político y cultural de su continente.

Bolívar es una figura moderna; más aún: al futuro le está reservada la realización de su legado político-mundial. Pues en el siglo de las naciones y de los Estados nacionales, Bolívar pensaba en continentes. Por ello, en la cronología histórica, pertenece al siglo XX y al XXI. A sus herederos latinoamericanos, a los africanos y a nosotros europeos, corresponde la tarea de realizar la visión bolivariana de la unión de las diversas regiones del mundo.

Fue un hijo de las ideas ilustradas del siglo XVIII: defendió los derechos humanos, la libertad, la razón, la dignidad, la independencia y, en todo momento, la humanidad. Fue, a la vez, romántico y político realista, visionario y diplomático, una persona activa al igual que un ser contemplativo y artístico, y un maestro de la palabra. Más que ningún otro personificó la riqueza y las posibilidades del extenso país al que condujo a la independencia.

No obstante nuestros fascinados sentimientos de amistad por los latinoamericanos, nosotros, los alemanes, seguimos teniendo considerables lagunas de conocimiento y de vivencias, en no poca medida debido a las barreras del idioma. Por cierto que en nuestro país desde Alejandro de Humboldt la ciencia se ha ocupado ininterrumpidamente y a un gran nivel con este continente. Precisamente en Berlín dan testimonio al respecto el Instituto Ibero-Americano de la Fundación del Patrimonio Cultural Prusiano y el Instituto Latinoamericano de la Universidad Libre de Berlín, como así también los tesoros de arqueología latinoamericana que alberga el Museo de Etnología de Dahlem.

Pero nosotros, el público alemán, sólo con retraso notamos lo que habíamos perdido cuando en los años sesenta, en los EE.UU. y en los países latinos de Europa, celebraban sus triunfos importantes autores latinoamericanos como Octavio Paz, Jorge Luis Borges, Gabriel García Márquez y muchos otros. Con razón, el editor de una nueva antología de escritores latinoamericanos en alemán, el profesor californiano Oviedo, escribe en su introducción: »La variedad estética, el peso de las experiencias humanas y sociales, como así también la amplitud del ámbito geográfico y cultural que cubre esta literatura son tan peculiares que el desconocimiento o la indiferencia que con respecto a ella existe en ciertos círculos europeos no sólo los hace más pobres sino que hace a Europa más pobre.«

Hace ya tiempo que hemos dejado de ser indiferentes; pero todavía sabemos demasiado poco. El Festival latinoamericano »Horizonte '82« cerró muchas de nuestras lagunas de conocimiento y vivencias. El continente de Simón Bolívar tiene, a través de su cultura, su lenguaje, su religión y su tradición, una vinculación permanente con Europa. Europa puede beneficiarse por el hecho de que este continente está enraizado en dos mundos, como lo muestra hoy el debate latinoamericano entre »Tercermundistas« y »Occidentalistas«. América Latina puede ser un puente para una nueva y cooperativa relación Norte-Sur.

Es auspicioso el hecho de que el bicentenario del nacimiento de Bolívar no sólo haya provocado importantes conmemoraciones científicas y culturales en Alemania sino que también sirva de impulso para la creación de estructuras firmes más allá del Año de Bolívar, tales como la cátedra para profesores invitados en Colonia, que estimulará el intercambio intelectual entre científicos latinoamericanos y alemanes. En este sentido, saludamos con agradecimiento el interés político-cultural de Venezuela, confirmado hoy por la honrosa presencia en esta ceremonia de su Embajador el Dr. Aristiguieta Gramcko.

Berlín puede y desea seguir construyendo puentes con América Latina, cuyas piedras fundamentales fueron colocadas hace ciento ochenta años por Simón Bolívar y Alejandro de Humboldt. Usted señor Embajador, colocará una placa recordatoria de esta amistad, esta tarde, en el Palacio Humboldt en Tegel.

Con alegría celebramos hoy el cumpleaños del gran latinoamericano, con profundo respeto nos reunimos hoy ante su legado político, con sentimientos de amistad tomamos las manos de sus pueblos.

Traducción del alemán, Prof. Dr. E. Garzón Valdés

Grußwort
im Namen der Bolívar-Staaten
Dr. Adolfo Aristeguieta Gramcko
Botschafter der Republik Venezuela

Sehr geehrter Herr Bundespräsident
Exzellenzen
Sehr geehrter Herr Regierender Bürgermeister
Sehr geehrter Herr Präsident der Stiftung
Preussischer Kulturbesitz
Sehr geehrter Herr Direktor des Ibero-Amerikanischen-Instituts
Meine Damen und Herren

Im Namen der bolivarianischen Botschafter, spreche ich dem Präsidenten der Bundesrepublik Deutschland und der Bundesregierung sowie den beteiligten Institutionen unseren Dank aus, für die Sympathie mit der sie sich diesen Festakten angeschlossen haben. Wir wissen dies hoch zu schätzen als Geste des Wohlwollens gegenüber den Ländern und Völkern, in deren Namen wir hier sprechen.

Wenn wir heute, in einem Moment in dem sich die Welt so großen Problemen gegenüber sieht, Simón Bolívars gedenken, halten wir es dennoch für eine günstige und erfreuliche Gelegenheit. Es handelt sich nicht nur um die Ehrung einer ruhmreichen Persönlichkeit, sondern auch um die Möglichkeit einer Bewußtwerdung, in bezug auf die Universalgestalt Simón Bolívar, seinen Charakter und seine Bedeutung für die Menschheit.

Es ist dies eine Gelegenheit, seine Botschaft zu hören und anzunehmen.

Beide, sowohl Latein- als auch Nordamerika, nehmen teil am kulturellen und geistigen Erbe Europas. Der Atlantik ist unser gemeinsames Meer.

Wir alle, jenseits wie diesseits, bilden durch ein Gebot der Geschichte eine einzige Gruppe, abhängig vom gleichen Schicksal. Und aus diesem Grunde gibt es zwischen uns keine andere Form der Beziehung, als die der Verständigung, der gegenseitigen Hilfe und solidarischen Unterstützung, damit wir uns der Welt als eine sowohl geistige als auch kulturelle Einheit zeigen, und einen positiven Beitrag zur allgemeinen Verständigung, die den friedlichen Fortschritt der Menschheit sichert leisten.

Vielleicht ist dies die erste Schlußfolgerung, die wir in Erinnerung an die 200. Wiederkehr des Geburtstages von Bolívar ziehen können; in einem Zeitpunkt, da sich unser Planet auf Grund der fortschreitenden Kommunikation immer mehr verkleinert, und uns zu Mitgliedern einer selben Nachbarschaft werden läßt. Erinnern wir uns, daß Bolívar Amerikaner war und als Sohn von Europäern und Exponenten der hispanischen Kultur in Caracas geboren wurde. Wie ein bekannter venezolanischer Schriftsteller treffend bemerkte, war das Werk Bolívars keine Verneinung Spaniens, sondern eine Bejahung Amerikas.

Über das Leben Bolívars wurde viel geschrieben. Es gäbe jedoch noch viel zu sagen. Wenn wir seine Biographie lesen und die Großartigkeit seines Werkes kennen, ergreift uns immer wieder ein Gefühl der Bewunderung und des Erstaunens. Wir wollen hier der Versuchung widerstehen, zahlreiche Betrachtungen anzustellen. Erlauben Sie mir nur einen Gedanken hervorzuheben. Bolívar ist Beweis dessen, was der Wille eines Menschen vermag, wenn jener angetrieben ist durch die universalen Kräfte der Geschichte.

Die Beständigkeit und Universalität seines Beitrages zum sozialen Fortschritt liegt in seiner Auffassung des Staates begründet. Der Staat dient dem Menschen, seiner inneren Würde.

Für Bolívar bedeutet Freiheit die Ausübung der Tugend, die Wahl des Guten.

In der politischen Ordnung unserer heutigen Zeit, in der die totalitäre Auffassung des Staates durch mannigfaltiges Blendwerk zu wiederholten und tragischen Verletzungen der Menschenwürde führt, stellen die Ideen von Bolívar bis heute einen Beitrag zum sozialen Fortschritt dar.

Bolívar war kein Gefangener einer Utopie der Geschichte. Bei ihm sehen wir Respekt vor dem Menschlichen und hiermit die fundamentale Bejahung der Freiheit.

Denken wir an die Gültigkeit und Universalität seiner Ideen, seinen Beitrag zum sozialen Fortschritt und seinen Einsatz für die Befreiung; so finden wir, mehr als ein Jahrhundert später, die wundervollen Gedanken eines hervorragenden Mannes: Freiheit, damit der Mensch Mensch sein kann, wie es die Charta der Vereinten Nationen bestimmt.

Bolívar zeigte Wege, die seiner Zeit voraus waren. Wege zum Zusammenleben der Menschen in Nationen. Er wünschte sich Amerika als Einheit und Garanten, einer mit dem Recht übereinstimmenden friedlichen und verständnisvollen Lösung der Kontroversen zwischen den Völkern.

Bolívar ist Gegenwart des Willens und des Geistes. Möge das heutige Gedenken an Bolívar Motiv für unsere Inspiration sein. Wir alle unterliegen der Verpflichtung, in dieser Zeit richtige Lösungen und neue Wege für die Zukunft zu finden, ohne die schmerzlichen Kapitel der Geschichte zu wiederholen.

Wir befinden uns hier in Berlin, dieser symbolischen Stadt, Zeugnis einer Vergangenheit, die immer wieder in die Gegenwart einbricht; eine Stadt, die uns mit einer einzigartigen und undefinierbaren Atmosphäre umgibt. Ein Kapitel der Geschichte, das noch nicht geschrieben und unvollendet ist.

In dieser Stadt können wir nicht umhin, uns an einen anderen großen Mann und Sohn Deutschlands zu erinnern. Alexander von Humboldt. Unser Humboldt! Immer gegenwärtig in unserer Geschichte, lebendiger Bestandteil unseres nationalen Geistes, Gegenwart und Symbol, dessen Name die Kinder in der Schule lernen und dessen Name über das ganze Land verbreitet und wohlbekannt ist.

Humboldt, hochbetagt, bedauerte, daß sein Wunsch jenen Boden nochmals zu betreten nicht in Erfüllung ging. Dies zu erinnern, brachten wir ein Stück Felsen der Humboldt Spitze aus unseren Anden nach Berlin und legten ihn in der Familiengruft in Tegel nieder.

Ich gedenke jener Worte dieses großen deutschen Gelehrten über den Befreier: «Ich habe nach meiner Rückkehr aus Amerika, Ende 1804, viel mit Bolívar verkehrt. Seine lebhafte Unterhaltung, seine Liebe für die Befreiung der Völker, seine bewundernswerte Vorstellungskraft, ließen mich in ihm einen Träumer sehen». Und weiter: «Was mich aber am meisten an Bolívar überraschte, war die glänzende Laufbahn kurz nach unserer Trennung im Jahr 1805. Die Taten, Talente und der Ruhm jenes Mannes ließen mich der Momente gedenken, als wir gemeinsam unseren Wunsch für die Befreiung Amerikas unterdrückten. Ich gestehe, daß ich mich geirrt habe, als ich ihn als einen unreifen Menschen sah, unfähig fruchtbarer Unternehmungen, wie er sie dann ruhmvoll vollendet hat». Und er endet: «Bonpland hatte eine bessere Einschätzung unseres jungen Freundes. Es schien mir, als ob Bonpland sich irrte. Aber nicht er, sondern ich tauschte mich, der ich erst sehr spät meinen Irrtum über diesen großen Mann einsah, dessen Werk ich bewundere, dessen Freundschaft mich ehrt und dessen Ruhm der ganzen Welt gehört».

Mit diesen Worten von Alexander von Humboldt möchte ich enden und nochmals erinnern: Der Geist ist stärker als alle Kräfte. In Bolívar sehen wir den Beweis. Und wenn wir den wesentlichen und transzendenten Sinn der Geschichte im Dienste eines geistigen Wachstums und einer geistigen Entwicklung des Menschen sehen, können wir uns an diesem Ziel orientieren, um die Schwelle in das XXI. Jahrhundert zu überschreiten.

Vielen Dank.

Aus dem Spanischen, Birgit Goldschmidt

Palabras de saludo
en nombre de los países bolivarianos
Dr. Adolfo Aristeguieta Gramcko
Embajador de la República de Venezuela

Excelentísimo Señor Presidente de la República Federal
Excelencias
Excelentísimo Señor Alcalde
Excelentísimo Señor Presidente de la Fundación
del Patrimonio Cultural Prusiano
Excelentísimo Señor Director del Instituto Ibero-Americano
Señoras y Señores

En primer lugar deseo, en nombre de los Embajadores bolivarianos, agradecer al Exmo. Presidente Federal y a su Gobierno, así como a otras Instituciones privadas, por la simpatía con que se han asociado a estos festejos, que de manera diversa se han realizado también en todas partes del mundo. Apreciamos altamente cuanto ello significa, como gesto de simpatía hacia los países y pueblos en cuyo nombre hablamos.

Creemos que es afortunada y feliz la ocasión que nos reune para recordar a Bolívar, y que eso sea justo en estos momentos difíciles que vive el mundo, porque no se trata sólo de rendir homenaje a una figura gloriosa ligada a la historia de países amigos, sino también de la oportunidad para hacer una toma de conciencia, ante lo que Bolívar como figura universal significa; ante lo que él es y representa para la humanidad; una oportunidad de recoger y aceptar su mensaje.

Ambas, tanto América Latina como la otra, que las dos no son sino una, participan de la herencia espiritual y cultural de Europa. El Atlántico es nuestro mar común.

Nosotros todos, tanto los del lado de allá como los del lado de acá, por un imperativo de la historia, formamos un único y solo grupo y estamos ligados a la misma suerte. Y por lo tanto, no cabe entre nosotros otra forma de relación que el entendimiento, la asistencia recíproca, el apoyo solidario, para podernos presentar conjuntamente como una unidad ante el resto del mundo; unidad espiritual y cultural, aportando una cuota positiva para el entendimiento universal que garantice el avance y progreso pacífico de la humanidad.

Y esta es tal vez la primera conclusión que debe salir en el recuerdo de Bolívar en el bicentenario de su nacimiento, ahora cuando nuestro planeta, por los avances de las comunicaciones se hace más y más pequeño, haciéndonos a todos como miembros de un mismo vecindario.

Recordemos que Bolívar es un americano nacido en Caracas, hijo de europeos y exponente de la cultura hispánica. Como bien decía un conocido escritor venezolano, la obra de Bolívar no fue la negación de España sino la afirmación de América. España sembró Cabildos y cosechó Repúblicas.
De la vida de Bolívar mucho se ha escrito y no todo está ya dicho. Leyendo su biografía y conociendo lo grandioso de su obra, cada vez que volvemos sobre ella nos sobrecoge un sentimiento de admiración y perplejidad. Resistimos en esta ocasión, la tentación de entrar en diversas consideraciones sobre esos aspectos. Permítaseme sólo destacar una idea, para ofrecerla como punto central de reflexión: Bolívar, como prueba de lo que es la voluntad de un hombre, cuando ella es tomada por las fuerzas universales de la evolución, que determinan la historia.
La permanencia y universalidad del aporte de Bolívar al progreso social, radica justamente en que su concepción del Estado está en función del hombre, de la intrínseca dignidad del ser humano.
La libertad en la concepción de Bolívar es el ejercicio de la virtud, la opción por el bien.
En nuestro mundo actual, donde la concepción totalitaria del Estado lleva con abundantes espejismos a repetidas y trágicas vulneraciones de la dignidad humana, en el orden político, el pensamiento del Libertador sigue siendo un aporte al progreso social.
Bolívar no fue un prisionero de ninguna utopía histórica. En él se da el pleno respeto de lo humano y por ello la afirmación fundamental de la libertad.
Pensando en la permanencia y universalidad de su pensamiento, en su aporte al progreso social, en su obsesión libertaria, se encuentra en el Libertador lo que más de un siglo después tipifica una de las facetas más hermosas del pensamiento de un gran hombre: Libertad para que el hombre sea hombre, como vino a ser establecido en la Carta de las Naciones Unidas.
Bolívar señaló caminos adelantados a su época para la convivencia de los hombres integrados en sociedades de naciones. Quiso que América estuviese presente como una unidad, en la cual serviría de garante de que de allí en adelante serían los medios conformes al derecho, en paz y entendimiento, como las naciones y los pueblos habrían de resolver sus controversias.
Bolívar es presencia de voluntad y presencia del espíritu. Queremos que hoy en esta ocasión, su recuerdo sea motivo de inspiración para nosotros, porque todos estamos involucrados en la obligación de encontrar las soluciones correctas en el momento que vivimos, y poder con ellas abrir caminos al futuro, sin repetir capítulos dolorosos conocidos de la historia.

Pero estando en Berlín, esta ciudad símbolo, testimonio de un pasado que irrumpe de continuo en el presente; ciudad en que se hace manifiesta la presencia de una atmósfera singular, indefinible; cual capítulo de la historia en suspenso que no termina de escribirse. Estando en esta ciudad no podemos dejar de recordar a otro gran hombre hijo suyo, me refiero a Alejandro von Humboldt, nuestro Humboldt! El que está presente para siempre en nuestra historia, el que es componente vivo del alma nacional, presencia y símbolo; cuyo nombre lo aprenden los niños en la escuela y cuyo nombre familiar es bien conocido por toda la extensión de la patria.

Recordando que él se lamentó un día de no haber cumplido su deseo de volver al suelo patrio, le hemos traído un pedazo de ese suelo del «Pico Humboldt», del mismo que lleva su nombre, de nuestros Andes, para colocarlo junto a él en el panteón familiar de Tegel.

También vienen a mi memoria, aquellas palabras del sabio berlinés cuando dijo del Libertador lo siguiente: «Yo tuve después de mi regreso de América en 1804, mucho contacto con Bolívar. Su conversación vivaz, su amor por la libertad de los pueblos, su admirable poder de imaginación, me hicieron pensar que estaba delante de un soñador». Y sigue más adelante diciendo: «Pero lo que más me sorprendió de Bolívar fue la rápidez de su carrera, apenas después de nuestra separación en 1805. Los hechos, el talento y la fama de ese hombre, me hicieron recordar aquellos momentos, cuando conjuntamente expresábamos nuestro deseo por la libertad de América. Y confieso haberme equivocado, cuando pensé que se trataba de un hombre inmaduro, incapaz de empresas fructuosas, como las que de manera famosa y completa logró realizar». Y más adelante termina de la siguiente manera: «Bonpland fue más juicioso que yo, pues tuvo una apreciación más exacta de nuestro joven amigo. Entonces a mí también me pareció que Bonpland se equivocaba. Pero no era él sino yo el equivocado, pues muy tarde vine a ver mi error de apreciación sobre ese gran hombre, cuya obra admiro, cuya amistad me honra, y cuya fama pertenece al mundo».

Y termino recordando esas palabras de Alejandro von Humboldt y su enseñanza de la cual Bolívar es testimonio: El espíritu prevalece a todas las fuerzas. Y entendiendo el sentido esencial y trascendente de la historia al servicio del crecimiento y evolución del hombre, podemos orientarnos a ese objetivo, para presentarnos a la entrada del siglo XXI.

Muchas gracias.

Festvortrag: Bolívar und die Deutschen

Professor Dr. Günter Kahle, Universität Köln

Herr Bundespräsident, Herr Regierender Bürgermeister, Exzellenzen, meine sehr verehrten Damen und Herren:

Wir haben uns heute zusammengefunden, um der 200jährigen Wiederkehr des Geburtstages von Simón Bolívar zu gedenken. Als Historiker, der sich vornehmlich auf die Geschichte Lateinamerikas konzentriert hat, wurde mir die Ehre zuteil, im Rahmen dieser Feierstunde die Festrede zu halten. Ich habe Ihnen, sehr verehrter Herr Präsident Knopp, speziell für diese Einladung zu danken.

In meinen folgenden Ausführungen über »Simón Bolívar und die Deutschen« will ich mit einem kurzen historischen Rückblick, in dem vieles freilich nur angedeutet werden kann, zugleich versuchen, eine Bilanz unseres Verhältnisses zur Persönlichkeit und zum Werk Bolívars zu ziehen, die, wie jede Bilanz, Aktiva und Passiva enthalten wird. Sollte es mir darüber hinaus erlaubt sein, mit meinen an Sie gerichteten Worten noch einen persönlichen Wunsch zu verbinden, so wird es der sein, daß diese Worte ein wenig dazu beitragen mögen, gelegentliche Irrtümer und Mißverständnisse in unserem allgemeinen Verhältnis zu Lateinamerika zu erkennen, um aus ihnen zu lernen und sie in Zukunft vermeiden zu können.

Beginnen wir unseren Rückblick mit einem Irrtum Bolívars, der zu einer seiner schwersten Enttäuschungen führte. Am 7. Februar 1814 schrieb der damals 31jährige in der »Gaceta de Caracas« über den europäischen Freiheitskampf gegen Napoleon:

»Indem sich Rußland, Österreich, Preußen und Schweden mit heldenhafter Begeisterung bei Dennewitz und Leipzig für ihre eigene Unabhängigkeit schlugen, um das Europa auferlegte entwürdigende Joch abzuschütteln, verteidigten sie zugleich die heiligen Rechte der Neuen Welt und vergossen ihr Blut edelmütig zum Wohle der ganzen Erde.«[1]

Haben die genannten Staaten, vor allem Österreich und Preußen, um uns hier auf den deutschsprachigen Raum zu beschränken, mit ihrem Kampf gegen Napoleon wirklich »zugleich die heiligen Rechte der Neuen Welt« verteidigt, worunter Bolívar vor allem die Rechte der Iberoamerikaner auf Selbstbestimmung, Freiheit und Unabhängigkeit verstand? – Nun, das erste sichtbare Ergebnis der Niederlage Napoleons war die Entlastung der spanischen Truppen, die bis dahin im Kampf gegen die Franzosen gestanden hatten und jetzt für andere Aufgaben frei wurden. Keine zwei Jahre nach den erwähnten Schlachten von Dennewitz und Leipzig sah sich Bolívar einigen Zehntausend altgedienter und kampferprobter spanischer Veteranen der napoleonischen Kriege gegenüber, die vom Mutterland nach Venezuela gebracht worden waren, um der Unabhängigkeitsbewegung ein Ende zu machen. – Im Mai 1815 fiel Caracas, im Dezember eroberten die Spanier die von den Patrioten erbittert verteidigte Festung Cartagena, und im Mai 1816 rückten die siegreichen königlichen Regimenter in Bogotá ein. – Die Armee der Patrioten war zerschlagen. Bolívar hatte sich ins Exil nach Jamaica begeben müssen. Alle bisherigen Opfer, die für die Unabhängigkeit gebracht worden waren, schienen vergeblich gewesen zu sein.

Waren die Regierungen der verschiedenen deutschen Länder, an ihrer Spitze Österreich und Preußen, an dieser Entwicklung direkt oder auch nur indirekt beteiligt? Fanden die amerikanischen Vorgänge überhaupt ihr Interesse, oder galt noch immer das keine 40 Jahre zurückliegende Wort Friedrichs des Großen, wonach alles, was sich in Amerika abspielte, für die Deutschen nur Gegenstand »de pure curiosité«[2] sei? Wir müssen, um diese Fragen zu beantworten, unseren Blick für einen Moment noch einmal auf die europäische Politik jener Jahre richten. Von den siegreichen Monarchen Europas wurde der Sturz des französischen Kaisers, der in ihren Augen stets als Parvenü gegolten hatte, mit dem endgültigen Untergang der Französischen Revolution und ihrer Ideen gleichgesetzt. Die Niederlage Napoleons war daher der Triumph der Legitimität, und die Staatsmänner der Heiligen Allianz bekundeten sowohl in Wien als auch auf den Nachfolgekongressen ihren festen Willen, mit allen Mitteln dieses mühsam behauptete Legitimitätsprinzip zu verteidigen, das durch keine Revolution mehr gefährdet werden sollte. Das legitime Recht der spanischen Krone auf die amerikanischen Besitzungen konnte daher auch nicht in Frage gestellt werden, wobei man es freilich Ferdinand VII. überließ, die Erhebungen in seinen Kolonien allein militärisch niederzuwerfen. Denn hinsichtlich ihrer eigenen Politik hatten sich die Regierungen der Heiligen Allianz auf eine strikte Nichtintervention geeinigt und zugleich beschlossen, den amerikanischen Ländern – falls sie wider Erwarten doch unabhängig werden sollten – die diplomatische Anerkennung als selbständige Staaten zu verweigern.

Tatsächlich gab es nur zwei Aspekte, unter denen die Allianzmächte geneigt erschienen, den Unabhängigkeitsbewegungen in Iberoamerika zwar nicht vorbehaltlos zuzustimmen, sie aber doch wenigstens zu tolerieren. Der erste bestand in der damals durchaus berechtigten Hoffnung, daß das Legitimitätsprinzip wenigstens annähernd gewahrt bleiben würde, wenn sich diese amerikanischen Länder unter der Herrschaft europäischer Dynastien als Monarchien konstituieren, wie es durch die Verbindung der Häuser Bragança und Habsburg tatsächlich geschah, was dem Kaiserreich Brasilien die bald darauf folgende Anerkennung seiner Unabhängigkeit sowie eine enge

Anlehnung an die europäische Staatenwelt bescherte. Auch von den hispanoamerikanischen Führern der Patrioten tendierten zahlreiche zur Monarchie, vor allem im La Plata-Gebiet und in Mexiko, wo es zur Proklamation des kurzlebigen Kaisertums von Iturbide kam. Dagegen zeigte Bolívar unverhohlen seine Abneigung gegenüber jeder monarchischen Regierungsform nach europäischen Vorbildern und bestand unbeirrbar auf der Errichtung amerikanischer Republiken. Es gelang ihm, seine Ideen durchzusetzen, und in der Heiligen Allianz erhob sich die Sorge, daß dieses Beispiel eines Tages in Europa Schule machen würde. Im Jahre 1818 gab der spanische Außenminister Pedro Cevallos dieser Befürchtung Ausdruck, als er Metternich davor warnte, daß die Revolution Amerikas eines Tages auch die Revolution Europas bedeuten könne. Der Kopf dieser amerikanischen Revolution aber war Bolívar, und die Politik der europäischen Mächte war nach den Beschlüssen der Heiligen Allianz vorgezeichnet und konnte sich daher nur gegen ihn richten.

Der zweite Aspekt, unter dem ein unabhängiges Hispanoamerika ein positives Interesse Europas erwarten durfte, bestand in der Frage, wie sich die wirtschaftlichen Verbindungen mit den neu entstehenden Staaten gestalten sollten, die sich, ungeachtet der Tatsache, daß man ihre politische Selbständigkeit nicht anerkennen wollte, als verlockende Handelspartner anboten. Die sowohl politisch als auch kommerziell beweglicheren Hansestädte dachten weniger daran, dem starren Legitimitätsdenken der Heiligen Allianz zu folgen, als vielmehr die sich bietenden günstigen Gelegenheiten gewinnbringend zu nutzen. In Anlehnung an das Vorbild Großbritanniens, wo Canning 1820 erklärt hatte: »Das spanische Amerika ist frei, und wenn wir es richtig anpacken, dann wird es englisch«,[3] sagte zwei Jahre später der Vorsitzende der Hamburger Commerz-Deputation über die neu gebildeten hispanoamerikanischen Republiken: »Alle die seit Jahrhunderten uns verschlossen, fast verborgen gewesenen Länder und Weltteile sind uns offen geworden, und wir können auch sagen: Hamburg hat Kolonien erhalten«.[4]

Wir wissen heute, daß Hispanoamerika (von dem kurzen Zwischenspiel des Erzherzogs Maximilian abgesehen) weder durch Sekundogenituren deutscher oder anderer europäischer Fürstenhäuser regiert noch zur hamburgischen Kolonie wurde. Aber es blieb eine verführerische Vorstellung, das sich zur Unabhängigkeit berufene Iberoamerika als politische und wirtschaftliche Dependance Europas zu kreieren. Möglichkeiten schienen genug vorhanden, und im geheimen wurden noch viel weitergehende Überraschungen gehandelt, wie z. B. jener, von spanischen Diplomaten in Umlauf gesetzte Plan, Iberoamerika im Falle eines Sieges der Patrioten einfach unter den Großmächten Europas aufzuteilen. Dann könnte jede selbst zusehen, wie sie die Bevölkerung ihres Anteils am wirkungsvollsten befriedet. Rußland sollte

Kalifornien erhalten (wo es damals ohnehin schon Stützpunkte besaß), Preußen die Insel Puerto Rico, Österreich das La Plata-Gebiet und so fort. Es spricht für die Vernunft der europäischen Staatsmänner jener Zeit, daß sie solche Ideen nicht ernst nahmen. Bolívar hat diese, z. T. bis in die Gegenwart akut gebliebenen Gefahren erkannt und zu deren besserer Abwehr ein in sich geschlossenes Hispanoamerika angestrebt. Aber seine fast beschwörenden Appelle zur Einigkeit blieben so erfolglos, wie auch sein Versuch scheiterte, die hispanoamerikanischen Staaten 1826 auf dem Kongreß von Panamá zu einer Einheit zusammenzufügen.

Doch wie sind in einem solchen Zusammenhang die österreichischen Waffenlieferungen zu verstehen, die auf nordamerikanische Schiffe verladen und von Triest über Baltimore und St. Thomas zu Bolívars Truppen nach Venezuela gebracht wurden? Zweifellos trieb Metternich – der sich, wie wir heute wissen, schon seit 1808 genauestens über alle Einzelheiten der hispanoamerikanischen Unruhen unterrichten ließ – eine doppelgleisige Politik. Unter Berufung auf seine unveränderten Bemühungen einer Durchsetzung des Legitimitätsprinzips wies er 1818 alle spanischen Proteste gegen diese geheimen Waffenexporte zurück und stellte sich schützend vor die österreichischen Rüstungsproduzenten als Vertreter eines der »steuerkräftigsten Produktionszweige, dessen Fortbestand und Blüte infolge der Waffenruhe im nachnapoleonischen Europa von der Eroberung des amerikanischen Marktes abhing«.[5] – Iberoamerika war bereits im Status nascendi seiner Unabhängigkeit zum Experimentierfeld europäischer Diplomatie und Wirtschaft geworden.

Etwa zur gleichen Zeit begann eine zwar inoffizielle, dafür aber effektive Hilfe von deutscher Seite wirksam zu werden, welche den Erfolg von Bolívars Unabhängigkeitskampf wesentlich beeinflussen sollte. Seit 1817 hatte er seine Freiwilligenwerbung in Europa erheblich verstärkt, und die erfolgreichsten Werbebüros befanden sich damals in London und Hamburg sowie in Brüssel, wo der österreichische Oberst Streeruwitz (dessen Enkel 1929 Bundeskanzler der ersten Republik war) sich vor allem um gute Kavalleristen bemühte. Die Hamburger Behörden verhielten sich der Freiwilligenwerbung gegenüber zwiespältig und wechselhaft. Einerseits hatten sie die Proteste des spanischen Ministerresidenten abzuwehren, auf der anderen Seite hofften sie, »daß durch die Werbungen lästige ›Bettler und Vagabonden‹ aus dem Stadtgebiet entfernt werden«.[6] Sie versuchten daher die Aktivitäten der Werbeoffiziere möglichst zu ignorieren, bis sie sich unter dem wachsenden Druck des spanischen Vertreters schließlich gezwungen sahen, die Freiwilligenwerbung 1819 zu verbieten.

Unter den etwa 6000 Veteranen aller Nationen, die in den napoleonischen Kriegen gekämpft hatten und nun nach Venezuela gingen, um in das Heer

Bolívars einzutreten, befanden sich nach stark voneinander abweichenden Schätzungen etwa 300 bis 1 000 Deutsche. Die meisten von ihnen stammten aus dem mit Großbritannien in Personalunion verbundenen Königreich Hannover, doch waren den Werbern auch aus anderen deutschen Ländern wie Hessen, Baden und den Hansestädten zahlreiche junge Leute zugelaufen, um sich für den Dienst in Bolívars Armee zu verpflichten. Es waren durchaus nicht nur Abenteurer und Glücksritter, welche sich zu diesem Dienst bereitfanden, sondern es gab unter ihnen auch viele Idealisten, welche sich für die bolivarianischen Ziele der Freiheit und Unabhängigkeit begeisterten. Einzelne von ihnen, wie der spätere venezolanische General Johann v. Uslar oder der bolivianische Marschall Otto Philipp Braun, sind zu den höchsten Rängen aufgestiegen und genießen noch heute ungeteilte Verehrung in den Ländern, deren Unabhängigkeit sie mit erkämpft haben. Nur die wenigsten der 6 000 europäischen Legionäre sind, soweit sie nicht vorzeitig aufgaben, in ihre Heimat wieder zurückgekehrt. Nach den Forschungsergebnissen des nordamerikanischen Historikers Hasbrouck sollen nur etwa 150 Freiwillige den Unabhängigkeitskrieg überlebt haben, was der ungeheuren Verlustquote von über 97 % an Toten entspricht.

Wir können uns hier nicht näher mit den Schicksalen dieser Freiwilligen beschäftigen, doch sei mir wenigstens ein kurzes Resümee erlaubt. Zusammenfassend gesehen, lassen sich vier Perioden im Entwicklungsprozeß der europäischen Freiwilligenlegionen im Heer Bolívars erkennen. Die erste Periode sind die Jahre der Werbung in Europa, die 1817 voll einsetzte und 1819 ihren Höhepunkt erreichte. Sie umfaßt auch die Zeit der Ankunft der meisten Legionäre in Südamerika, und sie ist eine Periode der Ernüchterung und Enttäuschungen, der Mißverständnisse und Rivalitäten, der Auflehnungen und Unruhen, in deren Verlauf die Ausmerzung schwächlicher und ungeeigneter Personen erfolgte. Die klimatischen Bedingungen erschienen unerträglich; Ausrüstung, Ernährung und Besoldung waren mangelhaft. Die Unzufriedenheit unter den Legionären war weit verbreitet, aber auch verständlich. Offiziere, die plötzlich und unverdient einen hohen Rang erhielten, zeigten sich oft unfähig, ihre Stellung auszufüllen. Viele von ihnen zogen es vor, nach Europa zurückzukehren.

Die zweite Periode wird etwa durch die Jahre 1819 und 1821 begrenzt. Sie war gekennzeichnet durch harte und verlustreiche Kämpfe der europäischen Einheiten, welche überwiegend mit dem esprit de corps einer gemeinsamen Nationalität erfüllt waren und durch ihn gestärkt wurden. Es war die Periode entscheidender Schlachten wie Boyacá, Carabobo, Bomboná und Pichincha, welche die Niederlage der spanischen Armee in Venezuela und Kolumbien endgültig besiegelten. Die europäischen Offiziere und Soldaten wurden in diesen Jahren einem harten Ausleseprozeß unterworfen; die meisten von ihnen fielen im Kampf, andere starben an Erschöpfung und Krankheiten. Während in der ersten Periode häufig viele Offiziere voreilig befördert wurden, entschieden in der zweiten Periode nur noch ihr Können und ihre Tapferkeit über den weiteren Aufstieg.

Zu Beginn der dritten Periode, die von 1821 bis 1824 reichte, waren die meisten Legionäre bereits gefallen, dem tropischen Klima erlegen, an Krankheiten gestorben oder in ihre Heimatländer zurückgekehrt. Die in Südamerika verbliebenen Freiwilligen waren inzwischen mit seinen Menschen, dem Klima und der Sprache vertraut und mit Kreolen, Indianern, Mestizen und Mulatten zu einer Einheit zusammengewachsen. Die letzten noch bestehenden Ausländerbataillone wurden nun aufgelöst und die europäischen Offiziere auf die ganze Armee verteilt, um die hispanoamerikanischen Einheiten in europäischer Disziplin und Taktik zu schulen und deren Kommandeuren als Gehilfen, Berater und Adjutanten zu dienen. Ihr Wert und ihre Verdienste als Ausbilder und Instrukteure wurden immer wieder lobend von Bolívar anerkannt, wobei die hervorragende Disziplinierung der von Uslar geschulten Gardegrenadiere bei den Angriffen auf Puerto Cabello beispielgebend bleibt.
Die vierte Periode nach 1824 besteht aus den Jahren des Aufbaus und der Verbrüderung der wenigen, noch übrig gebliebenen Ausländer mit den Südamerikanern, sofern sie nicht nach Europa zurückkehrten, sondern – wie Braun und Uslar – einheimische Frauen heirateten und mit ihnen neue Familien gründeten. Darüber hinaus ist diese vierte Periode schließlich auch die Zeit der Memoirenliteratur, der die späteren Generationen viel von ihrem Wissen über jene ereignisreichen Jahre verdanken.
Es ist uns heute kaum möglich, die Verdienste der deutschen Legionäre und ihre Bedeutung für die hispanoamerikanische Unabhängigkeit gebührend zu würdigen. Zwar wurde schon in der ersten Hälfte des 19. Jahrhunderts von verschiedenen Autoren die Teilnahme deutscher Freiwilliger an den Feldzügen Simón Bolívars wiederholt erwähnt, doch vergingen über hundert Jahre, bis die ersten zusammenfassenden Publikationen über sie erschienen, die jedoch sehr summarisch sind und nur einen allgemein orientierenden Überblick bieten. Eine eingehende wissenschaftliche Untersuchung über die deutschen Legionäre im hispanoamerikanischen Freiheitskampf steht bis heute noch aus.
Ich will an dieser Stelle dem peruanischen Historiker César García Rosell das Wort geben, der den Versuch unternahm, die Verdienste deutscher Legionäre bei der Befreiung seines Landes hervorzuheben: »Wir haben von dieser Zusammenarbeit, die militärischer und politischer Natur war, zahlreiche sprechende Beweise, welche die Dankbarkeit unserer Völker zum Ausdruck

bringen. Aber während es eine gut dokumentierte Geschichtsschreibung über die britische Unterstützung und die Hilfe französischer Offiziere gibt, wissen wir dagegen so gut wie nichts über die Hilfe, die uns Deutschland im Krieg gegen Spanien gab, und zwar nicht nur in Peru, sondern auch in Argentinien, Chile, Ecuador und Nueva Granada. Die venezolanischen Historiker haben beachtliche Darstellungen über die englische und irische Hilfe geschrieben . . .

Aber die Berichte über die Söhne des großherzigen und edelmütigen Deutschland, welche ebenso in Südamerika für die Freiheit und Unabhängigkeit der alten spanischen Kolonien kämpften, sind dürftig«.[7]

In der Tat sind die Schicksale der meisten deutschen Freiwilligen bis heute unbekannt geblieben. Von den wenigen Legionären, die in den offiziellen zeitgenössischen Berichten erwähnt werden, sind oft nicht mehr als die Namen überliefert. Doch selbst diese lassen mitunter noch Zweifel zu, ob es sich bei ihren Trägern um Deutsche gehandelt hat, wenn keine weiteren Angaben oder Querverweise vorhanden sind, die Überprüfungen und Vergleiche ermöglichen. Denn die für romanische Ohren so fremd klingenden deutschen Familiennamen sind von den Kreolen häufig nur phonetisch wiedergegeben oder in der Schreibung hispanisiert, gelegentlich auch anglisiert worden. So wurde z. B. aus Heinrich von Lützow ein Enrique Luzón, und die deutschen Namen Meinecke und Seybold wurden der englischen Aussprache angeglichen und erschienen in einigen Dokumenten als Minecke und Sibel. Solche Schwierigkeiten mögen zusätzlich dazu beigetragen haben, daß bisher noch kein ernsthafter Versuch unternommen wurde, die in deutschen und südamerikanischen Archiven verstreuten Quellen auf der Suche nach diesen deutschen Legionären zu sichten, um aus den Dokumenten ihre Schicksale zu erforschen. Aber auch der enorme Arbeitsaufwand, der mit dieser Aufgabe verbunden wäre, deren Durchführung mehrere Jahre beanspruchen würde, dürfte vielfach abschreckend gewirkt und die Energien der Historiker auf für sie lohnendere, weil leichtere Unternehmen gelenkt haben. Unlösbar ist diese Aufgabe freilich nicht, wie die bereits geleisteten Vorarbeiten bewiesen haben, aber sie ist noch nicht durchgeführt, und es bleibt zu bedauern, daß wir bis heute nur einen Bruchteil der Namen jener deutschen Legionäre kennen, die ihr Leben für die Freiheit und Unabhängigkeit Südamerikas eingesetzt und überwiegend auch geopfert haben.

Nachdem wir die offizielle Politik der in der Heiligen Allianz zusammengeschlossenen deutschen Staaten gegenüber der hispanoamerikanischen Unabhängigkeitsbewegung kurz gestreift haben und ein wenig länger bei den deutschen Freiwilligen in Bolívars Heer verweilten, komme ich zum letzten Teil meiner Ausführungen, welcher die Darstellung Bolívars in der deutschen

zeitgenössischen Literatur und späteren Historiographie skizzieren soll. Wir müssen uns auch hier wieder auf einige Beispiele beschränken.
Wir erwähnten bereits, daß Hispanoamerika entgegen den Wunschvorstellungen europäischer Fürstenfamilien und Handelshäuser seinen eigenen Weg in die Zukunft suchte. Spätestens seit dem Kongreß von Angostura im Jahre 1819 war die von Bolívar gewiesene Richtung jedem deutlich, und seit dem Kongreß von Panamá schien auch das Ziel erkennbar. Aber es war ein Weg voller Hindernisse und z. T. bis heute noch nicht bewältigter Schwierigkeiten, gekennzeichnet durch zahlreiche Rückschläge und Enttäuschungen, ein Weg, der über die republikanische Demokratie in das Ziel einer amerikanischen Staatengemeinschaft münden sollte. Eine große und wahrscheinlich auch in naher Zukunft noch nicht zu lösende Aufgabe, aber die engagierten Liberalen aller deutschen Länder haben Bolívar damals ihre Bewunderung nicht versagt und jeden seiner politischen Schritte mit gespannter Aufmerksamkeit verfolgt. Ihre Kommentare reichten – soweit es die scharfen Zensurbestimmungen der Karlsbader Beschlüsse zuließen – von freundlicher Zustimmung bis zu unverhohlener Begeisterung. Darüber hinaus zeigen die zahlreichen, in jenen Jahren im deutschen Sprachraum veröffentlichen Artikel und Aufsätze über Bolívar nicht nur das Interesse und die Anteilnahme, welche Autoren und Leser seinem Kampf für die Unabhängigkeit und staatliche Neugestaltung Hispanoamerikas bewiesen, sondern der Inhalt dieser Publikationen machte auch die Hoffnungen deutlich, welche man in deutschen Ländern mit den demokratischen Vorstellungen und republikanischen Ideen Bolívars für die eigene Zukunft verband, was freilich gelegentliche Kritik aber auch Unverständnis gegenüber den spezifischen hispanoamerikanischen Problemen nicht ausschloß. Denn Südamerika war ein ferner, fremder und für viele auch in jeder Hinsicht exotischer Kontinent, über den nur unklare Vorstellungen bestanden. Es kann daher nicht verwundern, daß auch manche deutsche Autoren dem Einfluß der aus persönlichen Rankünen erwachsenen Angriffe erlagen, die in Bolívars letzten Lebensjahren von seinen eigenen Landsleuten gegen ihn geführt wurden.
So ist es zu erklären, daß die deutschen Publizisten beim Tode Bolívars eine eindeutige Stellungnahme scheuten und kein Urteil über seine Persönlichkeit und sein Werk wagten. Sie überließen es lieber künftigen Generationen. Auch die europäischen Historiker hüllten sich in Schweigen, und »die Gestalt Simón Bolívars existierte während des 19. Jahrhunderts [nur] am Rande des abendländischen Geschichtsbildes ... Weder bei Macaulay noch bei Ranke, weder bei Burckhart noch bei Taine findet man eine Würdigung seiner Leistungen ... Die einzige Ausnahme bildet das große Werk des Deutschen Gervinus: Geschichte des 19. Jahrhunderts«.[8]
Georg Gottfried Gervinus gehörte zu den bekannten »Göttinger Sieben«

Professoren, die 1837 gegen den hannoverschen Verfassungsbruch protestiert hatten und daraufhin entlassen wurden. Aber auch in Heidelberg sah sich Gervinus politischer Verfolgung ausgesetzt, und nach seiner 1853 publizierten »Einleitung in die Geschichte des neunzehnten Jahrhunderts« wurde er wegen »Aufforderung zum Hochverrat und wegen Gefährdung der öffentlichen Ruhe und Ordnung«[9] angeklagt. Sein sogenanntes »Verbrechen« bestand in der Ankündigung, daß sich das demokratische Prinzip eines Tages durchsetzen und die monarchische Regierungsform verdrängen werde. In seiner für damalige Begriffe revolutionär anmutenden Geschichtsauffassung betonte Gervinus vom Standpunkt des konstitutionellen Liberalismus das Streben der Völker nach Freiheit und Souveränität. Seine »Geschichte des neunzehnten Jahrhunderts« schrieb er mit dem Ziel, »manches erschütterte Vertrauen der Menschen auf unsere Zukunft wieder zu befestigen« und »manchen gesunkenen Glauben an die Gegenwart wieder aufzurichten«.[10]
Die Gestalt und das Wirken Bolívars nehmen in Gervinus' Darstellung der hispanoamerikanischen Revolutionen einen zentralen Raum ein. Bereits in seinem Rückblick auf die erste Phase des Unabhängigkeitskrieges tritt Gervinus der Meinung entgegen, daß es nur als »ein Werk des Zufalls« oder »eines bloßen Scheinverdienstes« anzusehen sei, wenn Bolívar trotz der vorübergehenden Erfolge der Spanier während der Jahre 1815–1818 »so großen Einfluß auf diese glückliche Wendung der americanischen Geschicke gewonnen hat. Seine fremden Beurtheiler waren immer allzu geneigt, die vorübergehenden Untugenden der Jugend zu streng in ihm zu richten, die unvermeidlichen Gebrechen des nationalen Naturells zu hoch anzuschlagen, die Fähigkeiten des Mannes, der in so unermeßliche Schwierigkeiten gestellt war, zu unterschätzen ... Die seine Kriegsunkunde bemäkelt haben, vergaßen, daß er nicht zum Soldaten erzogen war und gleichwohl zum Soldaten ward, daß die Unerfahrenheit nicht tadelnswerth ist an dem, der so eifrig Erfahrungen sammelte, daß die Niederlagen dem keine Schande machen, der aus ihnen zu siegen lernt«.[11] So gelangt Gervinus zu dem Ergebnis, »daß Bolívar's Verdienste die größten sind, die sich ein Mensch um sein Volk erwerben kann, und daß sie vor dem messenden Auge um so höher wachsen, je genauer man den Boden und die Mittel erwägt, auf dem und mit denen er zu wirken hatte«.[12]
Im 4. Band seiner »Geschichte des neunzehnten Jahrhunderts« widmet Gervinus »Bolívar's Monocratie«[13] ein eigenes Kapitel. Schon der Titel macht die Kritik des Gelehrten deutlich. Mit völligem Unverständnis und kühler Ablehnung begegnet er der seiner Ansicht nach maßlosen Glorifizierung Bolívars und ironisiert die übertriebenen Lobsprüche. Dabei verkennt Gervinus durchaus nicht, daß Bolívar ein Mann »von ungleich vielseitigerer Geistesbildung« als die anderen großen Führer der hispanoamerikanischen

Unabhängigkeitskriege war, doch verurteilt er die »phantastischen Schmeicheleien« und »die niedere Kriecherei von schwärmenden Verehrern und der von ihnen bezahlten Sykophanten«.[14] Vor allem aber kann Gervinus es als überzeugter Anhänger und Befürworter einer republikanischen Demokratie nicht verwinden, daß Bolívar »unter dem Vorschützen der herrschenden Anarchie«, die nicht zu leugnen ist, »die stärkste Dictatur, eine ganz absolutistische Herrschaft«[15] errichtet hat. Selbst hin und her schwankend zwischen Zustimmung und Ablehnung, Anerkennung und Vorbehalten stellt Gervinus schließlich Bolívar und Washington in einem wertenden Vergleich gegenüber. Trotz unverhohlener Bewunderung für die politischen und militärischen Leistungen Bolívars neigt der letztlich im Denken des deutschen Biedermeier verhaftete Gervinus am Ende doch eindeutig Washington zu. In ihm sieht er den Größeren, der »seine Aufgabe in Feld und Cabinet mit einer altväterlichen, fast pedantischen Bedächtigkeit... nach der gewissenhaftesten Erforschung des sichersten Weges zum sichersten Ende führte«,[16] ohne jedoch dabei erkannt zu haben, daß Bolívar unter den gegebenen Umständen zu keiner Zeit auch nur die geringste Chance gehabt hat, einen solchen »sichersten Weg« zu finden, geschweige denn ihn zu beschreiten.

Zum ersten Mal wird damit in der deutschen Historiographie bei aller Anerkennung des Werkes von Bolívar auch das Bestreben deutlich, sein Leben und seine Leistungen nach zeitgemäßen Vorstellungen und Wünschen zu beurteilen, die ihren Ursprung und ihre Wurzeln in einer nicht vergleichbaren Welt haben. In den 30er Jahren unseres Jahrhunderts nahm dieses Bestreben vereinzelt exzessive Formen an, als das Odium des Diktators zum beispielgebenden Vorbild gewandelt und aus Unkenntnis historischer Gegebenheiten geborene Mißverständnisse zu bewußten Fälschungen wurden. Exemplarisch dafür ist die erste umfangreiche deutsche Biographie Bolívars von Wolfram Dietrich, die im Jahre 1934 erschien und die Persönlichkeit des »Libertador« einer propagandistischen Wertung unterzog und autoritäre Aspekte seiner Staatsführung überbetonte, womit der Autor auf eine damit verbundene und kaum verhüllte Rechtfertigung der NS-Politik zielte. Denn »gerade heute, da das Führerprinzip in Deutschland zum Durchbruch gekommen ist, muß der Ablauf eines Führerschicksal, müssen die Erkenntnisse, die der Befreier und Erlöser eines Erdteils während seines bewegten Lebens gewonnen hat, besonderer Anteilnahme begegnen«, heißt es im Vorwort. Schließlich strapaziert Dietrich die historische Wahrheit in nicht mehr entschuldbarer Form, wenn er Bolívar »als sein politisches Testament... die These« unterschiebt, daß sich ein Volk nur segensreich unter der »Leitung einer kraftvollen, dem Allgemeinwohl vorbehaltlos ergebenen Führerpersönlichkeit«[17] entwickeln kann.

Doch waren solche Bestrebungen selten, Bolívar aus durchsichtigen politischen Motiven zu gegenwärtigen Ereignissen und Personen in Beziehung zu bringen, um deren mitunter fragwürdige und häufig umstrittene Rechtmäßigkeit zu legitimieren. Zum größten Teil haben deutsche Autoren auch damals das Leben und Wirken Bolívars in ihren Darstellungen angemessen zu würdigen versucht und sich nicht von zeitbedingten politischen Strömungen zu unsachlichen Interpretationen verleiten lassen.

Der zweite verlorene Weltkrieg mit allen seinen verheerenden Folgen schien nicht nur jede wissenschaftliche Tätigkeit in Deutschland für lange Zeit gelähmt, sondern auch das wachsende Interesse an Lateinamerika und seiner Geschichte in eine hoffnungslose Randposition getrieben zu haben, als es plötzlich neu und kräftig belebt wurde. Im gleichen Jahr 1949, als der wirtschaftliche Wiederaufstieg der gerade gegründeten Bundesrepublik Deutschland einsetzte, erschien in Konstanz am Bodensee eine umfangreiche Biographie Simón Bolívars aus der Feder des deutschen Historikers Gerhard Masur. Wie keine andere Arbeit zuvor war sie geeignet, der deutschen historischen Forschung über Lateinamerika neuen Auftrieb zu verleihen. Ihre auf eingehenden Quellenstudien beruhenden präzisen Erkenntnisse haben das Bolívar-Bild in Deutschland bis zum heutigen Tage bestimmt.

Die Umstände, welche die Entstehung dieses Werkes begleiteten und es überhaupt erst ermöglichten, sind freilich von besonderer und für den Autor tragischer Art. Gerhard Masur, »der zwischen 1930 und 1935 als Privatdozent an der Berliner Universität gelehrt hatte, war ein Schüler Friedrich Meineckes«,[18] des zu jener Zeit bedeutendsten deutschen Historikers. Als Angehöriger des jüdischen Glaubens sah Masur keine Möglichkeiten, im damaligen Deutschland weiterhin unbehelligt leben und arbeiten zu können, und beschloß, seine Heimat zu verlassen. »Am 22. Oktober 1935 überschritt ich die deutsch-schweizerische Grenze mit dem Vorsatz, nicht in meine Heimat zurückzukehren, solange die Hakenkreuzfahne über Deutschland weht. Das Schicksal hatte mir das Privileg gewährt, zu jener verfolgten Minderheit zu gehören, deren Vernichtung Hitler... beschlossen und verkündigt« hatte. »Dieses Vorrecht – und als solches habe ich es immer betrachtet – enthob mich der tragischen Notwendigkeit, mich gegen das Land entscheiden zu müssen, dem ich meine geistige Formung verdanke; das Land hatte gegen mich entschieden. – Auf der Suche nach einem neuen Wirkungskreis erfuhr ich, daß die kolumbianische Regierung die Berufung einer Mission verfolgter deutscher Wissenschaftler plane. Als ich im kolumbianischen Konsulat in Genf den Gesandten erwartete, fiel mein Blick auf das Bild Simón Bolívars. Ich wußte von ihm so wenig wie die meisten Menschen in Europa. Und in diesem Augenblick faßte ich den Entschluß, die Geschichte seines Lebens zu schreiben, wenn ich nach Kolumbien gehen würde«.[19]

Masur ging nach Kolumbien und begann, getreu seinem in Genf gefaßten Entschluß, mit der Arbeit. Es verdient uneingeschränkte Bewunderung, daß er diese sich selbst gestellte Aufgabe mit vorbildlicher Konsequenz und Energie bewältigt und zu einem eindrucksvollen Abschluß gebracht hat. Seine Biographie gehört zu den wissenschaftlich am besten fundierten Darstellungen, die jemals in der Welt über Simón Bolívar geschrieben wurden, und sie hat international einhellige Anerkennung gefunden. Masurs Werk kann hier nicht noch einmal ausführlich und angemessen gewürdigt werden, doch erscheint es notwendig, wenigstens auf eine noch offene Frage hinzuweisen, die in diesem Vortrag schon wiederholt anklang, nämlich auf die Diktatur, deren Ausübung Bolívar von zahlreichen darüber enttäuschten Autoren immer wieder mehr oder minder schroff zum Vorwurf gemacht worden war. Wie stellte sich Masur zu diesem Problem, auf das er, der ja gerade aus einem diktatorisch regierten Staat emigriert war, erwartungsgemäß besonders empfindlich reagieren mußte?
Mit dem geschulten Blick des erfahrenen Historikers erkannte Masur die wesentliche Schwäche aller bisherigen deutschen Bolívar-Biographien: »Sie entbehren der Kenntnis dessen, was die Spanier ›ambiente‹ nennen und was mit ›Milieu‹ oder ›Umwelt‹ nur unvollkommen übersetzt wird: die Kenntnis der Erde, des Klimas, der Menschen und ihrer Denkart, mit denen Bolívar zu rechnen hatte, und die eine Grundbedingung seiner Größe und Tragweite wurden«.[20] Durch seinen jahrelangen Aufenthalt in Kolumbien, das ihm fast zu einer zweiten Heimat wurde, hat Masur die notwendige Kenntnis dieses »ambiente« und mit ihr auch das Verständnis für spezifische Vorgänge der Geschichte dieser Region und der Handlungsweise ihrer Menschen gewonnen. Daraus folgte, daß er Bolívars Diktatur nicht aus einer vorgefaßten, akademischen Meinung heraus verurteilte, sondern ihr Verständnis entgegenbrachte und sie zudem als eine vorübergehende Notwendigkeit begriff. Bolívar fand ein Chaos vor, und er tat alles, um dieses Chaos zu entwirren, in eine Ordnung zu bringen und ihm eine akzeptable Form zu geben. Er wußte, daß Zögern gleichbedeutend mit Untergang war, und »seine Diktatur schonte [daher] weder die Gewissen noch die Vermögen; aber es war eine Erziehungsdiktatur, dazu bestimmt, ein unmündiges Volk reif zu machen. Man darf sie nicht mit dem Mißbrauch der Gewalt durch die totalitären Machthaber unserer Zeit verwechseln. Sie war Bolívar ein Übel, aber ein notwendiges, ein unabwendbares Übel, wenn sein Land und sein Erdteil eines Tages frei werden sollten. Niemals hat er daran gedacht, daß ihm seine Autorität dazu dienen könnte, andere Völker zu versklaven«.[21]
Mit diesen Worten erkannte und billigte Masur die bolivarianische Diktatur als eine unabdingbare Voraussetzung für die Entwicklung und Erhaltung der durch eine permanente Anarchie gefährdeten Freiheit und Demokratie, die

aber stets das höchste und letzte Ziel blieben, dem sich sowohl Simón Bolívar als auch sein Biograph Gerhard Masur durch eigene leidvolle Erfahrungen verpflichtet fühlten.

Fassen wir zusammen: Bei unserem kurzen Rückblick auf »Simón Bolívar und die Deutschen« wurde deutlich, daß wir dem militärischen und politischen Genie des »Libertador« unsere Achtung und Bewunderung gewiß nicht versagt haben. Doch war, bis auf wenige Ausnahmen, in unseren Vorstellungen zugleich ein ausgeprägtes europazentrisches Bewußtsein erkennbar, das häufig genug durch die Perspektiven zeitbedingter Auffassungen noch zusätzlich eingeengt wurde. Eine solche Betrachtungsweise, die dazu neigt, das Leben und das Werk Bolívars vornehmlich unter dem Aspekt der jeweilig vorherrschenden politischen Strömungen in den eigenen Ländern zu beurteilen und zu bewerten, führt zwangsläufig zu Mißverständnissen. Sie reichten, wie wir gesehen haben, von der starren Behauptung eines in der damaligen Form schon kaum noch haltbaren Legitimitätsprinzips über die enttäuschten Hoffnungen der deutschen Liberalen des Vormärz bis zu dem Extrem, Bolívar zur Gallionsfigur autoritären Machtstrebens zu verfälschen.

Vor allem aber ist es den Deutschen aus der begrenzten Sicht ihres nationalstaatlichen Denkens offensichtlich stets schwer gefallen, Bolívars überregionalen Ideen und Konzeptionen zu folgen, die ihrer Zeit weit voraus waren und erst unter dem Druck und der Drohung der Gegenwart ihre volle Bedeutung zu offenbaren vermögen. Masur hat, um ihn ein letztes Mal zu zitieren, diese Grundgedanken Bolívars, die zugleich ein Postulat sind, in wenigen Worten zusammengefaßt:

»Die Freiheit ist ein Wert in sich.
Es ist besser für die Freiheit zu sterben, denn als Sklave zu leben.
Die politische Organisation der Freiheit findet ihren Ausdruck in der Demokratie; aber die Demokratie muß das Gleichgewicht zwischen den Forderungen der Freiheit und denen der Stabilität und Wirksamkeit finden, oder sie führt in die Anarchie.
Die internationalen Probleme müssen ihre Lösung in einem Bunde freier Völker finden, der Angriffsaktionen mit Waffengewalt zurückweist und Streitigkeiten zwischen den Bundesmitgliedern durch Schiedsgerichtsentscheidungen begleicht«.[22]

Heute, wo wir selbst auf dem Wege sind, das traditionelle und enge nationalstaatliche Denken hinter uns zu lassen, um uns, wenn sicher auch noch zögernd und mit manchen Vorbehalten, zu einer europäischen Staatengemeinschaft zusammenzufinden, ist es uns vielleicht endlich gegeben, dieses politische, über die nationalen Grenzen hinausreichende und letztlich die gesamte freie Welt umfassende Glaubensbekenntnis Simón Bolívars in seiner vollen Bedeutung zu verstehen und zugleich als sein auch uns hinterlassenes Vermächtnis zu begreifen.

1 Simón Bolívar, *Obras completas*, Bd. 2, La Habana 1947, S. 1286 f.
2 Friedrich der Große an Baron von Goltz, 20. März 1779. *Politische Korrespondenz, 1879–1939*, Bd. 42, S. 481.
3 Percy Ernst Schramm, *Deutschland und Übersee*, Braunschweig 1950, S. 54.
4 Ibid.
5 Manfred Kossok, *Im Schatten der Heiligen Allianz*, Berlin 1964, S. 76 f.
6 Fritz Baumgarten, »Hamburg und die lateinamerikanische Emanzipation (1815–1830)«. *Ibero-Amerikanische Studien*, 5, Hamburg 1937, S. 164 f.
7 César García Rosell, »Los alemanes en la Independencia del Perú«. *Revista del Centro de Estudios Históricos-Militares del Perú*, XIV, 15, Lima 1961–1962, S. 85.
8 Gerhard Masur, *Simon Bolivar und die Befreiung Südamerikas*, Konstanz 1949, S. 632.
9 Walter Boehlich im Nachwort zu der von ihm neu herausgegebenen Ausgabe von Georg Gottfried Gervinus, *Einleitung in die Geschichte des neunzehnten Jahrhunderts*, Frankfurt am Main 1967, S. 203.
10 G. G. Gervinus, *Einleitung*, S. 9.
11 Georg Gottfried Gervinus, *Geschichte des neunzehnten Jahrhunderts seit den Wiener Verträgen*, Bd. 3, Leipzig 1858, S. 313.
12 Ibid., S. 315 f.
13 G. G. Gervinus, *Geschichte*, Bd. 4, Leipzig 1860, S. 604–672.
14 Ibid., S. 611.
15 Ibid., S. 639.
16 Ibid., S. 664 f.
17 Wolfram Dietrich, *Simon Bolivar und die latein-amerikanischen Unabhängigkeitskriege*, Hamburg 1934, Vorwort (unpaginiert).
18 Nachruf der *Frankfurter Allgemeinen Zeitung*, Nr. 166, 22. Juli 1975.
19 G. Masur, op. cit., S. 9.
20 G. Masur, op. cit., S. 9 f.
21 G. Masur, op. cit., S. 200.
22 G. Masur, op. cit., S. 12.

Conferencia conmemorativa: Bolívar y los Alemanes

Professor Dr. Günter Kahle, Universität Köln

Señor Presidente Federal, Señor Burgomaestre, excelencias, señoras y señores:

Nos hemos reunido hoy para conmemorar el bicentenario del nacimiento de Simón Bolívar. Como historiador que se ha concentrado principalmente en la historia de América Latina, me ha sido conferido el honor de pronunciar la conferencia central en este acto. Le agradezco especialmente a usted distinguido presidente Knopp esta invitación.

En mis siguientes consideraciones sobre »Simón Bolívar y los alemanes«, junto con una breve visión histórica, en la que desde luego muchos aspectos sólo pueden ser insinuados, intentaré trazar un balance de nuestra relación con la personalidad y la obra de Bolívar, balance que, como todos, habrá de incluir activos y pasivos. Si, además, se me permite que con estas palabras vincule un deseo personal es el que ellas contribuyan en algo a reconocer errores ocasionales y malentendidos en nuestra relación general con América Latina, a fin de aprender de ellos para poder evitarlos en el futuro.

Comencemos nuestra visión retrospectiva con un error de Bolívar, que lo conduciría a una de sus más graves desilusiones. El 7 de febrero de 1814, a la edad de 31 años, escribió en la »Gaceta de Caracas« acerca de la lucha europea de liberación contra Napoleon:

> »Rusia, Austria, Prusia y Suecia, al haber combatido con entusiasmo heroico en Dennewitz y Leipzig para sacudir el indigno yugo impuesto a Europa, han defendido al mismo tiempo los derechos sagrados del Nuevo Mundo y derramado noblemente su sangre por el bien de toda la tierra.«[1]

Pero, ¿habían los mencionados Estados, sobre todo Austria y Prusia, para limitarnos aquí al ámbito de habla alemana, en su lucha contra Napoleón, realmente »defendido al mismo tiempo los derechos sagrados del Nuevo Mundo«, por los que Bolívar entendía sobre todo los derechos de los latinoamericanos a la autodeterminación, la libertad y la independencia? El primer resultado visible de la derrota de Napoleón fue que las tropas españolas, que hasta entonces habían combatido contra los franceses, quedaran libres para otras tareas. Escasamente dos años después de las mencionadas batallas de Dennewitz y Leipzig, Bolívar se vio enfrentado a unos diez mil aguerridos veteranos españoles de las guerras napoleónicas, que habían sido transportados desde la Madre Patria a Venezuela para poner fin al movimiento de independencia. En mayo de 1815 cayó Caracas, en diciembre los españoles conquistaron la fortaleza de Cartagena encarnizadamente defendida por los patriotas, y en mayo de 1816, los victoriosos regimientos reales entraron en Bogotá. El ejército patriota había sido derrotado. Bolívar tuvo que trasladarse a su exilio en Jamaica. Todos los sacrificios hechos hasta entonces por la independencia parecieron haber sido inútiles.

¿Habían participado directa o indirectamente en este desarrollo los gobiernos de los diferentes Estados alemanes, con Austria y Prusia a la cabeza? ¿Despertaron siquiera su interés los acontecimientos americanos o seguía vigente la frase pronunciada por Federico el Grande tan sólo unos 40 años antes, según la cual todo lo que sucedía en América era para los alemanes sólo objeto »de pure curiosité«[2]? Para poder responder estas preguntas, tenemos que dirigir una vez más nuestra mirada por un momento a la política europea de aquellos años. Los monarcas victoriosos de Europa equipararon la caída del emperador francés, que ante sus ojos había sido siempre un »parvenu«, con la decadencia definitiva de la Revolución Francesa y de sus ideas. La derrota de Napoleón era, por lo tanto, el triunfo de la legitimidad y los estadistas de la Santa Alianza proclamaron en Viena y en el Congreso subsiguiente su decidida voluntad de defender con todos los medios este principio de legitimación trabajosamente afianzado, que no debía ser puesto en peligro por ninguna revolución. Por consiguiente, el derecho legítimo de la corona española a sus posesiones americanas no podía ser cuestionado; se dejaba, desde luego, en manos de Fernando VII la tarea de sofocar militarmente las rebeliones en sus colonias. Pues con respecto a su propia política, los gobiernos de la Santa Alianza habían acordado una estricta no intervención y resuelto, al mismo tiempo, negar el reconocimiento diplomático como Estados independientes a los países americanos en caso de que – en contra de lo esperado – lograran independizarse.

Efectivamente había sólo dos aspectos bajo los cuales las potencias de la Alianza parecían estar dispuestos a aprobar, aunque no sin reservas, los movimientos de independencia en Iberoamérica o si no, al menos, tolerarlos. El primero consistía en la en aquel entonces perfectamente justificada esperanza de que el principio de legitimación habría de mantenerse al menos salvaguardado si los países americanos se constituían como monarquías bajo dinastías europeas, tal como sucedió efectivamente a través de la vinculación de las casas de Braganza y Habsburgo, trayendo como consecuencia el reconocimiento de la independencia del Imperio del Brasil como así también su estrecha vinculación con el mundo de los Estados europeos. También entre los líderes patriotas hispanoamericanos había muchos que tendían a la monarquía, sobre todo en la región del Río de la Plata y en México, donde incluso se llegó a proclamar el breve imperio de Iturbide. En cambio, Bolívar manifestaba su abierto rechazo de toda forma de gobierno monárquico según modelos europeos e insistía impertérrito en la creación de repúblicas americanas. Logró imponer sus ideas y en la Santa Alianza surgió el temor de que este ejemplo pudiera alguna vez hacer escuela en Europa. En 1818, el ministro de Relaciones Exteriores español, Cevallos, expresó este temor al advertir a Metternich que la revolución en América algún día podía significar la revolución en Europa. La cabeza de esta revolución americana era Bolívar y la política de las potencias europeas estaba ya determinada por las resoluciones de la Santa Alianza; por lo tanto, sólo podía dirigirse en contra de él.

El segundo aspecto bajo el cual una Hispanoamérica independiente podía esperar un interés positivo por parte de Europa consistía en la cuestión acerca de cómo debían estructurarse las relaciones económicas con los nuevos Estados que, pese al hecho de que no se quería reconocer su independencia política, se presentaban como atractivos socios comerciales. Las ciudades hanseáticas, mucho más ágiles política y comercialmente, no pensaron tanto en seguir el rígido pensamiento de legitimación de la Santa Alianza cuanto en la posibilidad de utilizar las favorables oportunidades de obtener ganancias comerciales que se les ofrecían. Siguiendo el modelo de Gran Bretaña, donde en 1820 Canning había declarado: »La América española es libre y si nos empeñamos, será inglesa«[3], dos años más tarde el presidente de la Diputación de Comercio de Hamburgo decía: »Todos los países y partes del mundo que desde hace siglos nos estaban cerrados y casi ocultos se nos han abierto y podemos también decir: Hamburgo ha obtenido colonias.«[4]

Hoy sabemos que Hispanoamérica (prescindiendo del breve interludio del archiduque Maximiliano) no fue gobernada por segundogenituras de casas reales alemanas o de otro origen y que tampoco se convirtió en colonia de Hamburgo. Pero quedó la seductora concepción de crear en la Iberoamérica independiente una dependencia política y económica de Europa. Parecían existir suficientes posibilidades y en secreto se negociaron cosas sorprendentes que iban mucho más lejos aún, tales como, por ejemplo, aquel plan puesto en circulación por diplomáticos españoles, de dividir Iberoamérica, en caso de un triunfo de los patriotas, simplemente entre las grandes potencias europeas. En ese caso, cada cual podía ver el modo más eficaz de pacificar la población de la parte que le había correspondido. Rusia había de recibir California (en donde ya poseía de todas maneras puntos de apoyo); Prusia, la isla de Puerto Rico; Austria la región del Plata, etc. Habla en favor de la racionalidad de los estadistas europeos de aquella época el que no tomaran en serio este tipo de ideas. Bolívar reconoció estos peligros que, en parte, se han mantenido agudos hasta el presente y para una mejor defensa en contra de ellos propició una Hispanoamérica unida. Pero sus casi implorantes apelaciones a la unidad

tuvieron tan poco éxito como su intento de que los países hispanoamericanos crearan una unidad en el Congreso de Panamá de 1826.
Pero, ¿cómo puede entenderse en este contexto el envío de armas austríacas que en barcos americanos, desde Trieste a través de Baltimore y St. Thomas, fueron enviadas a las tropas de Bolívar en Venezuela? Sin duda Metternich – quien como hoy sabemos, ya a partir de 1808 se hacía informar exactamente acerca de los movimientos de agitación en Hispanoamérica – llevaba una política doble. Invocando su invariable preocupación por imponer el principio de legitimación, rechazó en 1818 todas las protestas españolas en contra de esta exportación secreta de armas y se presentó como protector de los productores de armas austríacos en tanto representantes de »una de las ramas de la producción más importantes desde el punto de vista impositivo, cuya existencia y florecimiento, como consecuencia de la paz en la Europa postnapoleónica dependía de la conquista del mercado americano«.[5] Ya en *status nascendi* de su independencia, Iberoamérica se había convertido en campo de experimentación de la diplomacia y la economía europeas.
Más o menos en esta misma época comenzó a producirse una ayuda, por cierto no oficial pero por ello no menos eficaz, por parte alemana y que habría de influir esencialmente en el éxito de la lucha de Bolívar por la independencia. Desde 1817 había reforzado considerablemente sus actividades para conseguir voluntarios en Europa; las oficinas de reclutamiento más exitosas de aquella época se encontraban en Londres, Hamburgo y Bruselas, en donde el coronel austríaco Streeruwitz (cuyo nieto fue en 1919 Canciller Federal de la primera República) se ocupaba por conseguir, sobre todo, buenos oficiales y soldados de caballería. Las autoridades de Hamburgo adoptaron una actitud ambigua y cambiante con respecto al reclutamiento de voluntarios. Por una parte, tenían que defenderse frente a las protestas del Ministro residente español y, por otra, esperaban que »mediante el reclutamiento puedan ser alejados del radio urbano ›mendigos y vagabundos‹.«[6] Procuraron por lo tanto ignorar, dentro de lo posible, las actividades de los oficiales de reclutamiento hasta que en 1819, bajo la creciente presión del representante español, se vieron finalmente obligados a prohibir el reclutamiento de voluntarios.
Entre los aproximadamente 6.000 veteranos de todos los países que habían luchado en las guerras napoleónicas y que luego fueron a Venezuela para ingresar en el ejército de Bolívar, se encontraban, de acuerdo con cálculos muy dispares, de 300 a 1.000 alemanes. La mayoría de ellos provenían del Reino de Hannover, vinculado con Gran Bretaña a través de la unión personal del monarca; pero también habían sido reclutados para entrar al servicio de Bolívar numerosos jóvenes procedentes de otros países alemanes tales como Hesse, Baden y las ciudades hanseáticas. No eran sólo aventureros y tentadores de fortuna quienes se manifestaron dispuestos a luchar bajo las

órdenes de Bolívar, sino que entre ellos había también muchos idealistas entusiasmados por los objetivos bolivarianos de libertad e independencia. Algunos de ellos, como el más tarde general venezolano Johann von Uslar o el mariscal boliviano Otto Philipp Braun, llegaron a las jerarquías más altas y gozan hasta hoy del invariable respeto en los países por cuya independencia combatieron. Muy pocos de los 6.000 legionarios europeos regresaron a sus patrias, excepción hecha de aquellos que abandonaron la lucha prematuramente. De acuerdo con las investigaciones del historiador norteamericano Hasbrouck, sólo unos 150 voluntarios sobrevivieron a las luchas de la independencia lo que significa una enorme cuota de pérdidas: 97 % de muertos.

No podemos ocuparnos aquí en detalle con los destinos de estos voluntarios; séame permitido, en cambio, un breve resumen. Es posible distinguir cuatro períodos en el proceso de desarrollo de las legiones de voluntarios europeos en el ejército de Bolívar. El primer período está constituido por los años de reclutamiento en Europa, que se iniciara en 1817 y que alcanzara su punto culminante en 1819. Abarca la época de la llegada de la mayoría de los legionarios a Sudamérica y es un período de desengaños y desilusiones, de malentendidos y rivalidades, de rebeliones y desórdenes, a lo largo del cual se produjo la eliminación de las personas débiles e ineptas. Las condiciones climáticas resultaban insoportables; el armamento, la alimentación y el sueldo eran insuficientes. El descontento entre los voluntarios era grande aunque también comprensible. Oficiales que súbitamente y sin mayores méritos habían obtenido una alta jerarquía resultaban a menudo incapaces para su puesto. Muchos de ellos prefirieron regresar a Europa.

El segundo período se extiende desde 1819 a 1821. Estuvo caracterizado por duras y sangrientas luchas de las unidades europeas, que estaban imbuidas de un »esprit de corps«, resultado de la comunidad de nacionalidad que reforzaba aún más su espíritu combativo. Es éste el período de las batallas decisivas de Boyacá, Carabobo, Bomboná y Pichincha, que sellaron definitivamente la derrota del ejército español en Venezuela y Colombia. Durante estos años, los oficiales y soldados europeos fueron sometidos a un duro proceso de selección; la mayoría de ellos cayeron en la lucha, otros murieron por las enfermedades contraídas en campaña o por extenuamiento. Mientras que en el primer período a menudo muchos oficiales fueron ascendidos apresuradamente, en el segundo fueron tomados en cuenta para los ascensos la capacidad y el valor de los mismos.

Al comienzo del tercer período, que se extiende desde 1821 a 1824, la mayoría de los legionarios había caído en combate, había sido víctima del clima tropical, había muerto a raíz de las enfermedades o había regresado a sus respectivas patrias. Los voluntarios que se habían quedado en Sudamérica se habían ya familiarizado con sus gentes, su clima y su idioma y habían creado una unidad con los criollos, indios, mestizos y mulatos. Los últimos batallones de extranjeros que aún quedaban fueron disueltos y los oficiales europeos fueron distribuidos en todo el ejército a fin de instruir a las unidades locales en la disciplina y táctica europeas y servir como asistentes, asesores y ayudantes de sus comandantes. Su valor y méritos como instructores fueron siempre justamente alabados; la excelente disciplina de los granaderos instruidos por Uslar y que participaron en el ataque a Puerto Cabello es recordada como ejemplar.

El cuarto período, después de 1824, está constituido por los años de fraternización de los pocos extranjeros que aún quedaban con los sudamericanos, en la medida en que no regresaron a Europa sino que – como Braun y Uslar – se casaron con mujeres del lugar y fundaron con ellas nuevas familias. Pero, además, el cuarto período es la época en la que se escriben las memorias, a las cuales las generaciones posteriores deben mucho de su conocimiento sobre estos agitados años.

No podemos evaluar debidamente los méritos de los legionarios alemanes y su importancia con respecto a la independencia hispanoamericana. En verdad, ya los historiadores de la primera mitad del siglo XIX mencionan reiteradamente la participación de voluntarios alemanes en las campañas de Simón Bolívar, pero tuvieron que pasar más de cien años hasta que aparecieran las primeras publicaciones sobre ellos. Estas son, sin embargo, tan sumarias, que sólo ofrecen un panorama general de orientación. Hasta hoy falta una investigación detallada y científica acerca de los legionarios alemanes en las luchas de la independencia hispanoamericana.

Quiero dar aquí la palabra al historiador peruano César García Rosell quien intentara subrayar los méritos de los legionarios alemanes en la liberación de su país: »De esa cooperación, que fuera militar y política, tenemos pruebas evidentes que comprometen el agradecimiento de nuestros pueblos. Pero si se ha hecho la historia, bastante documentada, de la colaboración británica y de la ayuda de oficiales franceses, en cambio casi nada sabemos de la que nos brindó Alemania, en el curso de la lucha contra España y no sólo en el Perú sino en la Argentina, Chile, Ecuador y Nueva Granada. Los historiadores venezolanos han escrito interesantes páginas de la ayuda inglesa e irlandesa... Pero son pocas las informaciones sobre hijos de la noble y generosa Alemania, que asimismo batallaron en Sud América defendiendo la libertad y la independencia de las antiguas colonias españolas.«[7]

En realidad, hasta hoy permanecen desconocidos los destinos de la mayoría de los voluntarios alemanes. De los pocos legionarios que son mencionados en las crónicas oficiales de la época, sólo se conocen sus nombres. Pero aún en estos casos, hay dudas acerca de si se trata efectivamente de voluntarios alemanes cuando no se dispone de otros datos adicionales que permitan llevar a cabo algún examen o comparación. Pues los apellidos alemanes, que sonaban tan extraños a los oídos latinos, muchas veces son reproducidos de una manera puramente fonética o han sido hispanizados o anglizados en la escritura. Así por ejemplo, Heinrich von Lützow se convirtió en Enrique Luzón y los apellidos Meinecke y Seybold fueron adaptados a la pronunciación inglesa y aparecen como Minecke y Sibel. Probablemente estas dificultades han contribuido a que hasta ahora no se haya iniciado ningún esfuerzo serio por estudiar las fuentes diseminadas en los archivos alemanes y sudamericanos e investigar en los documentos el destino de los legionarios alemanes. Pero también el enorme trabajo que esta tarea requiere y para la cual habría que invertir varios años, puede haber tenido quizás un efecto negativo y ha orientado las energías de muchos investigadores hacia empresas más fáciles y gratificantes. Los trabajos previos ya realizados demuestran que esta tarea no es insoluble; sin embargo, hasta ahora no ha sido realizada y es de lamentar que sólo conozcamos unos cuantos nombres de aquellos legionarios alemanes que empeñaron y, en su mayor parte, sacrificaron sus vidas por la libertad y la independencia de Sudamérica.

Después de haber expuesto brevemente la política oficial con respecto al movimiento de independencia hispanoamericana por parte de los Estados alemanes agrupados en la Santa Alianza y de haberme detenido un poco más largamente en los voluntarios alemanes que integraron el ejército de Bolívar, llego ahora a la última parte de mis consideraciones en la que habré de esbozar la presentación de Bolívar en la literatura alemana de la época y la historiografía posterior. Aquí también tendremos que limitarnos a algunos ejemplos.

Hemos ya mencionado que Hispanoamérica, en contra de los deseos de las familias reales y de las empresas comerciales europeas, buscó su propia vía hacia el futuro. A más tardar después del Congreso de Angostura en el año 1819, la orientación fijada por Bolívar era clara para todos y desde el Congreso de Panamá pareció también entreverse la meta. Pero era una vía llena de obstáculos y de dificultades – hasta hoy en parte no superadas – caracterizada por numerosos retrocesos y desilusiones; una vía que, a través de la democracia republicana, debía desembocar en la meta de una comunidad de Estados americanos. Una gran tarea que probablemente todavía no es realizable en el futuro próximo; pero los liberales decididos de todos los países alemanes no dejaron en aquel entonces de admirar a Bolívar y de seguir con tensa atención sus pasos políticos. Sus comentarios – en la medida en que lo permitían las severas disposiciones de la censura establecida por las Resoluciones de Karlsbad – se extendían desde la aprobación amistosa hasta el entusiasmo manifiesto. Además, los numerosos artículos y ensayos publicados en aquellos años en el ámbito de habla alemana muestran no sólo el interés y la precupación de los autores y lectores por su lucha en favor de la independencia y la nueva organización política de Hispanoamérica, sino que el contenido de estas publicaciones revela claramente que en los países alemanes, con las concepciones democráticas y las ideas republicanas de Bolívar, se vinculaban también esperanzas con respecto al propio futuro. Naturalmente, ello no excluía la crítica ocasional y también la incomprensión de algunos problemas específicamente hispanoamericanos. Pues Sudamérica era un continente lejano, extraño y, para muchos, exótico en no pocos respectos y acerca del cual se tenían concepciones poco claras. Por ello no puede sorprender que también algunos autores alemanes se hicieran eco de ataques contra Bolívar surgidos de intrigas personales de sus propios connacionales y que fueran lanzados en los últimos años de la vida del Libertador.

Así se explica que al morir Bolívar, los publicistas alemanes no se atrevieran a adoptar una clara posición y a manifestar su opinión acerca de la personalidad y la obra del Libertador. Prefirieron dejar esta tarea en manos de las futuras generaciones. También los historiadores europeos guardaron silencio y »durante el siglo XIX, la figura de Simón Bolívar existió (sólo) al margen de la historia occidental... Ni en Macaulay ni en Ranke, ni en Burckhardt ni en Taine se encuentra un juicio sobre sus hazañas... La única excepción está constituida por la gran obra del alemán Gervinus: Historia del siglo diecinueve.«[8]

Georg Gottfried Gervinus era uno de los conocidos »siete profesores de Gotinga« que en 1837 habían protestado contra la violación hannoverana de la Constitución, a raíz de lo cual habían sida privados de sus cátedras. Pero también en Heidelberg, Gervinus fue objeto de persecución política y después de la publicación en 1853 de su »Introducción a la historia del siglo XIX« fue acusado de »incitación a la traición y amenaza de la paz y el orden público«.[9] Su »crimen« consistía en el anuncio de que algún día el principio democrático habría de imponerse y la forma monárquica de gobierno sería desplazada. En su concepción de la historia – que según la opinión de los observadores de aquella época tenía resonancias revolucionarias – subrayaba Gervinus, desde el punto de vista del liberalismo constitucional, el afán de los pueblos por la libertad y la soberanía. Escribió su »Historia del siglo diecinueve« con el objeto de »reforzar nuevamente la quebrantada confianza de las gentes en nuestro futuro« y »restablecer la fe en el presente que algunos ya no alientan.«[10]

La figura y la obra de Simón Bolívar ocupan un lugar preeminente en la descripción que hace Gervinus de las revoluciones hispanoamericanas. Ya en su visión retrospectiva de la primera fase de la guerra de la independencia, Gervinus se opone a la opinión según la cual sería »una obra de la casualidad« o »un mérito sólo aparente« el hecho de que Bolívar, a pesar de los éxitos pasajeros de los españoles durante los años 1815–1818, »haya tenido tanta influencia en este vuelco feliz del destino americano. Sus críticos extranjeros siempre tendieron demasiado a juzgar con exceso de severidad los defectos transitorios de la juventud, a sobrevalorar las inevitables imperfecciones de la idiosincracia nacional, a menospreciar las aptitudes de un hombre que se vio enfrentado con tan inmensas dificultades... Quienes censuraban sus conocimientos del arte de la guerra olvidaban que no había sido educado para soldado y que, sin embargo, se convirtió en soldado, que la inexperiencia no es criticable en quien con tanto afán acumulaba experiencias, que las derrotas no significan vergüenza alguna para quien a partir de ellas aprende a vencer.«[11] Y así llegaba Gervinus a la conclusión de que »los méritos de Bolívar son los mayores que un hombre puede lograr en aras de su pueblo y que ellos aumentan ante los ojos de quien los evalúa en la medida en que se toma en cuenta el terreno y los medios en los cuales y con los cuales tuvo que actuar.«[12]

En el cuarto tomo de su »Historia del siglo diecinueve«, Gervinus dedica a la »Monocracia de Bolívar« un capítulo separado.[13] Ya el título pone de manifiesto la crítica del erudito alemán. Con total incomprensión y frío rechazo, analiza la según él desmedida glorificación de Bolívar e ironiza las exageradas alabanzas. Pero, por otra parte, Gervinus no desconoce que Bolívar era un hombre de una »formación espiritual incomparablemente más rica« que la de todos los demás jefes de la guerra de la independencia hispanoamericana. Sin embargo, condena las »fantásticas adulaciones« y »el bajo servilismo de admiradores exaltados o de sirvientes codiciosos o de los sicofantes que él mismo pagaba«.[14] Pero, sobre todo, lo que no puede olvidar Gervinus, en tanto convencido partidario y propulsor de una democracia republicana, es que Bolívar »bajo el pretexto de la anarquía reinante«, que no puede negarse, había erigido »la más fuerte dictadura, una dominación totalmente absolutista«.[15] A pesar de que Gervinus oscila entre la aprobación y el rechazo, entre el reconocimiento y la reserva, al final del capítulo traza una comparación positiva entre Bolívar y Washington. No obstante la manifiesta admiración por los logros políticos y militares de Bolívar, Gervinus, que en el fondo compartía el pensamiento de la época »Biedermeier« alemana (es decir, la del Romanticismo burgués), se inclina finalmente por Washington. En él ve al más grande de los dos, a quien »tanto en el campo de batalla como en el gabinete, con una prudencia de abuelo casi pedante, con una igual probidad en los negocios que en la ética, supo encontrar después de concienzudo análisis, el camino más seguro para el fin más seguro«.[16] No tuvo aquí en cuenta que Bolívar, dadas las circunstancias en las que le tocó actuar, en ningún momento tuvo la menor posibilidad de encontrar »el camino más seguro« y mucho menos de recorrerlo.

De esta manera, por primera vez en la historiografía alemana se ve claramente que, no obstante todo el reconocimiento de la obra de Bolívar, existía la tendencia a juzgar su vida y su obra de acuerdo con concepciones y deseos de la época, que tenían su origen y sus raíces en un mundo no comparable con el europeo. En los años 30 de nuestro siglo, este afán adquirió en algunos casos formas excesivas cuando el odio al dictador se convirtió en admiración y los malentendidos nacidos del desconocimiento de las circunstancias históricas se transformaron en conscientes falsificaciones. Ejemplar en este sentido es las extensa biografía de Bolívar escrita por Wolfram Dietrich, que fuera publicada en 1934 y que sometiera la personalidad del Libertador a una evaluación propagandística subrayando exageradamente los aspectos autoritarios de su conducción política. De esta manera, el autor perseguía la manifiesta justificación de los objetivos de la política nacionalsocialista. Pues »precisamente ahora, cuando el principio del ›Führer‹ ha logrado imponerse, el decurso de un destino de líder, los conocimientos que adquirió durante su agitada vida el libertador y redentor de una parte del mundo tienen que despertar especial interés«, se dice en el prólogo. Finalmente, Dietrich deformaba la verdad histórica de una manera inexcusable cuando atribuía a Bolívar »como su testamento político... la tesis: Un pueblo sólo puede desarrollarse benéficamente bajo la conducción de una personalidad líder poderosa y entregada totalmente al bien comun«.[17]

Pero, en general, no fueron frecuentos los esfuerzos por vincular a Bolívar – siguiendo motivos manifiestamente politicos – con acontecimientos y personas de la época a fin de contribuir así a legitimar una dudosa y discutida legalidad. En su mayor parte, los autores alemanes, también entonces, trataron de apreciar debidamente en sus escritos la vida y obra de Bolívar y no se dejaron extraviar por las corrientes políticas de la época formulando interpretaciones no objetivas.

La Segunda Guerra Mundial perdida, con todas sus terribles consecuencias, pareció que no sólo habría de paralizar por mucho tiempo toda actividad científica en Alemania sino que también habría de desplazar a una fatal posición marginal al reavivado interés por América Latina y su historia cuando, inesperadamente, volvió ésta a renacer con todo vigor. En 1949, en el mismo año en que se iniciaba la recuperación económica de la recién fundada República Federal de Alemania, se publicó en Constanza una extensa biografía de Simón Bolívar, escrita por el historiador alemán Gerhard Masur. Ninguno de los trabajos publicados anteriormente era más adecuado que éste

para dar un nuevo impulso a la investigación histórica alemana sobre América Latina. Sus conocimientos precisos, basados en profundos estudios de las fuentes, han condicionado hasta hoy la imagen de Bolívar en Alemania.
Las circunstancias que acompañaron la creación de esta obra y la hicieron posible son, desde luego, muy especiales a la vez que trágicas para el autor. Gerhard Masur »quien entre 1930 y 1935 había enseñado como docente privado en la Universidad de Berlín, era discípulo de Friedrich Meinecke«[18], el más importante de los historiadores alemanes de su tiempo. En su calidad de miembro de la colectividad judía, Masur consideró que en la Alemania de aquella época no tenía ninguna posibilidad de trabajar y vivir en paz y resolvió abandonar su patria. »El 22 de octubre de 1935, crucé la frontera suizo-alemana con el propósito de no regresar más a mi patria mientras siguiera flameando en Alemania la bandera con la cruz svástica. El destino me concedió el privilegio de pertenecer a aquella minoría cuya destrucción Hitler... había resuelto y anunciado. Este privilegio – y como tal lo he considerado siempre – me libró de la trágica necesidad de tener que decidir en contra de mi país, al que debía mi formación intelectual; el país había ya decidido en contra mía. En la búsqueda de un nuevo campo de acción, me enteré que el gobierno colombiano proyectaba llamar a una misión de científicos alemanes perseguidos. Cuando en el consulado colombiano en Ginebra estaba esperando al ministro, mi mirada se fijó en un retrato de Simón Bolívar. Sabía tan poco de él como la mayoría de las personas en Europa. Y en ese momento tomé la decisión de escribir la historia de su vida si llegaba a ir a Colombia.«[19]
Masur fue a Colombia y, fiel a la decisión que había tomado en Ginebra, comenzó su trabajo. Merece la admiración más absoluta el hecho de que con ejemplar fidelidad realizara la tarea que se había autoimpuesto y que la llevara a una conclusión realmente impresionante. Su biografía es una de las obras mejor fundamentadas desde el punto de vista científico que jamás se hayan escrito en el mundo sobre Bolívar y ha encontrado reconocimiento universal unánime. No es posible considerar aquí en detalle y adecuadamente la obra de Masur; sin embargo, parece necesario hacer referencia, por lo menos, a una cuestión pendiente y que ya ha sido mencionada varias veces en esta conferencia, es decir, el problema de la dictadura, cuyo ejercicio por parte de Bolívar fuera reprochado de manera más o menos manifiesta por numerosos autores. ¿Cuál es la posición de Masur frente a este problema, teniendo en cuenta que precisamente él había emigrado de un país gobernado dictatorialmente y que, por lo tanto, podía esperarse que reaccionara con especial sensibilidad?
Con su mirada de historiador experimentado, Masur reconoció las deficiencias esenciales de todas las biografías alemanas hasta entonces escritas sobre

Bolívar: »Carecen del conocimiento de aquello que los españoles llaman ›ambiente‹ y que en alemán puede ser traducido adecuadamente como ›Milieu‹ o ›Umwelt‹: el conocimiento de la tierra, del clima, de las personas y de su manera de pensar, con el que Bolívar tenía que contar y que fue la condición fundamental de su grandeza y su influencia.«[20] Gracias a su larga permanencia en Colombia, que se transformó para él casi en una segunda patria, Masur adquirió el conocimiento necesario de este »ambiente« y, con ello, también la comprensión de los procesos específicos de la historia de esta región y de la forma de actuar de sus habitantes. Esto trajo como consecuencia que no condenara la dictadura de Bolívar con una opinión académica preconcebida, sino que la considerara con comprensión y, al mismo tiempo, como una necesidad transitoria. Bolívar encontró un caos e hizo todo lo posible para superar este caos, establecer orden y darle una forma aceptable. Sabía que la vacilación equivalía al derrumbe y por ello »su dictadura no respetó ni las conciencias ni las fortunas; pero fue una dictadura pedagógica destinada a transformar a un pueblo inmaduro en uno maduro. No se la debe confundir con el abuso de la violencia de los gobernantes totalitarios de nuestros días. Ella era para Bolívar un mal, pero un mal necesario e inevitable para que su país y su región pudieran algún día ser libres. Nunca pensó en utilizar su autoridad para esclavizar otros pueblos.«[21]

Con esto reconocía y aprobaba la dictadura bolivariana como un presupuesto indispensable para el desarrollo y la conservación de la libertad y la democracia, amenazadas permanentemente por la anarquía. Y aquellas fueron siempre el objetivo último y supremo que, a través de sus propias dolorosas experiencias, persiguió tanto Bolívar como su biógrafo Masur.

Resumamos: En nuestra breve visión retrospectiva acerca de »Simón Bolívar y los alemanes« se ha visto claramente que, por cierto, nunca dejamos de manifestar nuestro respeto y admiración por el genio militar y político del Libertador. Pero, salvo unas pocas excepciones, en nuestras concepciones era también perceptible una marcada conciencia eurocentrista que, con bastante frecuencia, se estrechó aún más a través de perspectivas condicionadas por la época. Toda forma de consideración que tienda a juzgar la vida y la obra de Bolívar primordialmente bajo el aspecto de las respectivas corrientes políticas dominantes en el propio país conduce necesariamente a malentendidos. Tal como hemos visto, ellos se extendieron desde la rígida afirmación de un principio de legitimación apenas sostenible en la versión de aquel entonces, pasando por las esperanzas frustradas de los liberales alemanes del premarzo de 1848, hasta el extremo de falsificar a Bolívar transformándolo en mascarón de proa de afanes autoritarios de poder.

Pero sobre todo, los alemanes, en virtud de la limitada visión de un pensamiento centrado en el Estado nacional, tuvieron manifiestas dificultades

Stahlstich von Gottschick nach einer Darstellung des Südamerikaners López. Angefertigt für das Bibliographische Institut Hildburghausen.

Grabado en acero de Gottschick según una representación del sudamericano López. Confeccionado por el Instituto Bibliográfico de Hildburghausen.

para comprender las ideas y concepciones suprarregionales de Bolívar que, desde luego, se adelantaron a su época y que sólo hoy, bajo la presión y las amenazas del presente es posible percibir en toda su importancia. Masur, para citarlo una última vez, ha resumido en pocas palabras estas ideas básicas de Bolívar que, al mismo tiempo, constituyen un postulado:

> »La libertad es un valor en sí misma.
> Es mejor morir por la libertad que vivir como esclavo.
> La organización política de la libertad encuentra su expresión en la democracia; pero la democracia tiene que encontrar el equilibrio entre las exigencias de la libertad y las de la estabilidad y la eficacia, o conduce a la anarquía.
> Los problemas internacionales tienen que encontrar su solución en una federación de pueblos libres, que rechace las acciones agresivas armadas y solucione los conflictos entre los miembros de la federación a través del arbitraje.«[22]

Hoy, cuando nosotros mismos nos encontramos en la vía de dejar atrás el tradicional y estrecho pensamiento del Estado nacional a fin de reunirnos, por cierto aún con vacilaciones y algunas reservas, en una comunidad de Estados europeos, nos es finalmente posible comprender en toda su importancia esta profesion de fe política de Bolívar, que supera las fronteras nacionales y abarca todo el mundo libre, a la vez que darnos cuenta del legado que nos transmitiera.

1 Simón Bolívar, *Obras completas*, t. 2, La Habana, 1947, pág. 1286 s.
2 Federico el Grande al barón von Goltz, 20 de marzo de 1779. *Politische Korrespondenz, 1879–1939*, t. 42, pág. 481.
3 Percy Ernst Schramm, *Deutschland und Übersee*, Braunschweig, 1950, pag. 54.
4 Ibid.
5 Manfred Kossok, *Im Schatten der Heiligen Allianz*, Berlin, 1964, pág. 76 s.
6 Fritz Baumgarten, «Hamburg und die lateinamerikanische Emanzipation (1815–1830)«. *Ibero-Amerikanische Studien*, t. 5, Hamburgo, 1937, pág. 164 s.
7 César García Rosell, »Los alemanes en la independencia del Perú«. *Revista del Centro de Estudios Históricos-Militares del Perú*, XIV, 15, Lima, 1961–1962, pág. 85.
8 Gerhard Masur, *Simón Bolívar und die Befreiung Südamerikas*, Constanza, 1949, pág. 632.
9 Walter Boehlich en el epílogo a la nueva edición por él publicada de Georg Gottfried Gervinus, *Einleitung in die Geschichte des neunzehnten Jahrhunderts*, Francfort del Meno, 1967, pág. 203.
10 G. G. Gervinus, *Introducción*, pág. 9.
11 Georg Gottfried Gervinus, *Geschichte des neunzehnten Jahrhunderts seit den Wiener Verträgen*, t. 3, Leipzig, 1858, pág. 313.
12 Ibid., pág. 315 s.
13 G. G. Gervinus, *Geschichte*, t. 4, Leipzig, 1860, págs. 604–672.
14 Ibid., pág. 611.
15 Ibid., pág. 639.
16 Ibid., pág. 664 s.
17 Wolfram Dietrich, *Simón Bolívar und die lateinamerikanischen Unabhängigkeitskriege*, Hamburgo, 1934, Prólogo (sin numeración de página).
18 Artículo necrológico en *Frankfurter Allgemeine Zeitung*, No 166, 22 de julio de 1975.
19 G. Masur, op. cit., pág. 9.
20 G. Masur, op. cit., pág. 9 y s.
21 G. Masur, op. cit., pág. 200.
22 G. Masur, op. cit., pág. 12.

Vorträge
zur Persönlichkeit Bolívars

Conferencias
sobre la personalidad
de Bolívar

O. Carlos Stoetzer

Bolívar und Europa

In diesem Jahr feiern wir den zweihundertjährigen Geburtstag von Simón [José Antonio de la Santísima Trinidad] Bolívar, der am 24. Juli 1783 in Caracas das Licht der Welt erblickte. Wir gedenken seiner nicht nur als Helden bewunderungswürdiger Taten, als Befreier eines großen Teils des amerikanischen Kontinents und Schöpfer von sechs Staaten, sondern besonders als Staatsmann und Staatsdenker. Die Berliner Tagung, die hier zu Ehren Bolívars stattfindet, stellt nicht nur eine Würdigung seiner Persönlichkeit und seines Werkes, seines Vaterlandes und der ganzen iberoamerikanischen Welt dar, sondern ist auch ein angemessener Beitrag, die geschichtliche Figur des *Libertadors* Europa verständlich zu machen und näher zu bringen, jenem Europa – um mit Gerhard Masur zu sprechen –, das in seiner Kurzsichtigkeit viel zu lange gezaudert hat, Bolívar den ihm gebührenden Platz in der Weltgeschichte einzuräumen.[1]
Bolívar ist sein ganzes Leben engstens mit Europa verbunden gewesen. Europa, europäischer Geist, europäische Wissenschaft sind aus seinem Leben nicht wegzudenken. Dieses Verhältnis erlitt nie einen Abbruch, im Gegenteil, mit der Zeit wurde es nur noch stärker gefestigt. Im Grunde war dies eine zwangsläufige Entwicklung, da Europa den Mittelpunkt des Zeitgeschehens darstellte, ganz abgesehen von Bolívars geistiger Grundlage, seiner Ideenwelt und seiner Weltanschauung, die einen Widerhall der geistigen Strömungen jenes Kontinents waren. All dies dürfte kaum überraschen, da Spanien den europäisch-christlichen Geist im 16. Jahrhundert nach Amerika übertragen hatte, der späterhin, besonders im 18. Jahrhundert, auch andere europäische Quellen aufwies.

I. Die pädagogische Brücke zu Europa

Bolívar verbrachte seine Jugend in Caracas, welches gegen Ende des 18. Jahrhunderts den Einflüssen der Aufklärung ausgesetzt war und wo sich bereits ein reges intellektuelles Leben entfaltete. Die spanische Überlieferung – Kirche, Universität, Theater – beeinflußte dieses kulturelle Leben aufs tiefste. Seit 1725 besaß Caracas eine Hochschule, deren Wurzeln auf das *Seminario Tridentino* (1592) zurückgingen. Die Universität spielte gegen Ende des 18. Jahrhunderts eine sehr aktive Rolle im Kulturleben der Stadt, und im Jahre 1785 zählte sie verschiedene Lehrstühle der traditionellen Fächer, die zum Teil so allgemein gefaßt waren,[2] daß sie auch die modernen

Naturwissenschaften einschlossen. So war es natürlich, daß neben den Lehren des Aquinaten, des Francisco Suárez und des Duns Scotus auch die moderne Philosophie zu ihrem Recht kam, d.h. Descartes, Leibniz, Bacon, Spinoza, Locke, Condillac usw.[3]

Ab 1770 gewann die moderne Philosophie an der Universität an Boden,[4] und zur Zeit des jungen Bolívar war sie der Mittelpunkt aufgeklärter Ideen. Die geistige Umwelt, in der der junge Bolívar aufwuchs, war daher in jeder Beziehung traditionsgebunden: die Scholastik – die im überseeischen Spanien sowieso viel stärker war als auf der Halbinsel – spielte weiterhin eine bedeutende Rolle, aber die Aufklärung, besonders die spanische Variante, die »christliche Aufklärung« (Feijóo, Jovellanos), wie sie Vicente Rodríguez Casado nannte,[5] hatte – zusammen mit ausländischen Einflüssen – ständig an Boden gewonnen.

Mit drei Jahren (1786) verlor Bolívar seinen Vater, Juan Vicente de Bolívar y Ponte; seine Mutter, Doña María de la Concepción Palacios y Blanco, starb sechs Jahre später. Seine Erziehung, die in keiner Weise vernachlässigt wurde, oblag nacheinander drei Lehrern: Pater Andújar für Mathematik; dem berühmten Andrés Bello (1781–1865) für Erdkunde und Literatur und Simón (Carreño) Rodríguez, alias Robinson, für Lesen, Schreiben und Grammatik.

Durch Rodriguez, dem »tropischen Rousseau« laut Marius André,[6] unterlag der zukünftige *Libertador* äußerst starken Einflüssen, die mit der traditionellen Erziehung und dem konservativen Milieu, in welchem Bolívar aufwuchs, im Widerspruch standen. Rodríguez, ein recht überspannter Sonderling, war völlig in den Bann Rousseaus geraten, einen Einfluß, den er auf Bolívar übertrug. So konnte es auch nicht überraschen, daß ein Teil der Lehren Rousseaus Bolívar stets anhaftete und sein weiteres Leben kennzeichnete.

II. Die drei Europa-Reisen

Die erste Reise: Januar 1799 – Juni 1802

Im Alter von 11 Jahren, zwei Jahre nach dem Tod seiner Mutter, äußerte Bolívar den Wunsch, Spanien zu besuchen. Einer der Gründe seiner Reise war natürlich das Bestreben, seine Studien in Europa zu vervollkommnen, besonders das der Mathematik.

Mitte Juni 1800 erreichte Bolívar sein Ziel, wo der Patenonkel, Don Esteban Palacios y Blanco, sich seiner nun annahm. Der junge Bolívar wurde am Hofe eingeführt. Das brachte ihn nach Aranjuez, zur Granja de San Ildefonso und zum Escorial. Ein väterlicher Freund, der aufgeklärte und weise Marquis

Jerónimo de Uztáriz y Tovar, gebürtiger *caraqueño,* übernahm die Aufsicht über den jungen Mann. Ihm ist es zu verdanken, daß Bolívar hier die Grundlage für eine solide geistige Bildung erhielt. Er wurde in Madrid zur regelrechten Leseratte: nicht nur die Klassiker des Altertums zogen ihn an, sondern er machte sich mit dem Humanismus der Renaissance genau so vertraut wie mit der Aufklärung. Auch pflegte Bolívar den Umgang mit den gebildeten Kreisen der Hauptstadt, die der Aufklärung zugetan waren und die ihm halfen, am intellektuellen Leben eifrigst teilzunehmen.
Das wohl wichtigste Ereignis seines ersten spanischen Aufenthaltes war die Bekanntschaft von María Teresa Rodríguez del Toro y Alayza im Hause Uztáriz, in die er sich bald leidenschaftlich verliebte. Als die Familie Toro nach Bilbao zog, folgte er ihr (20. März 1801). Am 13. Januar 1802 unternahm er einen Abstecher nach Frankreich, wo der zweite Koalitionskrieg mit dem Frieden von Lunéville (9. Februar 1801) und Amiens (27. März 1802) zum Abschluß kam. Bolívar nahm an den Friedensfeierlichkeiten in Amiens teil. Es ist gut möglich, daß er kurzfristig die ehemalige Ecole Royale Militaire in Sorèze (Südfrankreich) besuchte, die zur Zeit der Revolution und des Konsulates viele Kadetten aus dem Ausland anzog.[7] Ende März 1802 kehrte Bolívar von seinem Besuch in Frankreich nach Madrid zurück, wo er am 26 Mai María Teresa heiratete. Im Juni kehrte er dann mit seiner jungen Frau nach Venezuela zurück. Es dürfte sich wohl von selbst verstehen, daß die politischen Ereignisse in Europa ihm damals weniger am Herzen lagen als seine persönlichen Angelegenheiten; an Freiheitskämpfe und Revolutionen dachte er zu jener Zeit wohl kaum.

Die zweite Reise: Dezember 1803 – Oktober 1806

Am 22. Januar 1803, bald nach seiner Ankunft in Venezuela, starb María Teresa. Dieser schwere Schlag, den er nie überwinden konnte, lenkte sein Leben nun in andere Bahnen. Im Dezember desselben Jahres segelte er wieder nach Europa.
Nach einem kurzen Besuch in Spanien ging es weiter nach Paris; denn dieses Mal war die Halbinsel nicht das Hauptziel seines Besuches. In Paris lernte er Alexander von Humboldt kennen, der gerade von seinem fünfjährigen Aufenthalt in Amerika nach Frankreich zurückgekehrt war. Ohne Zweifel, wie Masur schrieb, war »Bolívars Zusammenkunft mit Humboldt bahnbrechend in seinem Leben und sogar vielleicht verantwortlich für die eigene Anerkennung seines Zieles und mit dieser für sein eigenes Schicksal.«[8]
Das historische Treffen mit Humboldt fand zu jenem Zeitpunkt statt als Napoleon das Kaiserreich ausrief. Bolívar war Zeuge des geschichtlichen Augenblicks: er nahm an der Proklamation Napoleons zum Kaiser am 18. Mai

1804 in St. Cloud teil; später, am 2. Dezember, auch an der Krönung in Notre Dame. Napoleons Persönlichkeit mußte notwendigerweise auf Bolívar eine fesselnde Wirkung ausüben. Er hatte die Karriere Bonapartes seit Jahren leidenschaftlich verfolgt, die Krönung jedoch rief in ihm zwiespältige Gefühle hervor. Als Held und militärisches Genie war Napoleon für Bolívar ein Vorbild, aber der Aufstieg des Emporkömmlings zum Kaiser stieß ihn ab – er schien ihm als Verrat liberaler Ideale. Wenn auch Napoleon ein wichtiges Leitbild für seinen weiteren Lebenslauf blieb, wurde Bolívar, wie Germán Arciniegas es einmal ausdrückte, zum »umgekehrten Napoleon« – »el Napoléon al revés«!

In Paris traf Bolívar Rodríguez wieder, der ihn ermutigte, eine Italienreise zu unternehmen. Diese führte ihn über Lyon und die savoyardischen Alpen nach Chambéry und Les Charmettes – Orte, die mit dem Genfer Bürger in Verbindung standen – und nach Mailand, wo Bolívar am 26. Mai 1805 der Krönungsfeier Napoleons beiwohnte. Er sah auch Napoleons Militärparade in der Ebene von Monte Chiaro bei Castigliones mit an. Weiter ging es dann über Venedig, Bologna, Florenz und Perugia nach Rom.

Die ewige Stadt machte auf Bolívar einen tiefen Eindruck: Rom war für ihn die Verkörperung menschlicher Größe, gepaart mit einer überwältigenden Vergangenheit. Eines Tages, am 15. August, ging der ehemalige Schüler mit seinem früheren Lehrer zum Avventino, dem Monte Sacro, und hier kam es zu dem berühmten Schwur Bolívars, seine Heimat zu befreien. Der Schwur auf dem Monte Sacro zeigte den Anfang seiner politischen Laufbahn an.

Hier in Rom traf Bolívar seinen Freund Humboldt wieder, und in ihren Gesprächen schwebten ihre Gedanken erneut zurück zur Neuen Welt. Im Dezember kehrte Bolívar allein nach Paris zurück. Als er bald darauf im folgenden Jahr die Nachricht erhielt, daß Francisco de Miranda an der Küste Venezuelas gelandet war, entschloß er sich schnell zum Handeln. Seine Rückfahrt nach Venezuela führte ihn über Hamburg – wo er vier Wochen verweilte –, Charleston, Washington, Philadelphia und Boston nach Caracas, wo er Ende April 1807 eintraf.

Als er zu Hause ankam, war er 24 Jahre alt. Seine Studien waren beendet, er war Zeuge größter geschichtlicher Umwälzungen gewesen, hatte eindrucksvolle Erlebnisse gehabt, starke intellektuelle Anregungen aufgesogen und außerordentliche Erfahrungen gesammelt. Der europäische Kontinent hatte bei seinem zweiten Besuch erneut einen ungeheueren Eindruck bei ihm hinterlassen – »Europa reizte ihn zum Denken... In Europa entdeckte Bolívar sich selbst«, wie José Luis Salcedo-Bastardo die Ergebnisse der beiden Reisen zusammenfaßte.[9]

Die dritte Reise – England: Juni – September 1810

Mit der erzwungenen Abdankung des rechtmäßigen Königs von Spanien Ferdinand VII im Mai 1808 ging die Macht automatisch wieder an das Volk zurück *(pactum translationis)*. Es enstanden die verschiedenen städtischen *Juntas,* die im Namen Ferdinands VII den Widerstand gegen Napoleon und Joseph Bonaparte organisierten. Die chaotischen Zustände in Spanien führten zur Bildung der *Junta Suprema Central* und schließlich zur Regentschaft. Beide verlangten nun die Treuebekundung des spanischen Weltreiches, hierbei übersahen die betreffenden Behörden jedoch, daß Spanisch-Amerika genau dieselben Rechte – die Bildung von *Juntas* – wie das Mutterland geltend machen konnte. Der Gedanke der Gleichstellung Spanisch-Amerikas mit Spanien war nichts Neues, hatte doch bereits im 17. Jahrhundert der Kronjurist Juan de Solórzano Pereira diese Gleichberechtigung anerkannt. Außerdem beruhte die Einheit des spanischen Weltreiches auf einer metaphysischen Grundlage und war an die spanische Krone gebunden, nicht an das spanische Volk, die spanische Nation oder das Land im allgemeinen. Als die Liberalen die aus dem 16. Jahrhundert stammende metaphysische Einheit sprengten und das neue Verhältnis zu den Kolonien auf eine rationalistische Basis stellten, taten sie, ohne es zu wollen, den ersten Schritt zur Trennung Spanisch-Amerikas vom Mutterland. Spanisch-Amerika folgte sehr bald dem Beispiel des Mutterlandes und errichtete ebenfalls *Juntas.* Wie die Spanier im Mutterland, so waren auch die Spanisch-Amerikaner nicht gewillt, das josephinische Regiment anzuerkennen. Auch sie wandten den scholastischen *pactum translationis* an. Allerdings begannen nun die Schwierigkeiten. Für die Spanier war die Folge des *pactum translationis* einfach die, daß alle Gebiete des spanischen Weltreiches bis zur Rückkehr Ferdinands VII die *Junta Suprema Central* bzw. die Regentschaft anerkennen sollten, während die Spanisch-Amerikaner erklärten, daß mit der Abdankung in Bayonne das überseeische Spanien frei von allen früheren Verpflichtungen gegenüber dem Mutterland war. Diese Argumentation finden wir sowohl in Bolívars politischen Schriften, besonders im Jamaika-Brief vom 6. September 1815, als auch in der Unabhängigkeitserklärung Venezuelas vom 5. Juli 1811 wieder.[10]

In Caracas kam es am 19. April 1810 zur Errichtung einer *Junta Conservadora de los Derechos de Fernando VII,* die – Echo der Ereignisse auf der Halbinsel – sich anmaßte, für ganz Venezuela zu sprechen. Bald folgte dieser *Junta* die Bildung ähnlicher lokaler Regierungen in anderen Teilen Südamerikas. Die *Junta* von Caracas ernannte Bolívar zum Obersten der Miliz, und in dieser Eigenschaft wurde er mit einer heiklen diplomatischen Mission in England betraut, die er in Begleitung von Luis López Méndez und dem Sekretär Andrés Bello, seinem früheren Lehrer, ausführte.

Die mit Bolívars dritter Reise nach Europa verbundene Mission bezweckte, Englands Hilfe gegen den gemeinsamen Feind Napoleon zu erlangen. Bolívars Schreiben an den Marquis of Wellesley vom 21. Juli 1810 brachte jedoch klar zum Ausdruck, daß die neue venezolanische Regierung innerhalb des spanischen Weltreiches verbleiben wolle und weit davon entfernt sei, die Bande zum Mutterland zu brechen.[11] Wenn auch die britischen Eroberungspläne am La Plata Schiffbruch erlitten hatten, wünschten die englischen Staatsmänner nichtsdestoweniger den Reichtum der spanischen Gebiete in Übersee auszubeuten. Bolívars Dienstreise trug ohne Zweifel dazu bei, die südamerikanischen Häfen dem britischen Handel zu öffnen, und er erkannte, daß England der Schlüssel zur Unabhängigkeit Spanisch-Amerikas war.

Bolívars Aufenthalt in London im Sommer des Jahres 1810 brachte ihn nicht nur in Verbindung mit dem britischen Auswärtigen Amt, sondern auch mit anderen Mitgliedern der höheren Schichten. Er nahm am gesellschaftlichen Leben Londons teil. Hier traf er auch seinen Landsmann Miranda, mit dem er häufig zusammen war und eindringliche Diskussionen über die Zukunft seiner Heimat führte. Desgleichen lernte er in London den berühmten Wilberforce, den tatkräftigen und erfolgreichen Kämpfer gegen den Sklavenhandel, kennen sowie auch Joseph Lancaster, den Vorkämpfer eines neuen pädagogischen Systems, das später sehr großen Einfluß in Südamerika erlangte.

Am 16. September 1810 verließ Bolívar England. Diese seine letzte Europareise erbrachte zwar keine nenneswerten diplomatischen Erfolge, aber sie trug zur Rückkehr Mirandas nach Venezuela bei.

III. Die geistigen Bindungen zu Europa

Bolívar hatte mit seinen Europa-Reisen sein Wissen bereichert, seine Studien durch die Lektüre vertieft und sich mit der Literatur der großen Kulturvölker dieses Kontinentes vertraut gemacht. Dieser Wissensdrang ließ nicht nach; er war ein typisches und fortwährendes Merkmal seiner Persönlichkeit. Selbst in den Feldzügen, die er in den fünfzehn Jahren des Unabhängigkeitskrieges unternahm, haben Bücher nie gefehlt, und in den Mußestunden war die Lektüre immer ein willkommenes Geschenk. So war er stets auf dem laufenden hinsichtlich der politischen Ereignisse und der geistigen Strömungen des Abendlandes. Unter den vielen geistigen Beziehungen Bolívars zu Europa sind jedoch einige von hervorragender Bedeutung und sollten daher besonders gewürdigt werden.

1. Alexander von Humboldt

Sowohl in Paris als auch in Rom hinterließ Humboldt einen sehr starken Eindruck auf Bolívar, der sich durch die lebenslängliche Freundschaft noch weiter ausprägte. Humboldt sprach begeisternd von Amerika, seiner Größe, seinem Reichtum und seinen Naturschönheiten. Diese Begeisterung für den amerikanischen Kontinent konnte nicht verfehlen, seinerseits bei dem *caraqueño* Stolz und Bewunderung auszulösen. Humboldt sah auch voraus, daß der amerikanische Kontinent eine großartige Rolle in der Zukunft spielen würde.

Durch seine enthusiastische Beschreibung des spanisch-amerikanischen Kontinents und seine aufrichtige Verehrung dieser Welt erweckte Humboldt in Bolívar romantische und idealistische Vorstellungen, die auf sehr fruchtbaren Boden fielen. Seine Schilderung der Wirklichkeit Südamerikas stand im totalen Gegensatz zu der allgemeinen Einstellung Europas, das im überseeischen Spanien, nichts als ein Bollwerk der Reaktion, des Aberglaubens und der Kulturfeindlichkeit sah, also die Fortsetzung der schwarzen Legende, wie sie von Montesquieu, Voltaire und Raynal verbreitet wurde. Humboldt flößte Bolívar zwei hervorragende Gedanken ein: das Grandiose der Natur des amerikanischen Kontinents und die bedeutende Zukunft Südamerikas. Beide übten eine gewaltige Wirkung auf Bolívar aus und begleiteten ihn auf seiner militärischen und politischen Laufbahn bis ans Ende seines Lebens.

2. Montesquieu

Einer der großen Einflüsse, denen Bolívar ausgesetzt war, ging von Montesquieu und seinem *Geist der Gesetze* aus. Montesquieus Lehre von der Gewaltenteilung, seine Sympathie für die englische Monarchie und, in Verbindung mit Locke, sein Beitrag zum modernen Konstitutionalismus – die Rationalisierung der traditionellen englischen Verfassung – verfehlten ihre Wirkung auf Bolívar nicht. In seinem Jamaika-Brief bezog er sich ausdrücklich auf Montesquieu; später, in seiner Ansprache an den zweiten Nationalkongreß Venezuelas in Angostura, am 15. Februar 1819, stand Montesquieu im Mittelpunkt seiner Pläne, besonders hinsichtlich der Gewaltenteilung.[12]
Bekannt ist Bolívars negative Einstellung zum Föderalismus. Von Anfang an hatte er klar erkannt, daß die geschichtliche Entwicklung in Nord- und Südamerika in entgegengesetzter Richtung verlaufen war. Bolívars realistische Einschätzung fußte auch in dieser Frage auf den bekannten Lehren Montesquieus. So schrieb er am 13. September 1829 an General Daniel F. O'Leary: »... Ich glaube, es wäre für Südamerika besser, den Koran anzunehmen als die Regierungsform der Vereinigten Staaten, obgleich die letztere die Beste auf Erden ist.«[13]

3. *Rousseau und die Ideen von 1789*

Auch der Genfer Bürger erweckte in Bolívar unendliche Traumbilder einer ruhmreichen Zukunft, besonders die romantische Verherrlichung der Freiheit, die er im Grunde sein Leben lang beibehielt. Die Idealisierung der Freiheit hat letzten Endes die Unabhängigkeit Südamerikas ergeben, und von diesem Standpunkt aus gesehen kann man sagen, daß der *Gesellschaftsvertrag* Rousseaus unmittelbar zur Realisierung der bolivarianischen Pläne geführt hat. Dennoch sollte man hier vorsichtig sein; den Rousseaus Einfluß auf Bolívar war zu keiner Zeit uneingeschränkt.[14] Seine romantische Begeisterung für Rousseau und für die Lehren von 1789 flaute bereits mit dem Ende der ersten Republik (1810–1812) ab, und diese Abkehr von den demokratischen Ausschweifungen kam in seinem Manifest von Cartagena (15. Dezember 1812) klar zum Ausdruck.

Die von Bolívar in Angostura vorgeschlagene Verfassung enthielt verschiedene dem Gedankengut Rousseaus nahestehende Ideen, wie die politische Gleichheit, die republikanische Regierungsform und die Volkssouveränität (obgleich sie auch scholastischen Ursprungs sein könnten). Diese wie auch andere Begriffe verbanden sich gleichfalls mit der jakobinischen Ideologie der französischen Revolution: die Bürgerfreiheit und die individuellen Garantien, die Sklavenbefreiung, die Aufhebung der Sonderprivilegien, die Einführung der politischen Gleichheit und die republikanische Tugend (Montesquieu, Robespierre).[15]

4. *Napoleon*

Bolívar war von Napoleon und seiner Zeit aufs tiefste beeinflußt worden. Die Verbindung des *Libertadors* zu Napoleon umfaßte nicht nur die militärischen und politischen Gebiete, sondern auch verfassungsrechtliche und ideologische Fragen. Der napoleonische Einfluß kam in Bolívars Heeresbekanntmachungen zum Ausdruck, in seiner Ernennung zum Generalkapitän der Armee mit dem Titel *Libertador* (14. Oktober 1813), in seiner späteren Wahl und Übernahme der höchsten diktatorischen Macht (2. Januar 1814);[16] auch in der Errichtung der *Guardia del Libertador* (28. Mai 1822) und der Gründung des *Orden de los Libertadores*.[17] Aber nichts zeigte das Echo Napoleons und seine Anziehungskraft auf Bolívar deutlicher als die bolivarianische Verfassung aus dem Jahre 1826. Diese erste Verfassung des neuen Staates Bolivien führte das politische und verfassungsrechtliche Denken Napoleons in Iberoamerika ein. Die Verfassung teilte die Regierung in vier Gewalten: elektorale, gesetzgebende, ausführende und richterliche (Art. 8). Die elektorale Gewalt beruhte auf den napoleonischen Verfassungen der Jahre VIII und X, obwohl das

gleiche Prinzip auch in der spanischen Verfassung von Cádiz aus dem Jahre 1812 und in der peruanischen Verfassung von 1823 zu finden war.[18] Ein weiterer Einfluß des Korsen betraf die Provinzregierungen, deren lokale Verwaltung aufgehoben und deren Funktionen – in Nachahmung des französischen Systems der Präfekten von *départments* und *arrondissements* – den neuen Behörden der *departamentos* übertragen wurden.[19]
Ferner zeigte sich der napoleonische Einfluß in der Teilung und Zusammensetzung der gesetzgebenden Gewalt. Die Legislative hatte hier drei Kammern: Tribunat, Senat und Zensorenkammer. Die bolivarianischen Zensoren waren genauso auf Lebenszeit ernannt wie die napoleonischen Senatoren, und beide, die Kammer der Zensoren Bolívars und der napoleonische Senat, ähnelten in ihren Funktionen einer republikanischen Inquisition, welche sowohl die Gesetze als auch die Moral überwachen sollte.[20]
Die Krönung der bolivarianischen Verfassung war die ausführende Gewalt, die einen Staatspräsidenten auf Lebenzeit vorsah mit dem Recht, seinen Nachfolger zu ernennen – in Wirklichkeit eine Art Wahlkönigtum.[21] Die Verfassung übernahm auch den Gedanken des Volksbeschlusses und verankerte die individuellen Garantien am Schluß des Verfassungsgesetzes in Anlehnung an die napoleonischen Verfassungen der Jahre VIII und X. Schließlich mögen noch zwei Punkte Erwähnung finden: Wie Napoleon so folgte auch Bolívar mit Begeisterung römischen Beispielen; wie Napoleon empfand auch Bolívar eine tödliche Verachtung für Phrasendrescher im allgemeinen und für die Ideologen im besonderen, einen Abscheu, den er bereits im Manifest von Cartagena ausdrückte.

5. Jeremy Bentham

Bolívar fühlte sich mitunter von dem System Benthams fasziniert, und zwar zu einem Zeitpunkt, als Spanisch-Amerika dem Mutterland den Rücken kehrte und in romantischer Schwärmerei ehrlich überzeugt war, daß die Lösung darin bestand, die altspanische Überlieferung zu verdammen. Die benthamsche Utopie bildete eine der stärksten Säulen der liberalen Strömungen in der ersten Hälfte des 19. Jahrhunderts in der ganzen spanischen Welt und sollte in Südamerika die Lücken füllen, die durch den Abzug der Spanier auf rechtlichem Gebiet entstanden waren.
Bolívar hatte zwar Bentham nicht persönlich in London kennengelernt, entwickelte aber später eine langjährige Korrespondenz und Freundschaft mit dem »Napoleon der liberalen Theorie«.[22] Nach der Schlacht von Ayacucho (9. Dezember 1824), als sich das Ende der Unabhängigkeitskriege klar anzeigte, sandte Bentham dem *Libertador* verschiedene Dokumente über Verfassungsfragen. Inwieweit Bolívar diese Dokumentation studiert hat und

sie auch in Betracht zog, als er seine Verfassung von 1826 ausarbeitete, ist schwer zu sagen, besonders da er erst am 15. Januar 1827 Bentham antwortete und ihm mitteilte, daß er diese Dokumente nicht erhalten habe. Andererseits aber enthielt die Verfassung Bolívars verschiedene Prinzipien, die entweder unmittelbar von Benthams Einfluß herrührten oder, auch wenn sie nicht von Bentham selbst stammten und mehr mit Locke und Montesquieu in Verbindung standen, doch über Bentham in die Verfassung gelangten und durch ihn praktische Bedeutung gewannen, so z.B. die Prinzipien der persönlichen Sicherheit; der Unverletzbarkeit des eigenen Heimes und der Korrespondenz; die Beschränkungen, die der Exekutiven zu Gunsten der individuellen Freiheit auferlegt wurden; die Verantwortung der Beamten im öffentlichen Dienst; die Verfahren, die Freiheit im Falle von politischen Verbrechen zu beschränken; die Pflicht, über die öffentliche Freiheit zu wachen; die Unabhängigkeit der gesetzgebenden Gewalt; das Verbot der Folter und der Beschimpfung und die Garantie des Eigentums.[23] Im Laufe der Zeit war Bolívar mehr und mehr dem konservativen Denken näher gerückt. Diese Wandlung vollzog sich besonders nach dem Kongreß von Panama, als Bolívar zum Gegenspieler seines früheren Freundes Santander wurde. Als Bolívar dann im Jahre 1828 die Diktatur in Kolumbien errichtete, wurde Bentham und seinen Lehren der Kampf angesagt, da er jetzt ideologisch im feindlichen Lager stand.

6. *Benjamin Constant*

Zu den romantischen Einflüssen auf Bolívar müssen wir auch den Benjamin Constants, des großen Verfechters der individuellen Freiheit und Feindes jeglicher Willkürherrschaft, zählen. Die Gedanken Constants hinsichtlich des *pouvoir neutre,* der vierten Gewalt, der Theorie der gemäßigten Macht, fanden in Bolívars Angostura-Kongreß einen Widerhall. Bolívars Verfassungsvorschlag in Angostura enthielt vier Gewalten: außer den drei klassischen Gewalten Montesquieus noch eine vierte, die moralische, welche aus zwei Kammern bestand, die *Cámara de Moral* und die *Cámara de Educación.* Um Bolívars vierte Gewalt richtig verstehen zu können, müssen wir davon ausgehen, daß dieser Gedanke ganz im Einklang stand mit dem moralisierenden Zeitgeist der französischen Revolution und dem napoleonischen Zeitalter, der über den spanischen Liberalismus – den *doceañistas* und der Verfassung von Cádiz aus dem Jahre 1812 – nach Iberoamerika gelangte. Zum anderen war es Bolívar bewußt, daß eine Republik nur auf der Grundlage der Ethik, einschließlich der Montesquieuschen Tugend, aufgebaut werden konnte: die Venezolaner liebten zwar ihr Vaterland, hatten aber weder Achtung vor dem Gesetz noch Respekt vor der Obrigkeit.[24]

Die moralische Gewalt stellte eine moderne Version des altgriechischen Areopagus und der römischen Zensoren dar. Die *Cámara de Moral* war eine Art Laien-Inquisition, während die *Cámara de Educación* einen sehr weiten Aufgabenbereich besaß.
Auch die gesetzgebende Gewalt, welche ebenfalls in zwei Kammern geteilt war, wies Merkmale Constantschen Denkens auf insofern, als der Senat Unabhängigkeit besaß und Befugnisse hatte, die es ihm erlauben würden, das Gleichgewicht und die Harmonie zwischen den verschiedenen Gewalten zu halten.
Constants Einfluß auf Bolívar kam später wieder zum Vorschein, und zwar in der bolivarianischen Verfassung aus dem Jahre 1826 mit ihren vier Gewalten. Constant hatte auch von der städtischen oder provinzialen Macht als Hindernis gegenüber der Willkürherrschaft gesprochen und Bolívar übernahm diese Gedanken, indem er den Constantschen *pouvoir neutre* hier in die Elektorale Gewalt umwandelte.[25]

7. Die ungeschriebene englische Verfassung

Schon früh in seinem Leben entwickelte Bolívar eine starke Bewunderung für England und seine Institutionen. Hierzu steuerte natürlich auch die Lektüre etlicher Philosphen bei, wie Voltaire, De Lolme und besonders Montesquien, Jovellanos und Constant, die ebenfalls England und die englische Verfassung bewunderten.
Im Kongreß von Angostura warf Bolívar seinen Blick auf die Vergangenheit und auf die furchtbaren Erfahrungen der letzten neun Jahre. Als Kenner der Geschichte und der menschlichen Psychologie versuchte er, eine neue Lösung zu einem alten Problem, das des Verhältnisses zwischen individueller Freiheit und Staatsautorität, zu finden. Bolívar wußte, daß exotische Formeln nichts taugten, andererseits war er von der Demokratie überzeugt. In seinen Vorstellungen dachte er an zwei Staaten, die ihm als Muster vorschwebten: in der Antike Rom; in der Neuzeit England. Er empfahl seinen Hörern das Studium des englischen Verfassungsrechtes, allerdings in einem republikanischen Rahmen.[26]
So übernahm er für die gesetzgebende Gewalt das klassische englische Vorbild des Zweikammersystems und nicht die Einkammerformel der spanischen Verfassung von Cádiz aus dem Jahre 1812 oder der französischen Verfassung von 1791. Im Senat wollte Bolívar keinen Adel schaffen, aber »auf diese Weise die Elite der Staatsmänner und Kämpfer, der wahren Schöpfer des Vaterlandes«, verewigen.[27] In diesem Sinne verglich Bolívar seinen Senat mit den römischen Senatoren und den englischen Lords, die – seiner Ansicht nach – die stärksten Säulen der sozialen und politischen Freiheit bildeten.[28]

Auch hinsichtlich der Exekutive schaute Bolívar auf das englische Muster: er sah in der englischen ausführenden Gewalt den wohl vollkommensten Bestandteil, »sei es für ein Königreich, eine Aristokratie oder eine Demokratie«.[29] In einem Königreich genoß der Mensch Prestige und Verehrung, während der Staatspräsident einer Republik ständigen Spannungen ausgesetzt war und isoliert dastand. Ohne Festigung der Exekutive käme es notwendigerweise zur Anarchie, zur Anmaßung und zur Willkür.[30] Allerdings könne die Demokratie nur mit aristokratischen Elementen erhalten bleiben – das Echo des Aquinaten –, weil das demokratische System auf einer schwachen Basis ruhte.

IV. Bolívars Einstellung zu Europa

Obgleich Europa für Bolívar der Maßstab war, den er für Südamerika und die ganze Welt anlegte, sah jedoch das Europa-Bild Bolívars in politischer Hinsicht nicht so günstig aus. Die Laster Europas sollten auf keinen Fall auf Amerika übertragen werden, ganz abgesehen davon, daß die europäischen Mächte eine Bedrohung für Südamerika darstellten.
Im Jamaika-Brief befaßte sich Bolívar intensiv mit dem europäischen Festland, jenem Europa, das vom napoleonischen Joch befreit wurde. Er wußte, daß Spanien – jetzt von Napoleons Truppen befreit – versuchen würde, verlorene Positionen in Amerika wiederzugewinnen; und in der Tat konnte das absolutistische Regime Ferdinands VII zwischen 1814 und 1819 alle verlorengegangenen Gebiete, mit Ausnahme der La Plata-Gegend, zurückerobern. Bolívar fragte sich daher, was Europas Haltung nun sein würde. Wird es Spanien helfen wollen, sein Weltreich wieder zu gewinnen? Dies wäre gegen jede Regel der Vernunft, und es läge im Interesse Europas, alles zu tun, um Spanien davon abzuhalten, einen solchen Wahnsinn zu begehen.[31] Allerdings befolgte Europa diesen Rat nicht und stand im Grunde, wenn auch etwas skeptisch, hinter Ferdinand VII, besonders der russische Hof. Außerdem unterhielt der österreichische Hof sehr einflußreiche Beziehungen mit Brasilien über Kaiserin Leopoldina. Bolívar mißbilligte die brasilianische Politik; denn Brasilien, das 1815 zum Königtum erhoben worden war, um der Heiligen Allianz den Wind aus den Segeln zu nehmen, war selbst der verlängerte Arm der Heiligen Allianz in Südamerika, und sowohl die portugiesische als auch die brasilianische Politik während des spanisch-amerikanischen Unabhängigkeitskrieges zielte ohne Unterbrechung darauf ab, den republikanischen Geist in den Nachbarländern aufzuhalten – das war der Grundpfeiler der Politik des Grafen Palmela und des Marquis de Marialva. Für Bolívar, wie er in einem Brief an Santander vom 9. Februar

Lithographie.
Litografía.

1825 aus Lima schrieb, war »Der Kaiser von Brasilien und die Heilige Allianz... ein und dasselbe. Wenn wir als freie Nationen nicht ein ähnliches Bündnis schließen, sind wir verloren.«[32]

Europa bedeutete für Bolívar nur Unterdrückung und Zwang; das napoleonische Regiment mit seiner Freiheitsbeschneidung und seiner Bedrohung für Spanisch-Amerika, und nach 1815 die Heilige Allianz mit ihrer Reaktionswelle, welche ebenfalls auf eine Bedrohung Südamerikas hinauslief. Für Bolívar war das Europa der Monarchien und des Adels das genaue Gegenteil von Amerika. Die Neue Welt war der Kontinent der Freiheit, der demokratischen Kräfte, der Gleichheit; daher war als Regierungssystem auch nur ein solches in Südamerika willkommen, welches die Freiheit garantierte.

Auch das europäische Gleichgewicht erschien als ein typisches Echo der europäischen Machtverhältnisse, eines wahren Machthungers. Bolívar suchte für Amerika eine andere, bessere Lösung, die auf Frieden und Freiheit, Würde und Zusammenarbeit, und auf den gemeinsamen Wurzeln der Geschichte, der Tradition, der Religion, der Sprache und der Sitten aufgebaut war: er fand sie in der [spanisch]amerikanischen Konföderation und im [spanisch]amerikanischen Völkerrecht, ein System, das frei von irgendwelchen Hegemonialbestrebungen war. In dieser Hinsicht war Amerika im Denken Bolívars der Kontrapunkt zu Europa, jedoch sollten die europäischen Erfahrungen nicht verlorengehen, besonders, wenn man den Preis in Betracht zog, den dieses Europa im Laufe der Zeit für die Politik des Gleichgewichts bezahlt hatte. Für Bolívar gab es daher noch ein anderes Gleichgewicht: das Gleichgewicht der Welt. Der Ehrgeiz der europäischen Völker hatte das Joch der Sklaverei in alle Ecken der Welt gebracht, und so sollten jetzt diese Teile der Erde ein Gleichgewicht zwischen ihnen und Europa herstellen, um auf diese Weise die europäische Vorherrschaft zu zerstören. Dieses Weltgleichgewicht sollte, nach Bolívars Ansicht, in jeder [spanisch]amerikanischen Politik mit einkalkuliert werden.[33] Daher sah auch Bolívar, wie Salcedo-Bastardo richtig sagt, die Befreiung des amerikanischen Kontinents als die erste historische Erschütterung zur Beseitigung der Unterdrückung, die Europa Afrika und Asien auferlegt hatte.[34] Bolívar war also in der Frage der Entkolonisierung der Zeit genauso voraus wie er es hinsichtlich des Prinzips der kollektiven Sicherheit und der internationalen Zusammenarbeit war. Ganz eindeutig war Bolívars Haltung dem politischen Europa gegenüber auch von der europäischen Bedrohung diktiert. Ferner mißfiel Bolívar die allgemeine Gleichgültigkeit, die, seiner Meinung nach, Europa hinsichtlich der spanisch-amerikanischen Unabhängigkeitskriege bekundet habe. Die Ausrede, die er gelten ließ, war die Tatsache der südamerikanischen Konfusion: eine Vielzahl von souveränen Staaten, die da anscheinend ganz plötzlich vom Himmel gefallen seien und vor denen Europa ratlos stand. Für Europa schien Spanisch-Amerika »ein Sternbild der Unordnung, ein amorphes System von Konflikten zu sein.«[35] Zu dieser speziellen Europakritik während des Unabhängigkeitskrieges gesellte sich später eine allgemeine Kritik, die genauso gerechtfertigt war wie die erstere, und zwar, wie Bolívar in einem Brief an Fernando López Aldama von Guayaquil aus, am 22. September 1829, schrieb: »... Außerdem, dieser verfluchte Krieg hat uns in Europa sehr in Mißkredit gebracht, denn dort betrachtet man uns nicht als Nationen, sondern als Länder für Produktion und Konsum.«[36]

Andererseits zeigte sich Bolívars positive Einstellung Europa gegenüber in der Frage einer zukünftigen Einwanderung. Einmal, in seinem Interesse, eine Masseneinwanderung zu fördern und zweitens, in seinem Bestreben, das geistige Niveau des Landes durch europäische Mitarbeit zu stärken. So wollte er europäische Wissenschaftler an seine zukünftige *Universidad de Colombia* einladen, und – da dieses Vorhaben Bolívars in Europa bekannt war – es hatten sich in der Tat bereits etliche französische und spanische Kandidaten gemeldet.[37] Wenn auch beide Projekte in Bolívars Heimat Schiffbruch erlitten, so wurde doch das erste von Argentinien, Uruguay und Brasilien in die Wege geleitet, und das zweite Projekt fand in Chile durch die großzügige Politik Diego Portales ein starkes Echo.

In politischer Hinsicht spielte England in Bolívars Denken eine ganz andere Rolle als die Kontinentalmächte. Bereits als offizieller Vertreter der venezolanischen Junta in London bot er im Namen seiner jungen Regierung England »Freundschaft, Handel und friedliche Zusammenarbeit« an und hoffte auf dessen Unterstützung, um den Frieden zwischen den »Brüdern auf beiden Hemisphären« zu erhalten.[38] Dieses Freundschaftsangebot wurde in den folgenden Jahren des öfteren wiederholt. Auch sah Bolívar voraus (s. Erklärung vom 9. Juni 1814), daß die Niederlage Napoleons notwendigerweise zu einem neuen Gleichgewicht führen würde, wenngleich dies zur Zeit nicht sichtbar war. Die britischen Interessen seien den Kontinentalmächten völlig entgegengesetzt; Großbritannien würde Spanien nie helfen, das ehemalige spanische Weltreich wiederherzustellen. Aus diesem Grunde habe jedes englische Kabinett die Möglichkeit einer spanisch-amerikanischen Unabhängigkeit einkalkuliert. Bolívar sah auch voraus, daß durch das neu entstandene Weltgleichgewicht und dank seiner geographischen Lage Großbritannien ein bis dahin nicht bekanntes Maß an Macht in der Welt erlangen würde.[39]

Zehn Jahre später, als die Bedrohung der Heiligen Allianz nach den Einmischungen in Neapel und Spanien für Südamerika ernster wurde, bemerkte der *Libertador* in einem Schreiben an Sucre vom 9. April 1824,[40] daß England eine Einmischung der Kolonialmächte nicht zulassen würde, und in einem Brief an Santander vom 11. März 1825,[41] nachdem ihm Páez mitgeteilt hatte, daß sich eine französische Flotte den venezolanischen Küsten nähere, drückte er die Hoffnung aus, daß es zu einem Bündnis mit England kommen möge. Bolívars Antwort auf den französischen Vorstoß war die Einberufung des Kongresses von Panama, um eine Einheitsfront Südamerikas herzustellen.

Die sowieso äußerst fragliche Bedrohung der Heiligen Allianz, besonders in den Jahren 1822–1826, verschwand nach einigen spannungsvollen Jahren. Es ist aber interessant und zeigt wiederum den Realismus Bolívars, daß er in einem späteren Schreiben an Santander die internationale Lage in anderem Lichte sah: Spanien sei keine Gefahr mehr; stattdessen sei England jetzt »allmächtig« und daher zu fürchten.[42] Dieser Realismus kam erneut zum Vorschein, als Bolívar in einem anderen Schreiben an Santander (28. Juni 1825) über die zukünftige [spanisch]amerkanische Konföderation sprach und dabei betonte, daß sie ohne Großbritanniens guten Willen nicht bestehen könne. Dennoch wisse er im Augenblick nicht, ob es wünschenswert sei, England zu einem Bündnis einzuladen.[43]

Auf dem Kongreß von Panama (1826) sollte ein Bündnis der spanisch-amerikanischen Staaten beschlossen, und England solle eingeladen werden sich diesem anzuschließen. Ferner solle dieses Land handelspolitische Vorteile aus diesem Beitritt erhalten.[44] Ein solcher Bund bedeutete nach Bolívars Ansicht nicht nur die Bildung eines mächtigen Blockes gegenüber der Heiligen Allianz, er würde – wie er am 17. Februar 1826 an José Rafael Revenga, kolumbianischer Außenminister, schrieb – auch ein Gewinn an Prestige für Südamerika darstellen und den jungen Nationen Stabilität geben.[45]

Es kam weder zur [spanisch]amerikanischen Konföderation noch zu einem Beitritt Englands; im Gegenteil, im Jahre 1830 zerbrach Großkolumbien und der enttäuschte und an einem Lungenleiden erkrankte Bolívar nahm Abschied von dieser Welt. Dennoch zwingt die heutige Lage Iberoamerikas, besonders seit der Malvinenkrise, zu einer politischen und wirtschaftlichen Einigkeit, die damals kaum hätte erreicht werden können.

1 Gerhard Masur, *Simón Bolívar,* Albuquerque, New Mexico 1948, S. 694. Wie Masur richtig erläutert, «weder Macaulay noch Ranke, weder Burckardt noch Taine erwähnen sein Werk». Ibid.
2 Salvador de Madariaga, *Bolívar* (engl. Ausg.), New York 1952, S. 6.
3 Ibid., S. 7.
4 Juan David García Bacca, «Dos siglos de filosofía colonial en Venezuela». *Revista Shell,* V, 21, Caracas 1956, S. 28.
5 Vicente Rodríguez Casado, «El intento español de ‹Ilustración cristiana›». *Estudios Americanos,* 9, 42, Madrid 1955, S. 141–169.
6 Marius André, *Bolívar et la démocratie,* Paris 1924, S. 5.
7 Manuel Pérez Vila, «Clásicos militares que Bolívar leyó». *Revista Shell,* VII, Caracas 1957, S. 25.

8 Masur, op. cit., S. 52.
9 J.L. Salcedo-Bastardo, *Bolívar: un continente y un destino* (12. Ausg.), Caracas 1982, S. 59.
10 Vicente Lecuna und Harold A. Bierck, Jr. (Hrsg.), *Selected Writings of Bolívar,* 2 Bd., New York 1951. Bd. I (1810–1822), S. 112; Javier Malagón und Charles C. Griffin (Hrsg.), *Las Actas de Independencia de América,* Washington, D.C. 1955, S. 135–142 [143–144].
11 Lecuna und Bierck (Hrsg.), op. cit., Bd. I, S. 3–4.
12 Ibid., S. 191.
13 Ibid., Bd. II (1823–1830), S. 738.
14 Vgl. Vicente Lecuna, *Catálogo de errores y calumnias a la Historia de Bolívar,* 3 Bd., New York 1956. Bd. I, S. 149.
15 «Discurso pronunciado por el Libertador ante el Congreso de Angostura, el 15 de febrero de 1819, día de su instalación». In Simón Bolívar, *Obras Completas,* zusammengestellt mit Anmerkungen von Vicente Lecuna (2. Ausg.), 3 Bd., Havanna 1950. Bd. I, S. 692.
16 Vgl. Simón Bolívar, *Discursos y Proclamas,* hrsg. von Rufino Blanco-Fombona, Paris 1913, S. 137–290; besonders S. 207 u. 253; «Simón Bolívar, Libertador of Colombia, Charged with Dictatorial Power in Peru, etc.». In Lecuna und Bierck (Hrsg.), op. cit., Bd. II, S. 450.
17 Jules Mancini, *Bolívar et l'émancipation des colonies espagnoles. Des origines à 1815* (2. Ausg.), Paris 1912, S. 507.
18 Victor Andrés Belaúnde, *Bolívar y el pensamiento político de la Revolución Hispanoamericana.* Madrid 1959, S. 248–250.
19 Ibid., S. 250–253.
20 Simón Bolívar, *Discursos, proclamas y epistolario político,* hrsg. von M. Hernández Sánchez-Barba (3. Ausg.), Madrid 1981, S. 302.
21 «Discurso del Libertador al Congreso Constituyente de Bolivia». In Bolívar, *Obras,* Bd. III, S. 765.
22 René Fülöp-Miller, *Leaders, Dreamers and Rebels. An Account of the Great Mass-Movements of History and of the Wish-Dreams that Inspired Them,* New York 1935, S. 202.
23 Vgl. «Discurso del Libertador al Congreso Constituyente de Bolivia». In Bolívar, *Obras,* Bd. III, S. 762–771; Gustavo Adolfo Otero, «Bolívar y Bentham». *América,* XXV, 93–100, Quito 1949–1950, S. 133.
24 Bolívar, *Discursos y Proclamas,* S. 64.
25 V.A. Belaúnde, op. cit., S. 248.
26 Lecuna und Bierck (Hrsg.), op. cit., Bd. I, S. 184–185; Bolívar, *Discursos y Proclamas,* S. 53.
27 V.A. Belaúnde, op. cit., S. 189.
28 Bolívar, *Discursos y Proclamas,* S. 54.
29 Ibid., S. 57.
30 Ibid., S. 60.
31 Lecuna und Bierck (Hrsg.), op. cit., Bd. I, S. 107.
32 Ibid., Bd. II, S. 468. Vgl. auch M. de Oliveira Lima, *Dom João VI. no Brasil, 1808–1821,* 2 Bd., Rio de Janeiro 1908. Bd. II, S. 724.
33 Indalesio Liévano Aguirre, *Bolivarismo y Monroismo,* Caracas 1971, S. 13. Zitiert lt. *Gaceta de Caracas,* Nr. 30 (1813).
34 J.L. Salcedo-Bastardo, op. cit., S. 192.
35 Ibid., S. 163.
36 Vicente Lecuna, *Cartas del Libertador,* 12 Bd., Caracas 1959. Bd. XII (1803–1830), S. 377.
37 J.L. Salcedo-Bastardo, op. cit., S. 230.
38 Lecuna und Bierck (Hrsg.), op. cit., Bd. I., S. 4.
39 Ibid., S. 76–78.
40 Ibid., Bd. II, S. 446.
41 Ibid., S. 481–482.
42 Ibid., S. 499.
43 Ibid., S. 512.
44 Ibid., S. 456–459 u. 561–562.
45 Ibid., S. 568.

O. Carlos Stoetzer

Bolívar y Europa

La jornada congregada aquí en Berlin en honor a Bolívar no constituye solamente un homenaje a su personalidad y obra, a su patria y a todo el mundo iberoamericano. Es, además, un digno aporte para hacer entender y aproximar la figura del Libertador a Europa; aquella Europa que, para hablar con Gerhard Masur, en su miopía ha vacilado demasiado tiempo hasta conceder a Bolívar el lugar que le corresponde en la historia mundial.

Bolívar, a lo largo de toda su vida ha mantenido vínculos estrechos con Europa. Es imposible concebir su vida sin Europa, sin el espíritu y la ciencia europea. Este vínculo jamás se ha cortado y tampoco se limitó a sus tres viajes europeos, realizados entre 1799 y 1810. Al contrario, el futuro *Libertador de Venezuela* y *Pacificador de Cundinamarca* mantuvo ya durante su juventud y antes de su primera visita a España el más entrañable contacto con Europa, contacto que se intensificó en el correr de los años con nuevos viajes a Europa y a través de toda su carrera política y militar. Cuanto más Bolívar decidía el destino de gran parte del continente hispanoamericano, tanto más fuerte y profundo se hizo su vínculo con Europa, aunque ello de modo alguno debe interpretarse como una europeización de su carácter. En el fondo este desarrollo fue inevitable puesto que la lucha contra España requería una clara comprensión de las realidades políticas de aquella época, y Europa, o las potencias europeas componían el núcleo del acontecer de aquel entonces. Cabe agregar que el trasfondo espiritual de Bolívar, su mundo de ideas y su concepción del mundo constituían un eco de las corrientes espirituales europeas. Todo esto apenas ha de sorprender, si se considera que en el siglo XVI España transfirió el espíritu europeo-cristiano a América, espíritu que más tarde, particularmente durante el siglo XVIII, denota también otras fuentes europeas.

I. El puente pedagógico hacia Europa

Bolívar pasó su juventud en Caracas, ciudad que a fines del siglo XVIII estaba expuesta a las influencias del iluminismo y donde ya se iba desplegando una activa vida intelectual. La vida cultural de Caracas estaba fuertemente influenciada por la tradición española – iglesia, universidad, teatro –, y las obligaciones sociales estaban sometidas a un sinnúmero de normas de comportamiento ceremoniales aún más rígidas que en la propia España.[1] A partir de 1725 contaba Caracas con una universidad cuyas raíces se remontaban al seminario Tridentino (1592). En el año 1785 contaba la universidad con diversas cátedras que se ocupaban de los ramos tradicionales (Escritura Sagrada, Teología, Derecho Eclesiástico, Derecho Romano, Etica, Filosofía [Escolástica], Gramática y Medicina).[2] Sin embargo, algunas de estas materias eran de carácter tan general que incluían también el estudio de ciencias naturales modernas como física, biología y química. Era natural, por consiguiente, que junto a los preceptos de Tomás de Aquino, de Francisco Suárez y Duns Scotus también la filosofía moderna, vale decir Descartes, Leibniz, Bacon, Espinoza, Locke, Condillac, Lamarck, así como Kepler, Newton, Huyghens, Volta, Franklin, Levoisier, Humboldt y Davy hacían valer su derecho.[3]

A partir de 1770 la filosofía moderna ganó terreno en la universidad,[4] y en tiempos del joven Bolívar fue epicentro del racionalismo. El ambiente espiritual en el cual iba creciendo el joven Bolívar era tradicionalista en todo sentido: la escolástica – de por sí mucho más pronunciada en la España de ultramar que en la península – seguía desempeñando un papel importante, pero la ilustración, en particular la variante española, la »ilustración cristiana« (Feijóo, Jovellanos), como la denominaba Vicente Rodríguez Casado,[5] conjuntamente con influencias extranjeras, constantemente había ido ganando terreno.

A la edad de tres años (1786) Bolívar perdió a su padre, Juan Vicente de Bolívar y Ponte; su madre, Doña María de la Concepción Palacios y Blanco, falleció seis años más tarde. Su educación, de ninguna manera dejada al descuido, sucesivamente estuvo a cargo de tres maestros: el Padre Andújar, para las matemáticas; el famoso Andrés Bello (1781–1865), para geografía y literatura; y Simón [Carreño] Rodríguez, alías Robinson, para lectura, escritura y gramática. Rodríguez, el «Rousseau tropical» según Marius André,[6] ejerció una influencia extremadamente fuerte sobre el futuro Libertador, contrapuesta a la educación tradicional y al ambiente conservador, en los que Bolívar se iba desarrollando. Rodríguez había caído totalmente bajo el influjo de Rousseau, influjo que iba transmitiendo a Bolívar. Habiendo nacido en 1771 en Venezuela, Rodríguez vivió tanto en España como también en Francia y en Alemania antes de regresar a Caracas. Sucumbió al encanto tentador del mundo de ideas de Rousseau, especialmente después de la lectura de »Emile« y por de pronto dedicó su atención a la pedagogía. Escribió un tratado sobre problemas educacionales y divulgó el pensamiento de Rousseau en los circulos más amplios de su patria. Debido a que Bolívar había absorbido las ideas políticas del iluminismo europeo de modo idealista y romántico jamás logró desprenderse de gran parte de las enseñanzas de Rousseau. Ello necesariamente tenía que marcar el curso futuro de su vida.

II. Los tres viajes a Europa

El primer viaje a Europa: enero 1799 – junio 1802.

A la edad de once años después de la muerte de la madre, Bolívar expresó el deseo de visitar España, viaje que realizó en 1799. Por aquel entonces vivía en Madrid Don Esteban Palacios y Blanco, tío y padrino de Bolívar, quien ocupaba el alto cargo de ministro del Tribunal de Cuentas. Las buenas relaciones de este tío padrino con la Corte Real podrían ser de utilidad para el sobrino. Por consiguiente, apoyó los deseos del joven y fue así que éste a la edad de 16 años y teniendo que tomar por primera vez decisiones propias respecto a su vida, realizó su primer viaje a Europa. Una de las razones de este viaje fue, desde luego, perfeccionar sus estudios en Europa, en especial los de matemáticas en la Academia de San Fernando en Madrid.

A mediados de junio de 1800 llegó Bolívar a su destino donde el tío padrino se hizo cargo de él. El joven Bolívar fue presentado a la Corte, hecho que lo llevó a Aranjuez, a la Granja de San Ildefonso y al Escorial. Parece que en Madrid se divertió muy bien. Sin embargo, muy pronto quedaron de manifiesto sus escasos conocimientos y el tío vio consternado que tenía que gastar más dinero por ropa que por libros. Ahora la situación fue enmendada y la educación deficiente de Bolívar fue complementada rápidamente: un nuevo amigo paternal, el ilustrado y sabio Marqués Jerónimo de Uztáriz y Tovar, *caraqueño* de nacimiento, se encargó del joven. A él se le debe que Bolívar recibiera el fundamento para una sólida formación espiritual. En Madrid se convirtió en un verdadero ratón de biblioteca: devoró todo lo que caía en sus manos. No sólo los clásicos de la antigüedad, de los cuales le gustó especialmente Plutarco, sino también los *Magni Hispani* del *Siglo de Oro* y los autores modernos. De este modo se familiarizó de igual manera con la cultura clásica de la antigüedad y con el humanismo del renacimiento como con el iluminismo. Bolívar también cultivó el contacto con los círculos cultos de la capital adictos al iluminismo, que le ayudaron a participar activamente de la vida intelectual. Pese a la política del Conde de Floridablanca, de frenar la penetración del espíritu de la Revolución Francesa mediante una censura más rígida, la influencia extranjera en la península se hacía notar considerablemente. Por lo demás, debido a la proximidad geográfica de Francia, la influencia del iluminismo era mucho mayor en España que en las Indias, tanto así que Montesquieu, Rousseau y Voltaire eran universalmente conocidos y tenían sus adeptos.

El acontecimiento más importante de su primera estancia en España fue acaso el encuentro con María Teresa Rodríguez del Toro y Alaiza, a quien conoció

en la casa Uztáriz y de la cual pronto se enamoró apasionadamente. Cuando la familia Toro se trasladó a Bilbao, la siguió (20 de marzo 1801), y el 13 de enero de 1802 realizó una excursión a Francia, donde, con la paz de Lunéville (9 de febrero de 1801) y Amiens (27 de marzo de 1802) finalizó la Segunda Guerra de Coalición. Bolívar participó de los festejos de paz en Amiens. También es muy probable que pasara algún tiempo en la antigua Ecole Royale Militaire en Soréze (sur de Francia), la cual durante la Revolución y el Consulado atrajo a muchos cadetes extranjeros.[7] A fines de marzo de 1802 volvió Bolívar a Madrid donde, el 26 de mayo, se casó con María Teresa. Luego, en junio regresó con su joven esposa a Venezuela.
Es obvio que en aquel entonces los acontecimientos políticos en Europa le preocuparan menos que sus asuntos personales; difícil suponer que en aquel entonces haya pensado en luchas de liberación y revoluciones.

El segundo viaje a Europa: diciembre 1803 – octubre 1806

El 22 de enero de 1803, poco después de su llegada a Venezuela, falleció María Teresa. Este terrible golpe al que jamás pudo sobreponerse, hizo que su vida tomara otros rumbos. Puso en orden sus asuntos particulares y en diciembre del mismo año navegó nuevamente a Europa. ¿Por qué otra vez Europa? Vencer el dolor personal y encontrar en el continente europeo nuevos estímulos espirituales, complementar sus estudios, trabar nuevas relaciones, y buscar eventualmente también nuevas diversiones, todas éstas seguramente eran razones que lo movían a efectuar esta segunda visita.
Mientras que el primer viaje a Europa reforzó su desarrollo intelectual, el segundo prácticamente lo catapultó a la política. Después de una travesía tormentosa bajó a tierra en Cádiz a fines de diciembre de 1803. Allí ingresó a la *Logia Americana,* y a principios del año 1804 llegó a Madrid. Tras una breve visita a Bilbao siguió viaje a París, porque esta vez no fue España la meta principal de su visita. En París volvió a encontrar viejos amigos. Luego, en septiembre conoció a Humboldt quien acababa de volver a Francia después de una estancia de cinco años en América. Ambos, el gran científico y el futuro Libertador, iniciaron aquí una amistad que había de durar toda la vida y que se caracterizó por mutua admiración. Humboldt impresionó profundamente a Bolívar. El erudito prusiano era de la opinión que los territorios hispánicos en América habían alcanzado ya una madurez política que podría conducirlos a la independencia. Lo que no podía presentir en aquel entonces era que Bolívar fuese el hombre que habría de realizar esta empresa.
El encuentro histórico con Humboldt tuvo lugar en los días en que Napoleón proclamó el Imperio. Bolívar fue testigo de este momento histórico. La personalidad de Napoleón no pudo dejar de impresionar y cautivar a Bolívar;

él había obervado desde hacía años apasionadamente la carrera de Bonaparte, mas la coronación le provocó un conflicto. Como héroe y defensor de la Revolución Francesa, como genio militar y luchador por la libertad e independencia, Napoleón había constituido un modelo para Bolívar. Pero el ascenso del advenedizo a emperador, que ahora presenció como testigo en París, le repugnó. – Parecíale como traición a los ideales liberales –, y ante sus ojos súbitamente el objeto de su adoración cayó del pedestal de la diosa de la libertad.[8] A pesar de ello, Napoleón siguió siendo un factor importante para el futuro curso de su vida. Bolívar no tenía la más mínima simpatía por la monarquía: Por una parte América no tenía una tradición monárquica profundamente arraigada y el imperio español era en el fondo un sistema republicano dentro de un marco monárquico.
Obviamente en este su segundo viaje a Europa Bolívar siguió imbuyéndose del espíritu del iluminismo y del ascendente romanticismo. Igualmente interesante resulta el hecho de que Bolívar se dejó fascinar considerablemente por otros dos filósofos: por Thomas Hobbes cuyo tratado racionalista llevó a la dictadura y luego por las especulaciones filosóficas de Baruch Spinoza cuyo espíritu independiente y cuya defensa de la libertad de pensamiento lo conmovieron considerablemente.
El 6 de abril de 1805 Bolívar abandonó junto con Rodríguez y Fernando Toro la capital francesa. Ellos viajaron a Lyon y desde allí siguieron a pie, cruzando los Alpes de Savoya, a Chambéry y les Charmettes. Luego siguieron caminando a Milán donde Bolívar asistió el 26 de mayo de 1805 a la coronación de Napoleón, la que, según su propio relato, presenció con »curiosidad insaciable«.[9] Además, estuvo presente durante el desfile militar de Napoleón en el Valle de Monte Chiaro, en las proximidades de Castiglione. El viaje continuó luego a Roma, pasando por Venecia, Bologna, Florencia y Perugia. La ciudad eterna impresionó hondamente a Bolívar: pero para él, que sentía tanta veneración por la historia, Roma no fue un museo para amigos del arte, sino la encarnación de la grandeza humana con un pasado avasallador. Un día, el 15 de agosto, el ex discípulo fue con su antiguo maestro al Aventino, el Monte Sacro, y aquí se produjo el famoso juramento de Bolívar de liberar su patria. Para Bolívar, quien en este instante sólo presintió una vaga luz de esperanza – »no sólo», como dijo Masur, «de creer en lo improbable, sino de jurar realizarlo« –, esta actitud dio pleno sentido a su vida.[10] Para el nuevo Don Quijote de la Libertad era la »política el arte de lo imposible«.[11] El juramento del Monte Sacro fue tan importante porque marcó el comienzo de su carrera política.
En diciembre de 1805 Bolívar regresó solo a París Entretanto habían madurado sus planes políticos e incluso los confió a otros. Cuando al año siguiente recibió la noticia de que Francisco de Miranda había desembarcado

en la costa venezolana, decidió actuar rápidamente: ¡De vuelta a Venezuela! Al llegar a su patria había cumplido 24 años. Su segundo viaje a Europa fue de importancia decisiva para su vida futura: sus estudios habían terminado, había sido testigo de grandes transformaciones políticas, tuvo experiencias grandiosas, había asimilado intensos estímulos intelectuales y acumulado vivencias extraordinarias. Asimismo pudo establecer importantes relaciones con científicos europeos de rango y con círculos políticos en diversos países. Europa, en su segunda visita, nuevamente había ejercido una influencia inmensa sobre él que seguía enriqueciendo y estimulando su espíritu.

El tercer viaje – Inglaterra: junio – septiembre 1810

Entretanto los acontecimientos se habían ido agudizando, tanto en Europa como también en América. La forzada abdicación de los reyes españoles en Bayonne del 5 de mayo de 1808 desencadenó una crisis constitucional en todo el imperio español. Con la abdicación del rey legítimo Fernando VII el poder volvió a pasar automáticamente a manos del pueblo *(pactum translationis)* – se gestaron las diferentes juntas municipales que en nombre de Fernando VII organizaron la resistencia contra Napoleón y José Bonaparte. La situación caótica en España llevó a la formación de la *Junta Suprema Central* y, finalmente, a la Regencia. Ambos exigían ahora la adhesión del imperio español y estaban dispuestos, conforme al espíritu del liberalismo, a establecer las relaciones entre la Madre Patria y ultramar sobre una base nueva. Hispanoamérica no tardó en seguir el ejemplo de la Madre Patria y también estableció juntas. Al igual que los españoles en la Madre Patria, tampoco los hispanoamericanos estaban dispuestos a reconocer el régimen josefínico. También ellos aplicaron el escolástico *pactum translationis*. Por cierto que ahora comenzaron las dificultades. Para los españoles la consecuencia del *pactum translationis* era simple: sólo el pueblo español a ambos lados del Atlántico podía ejercer el poder en ausencia del rey prisonero. En cambio para los hispanoamericanos la aplicación del *pactum translationis* significaba una solución muy diferente: En ausencia del rey legítimo el poder volvía a pasar a cada uno de los pueblos o, más concretamente, a la respectiva capital de provincia, porque Hispanoamérica jamás se había considerado como colonia y sólo tenía que guardar fidelidad a la corona legítima. Los españoles pretendían que todos los territorios del imperio hispánico reconociesen la *Junta Suprema Central,* respectivamente *La Regencia,* hasta el retorno de Fernando VII. En cambio los hispanoamericanos declaraban que con la abdicación de Bayonne la España ultramarina quedaba libre de toda anterior obligación para con la Madre Patria pudiendo formar gobiernos propios, los cuales solucionarían primero provisoria pero luego definitivamente el problema constitucional de las diferentes partes del imperio español. Esta argumentación la encontramos tanto en los escritos políticos de Bolívar, especialmente en su Carta de Jamaica del 6 de septiembre de 1815, como también en la declaración de independencia de Venezuela del 5 de julio de 1811.[12]

Poco después del retorno de Bolívar a Venezuela aparecieron en Caracas (julio 1808) y en otras partes del imperio español emisarios de José Bonaparte, los cuales tanto en Venezuela como en todo el resto de Hispanoamérica fueron recibidos con reticencia y animosidad. Finalmente, el 19 de abril de 1810, se organizó en Caracas una *Junta Conservadora de los Derechos de Fernando VII* que – cual eco de los acontecimientos en la Penísula – se adjudicaba el derecho de hablar por toda Venezuela. A esta *Junta* le siguió prontamente la formación de gobiernos locales similares en otras partes de Sudamérica. La Junta de Caracas nombró a Bolívar coronel de la milicia, y en calidad de tal le fue confiada una delicada misión diplomática en Inglaterra. Esta misión la cumplió acompañado por Luis López Méndez y el Secretario Andrés Bello, su antiguo maestro. Es así que en el mismo año realizó su tercer viaje a Europa, que sólo lo llevó por corto tiempo a Inglaterra.

El tercer viaje de Bolívar a Europa era de carácter diferente a sus dos visitas anteriores. Tenía por finalidad lograr la ayuda de Inglaterra contra el enemigo común Napoleón, pero ponía de manifiesto, como quedó claramente expresado en la carta de Bolívar al Marqués de Wellesley del 21 de julio de 1810, que el nuevo gobierno venezolano quería seguir siendo parte del imperio hispánico y no tenía la intención de cortar los lazos con la Madre Patria.[13] Ello puso a Inglaterra en apuros: A partir del 9 de enero de 1809 ella era aliada de España y, por lo tanto, no podía traicionar este pacto, lo que tampoco era su intención. Por otra parte los planes británicos de conquista habían fracasado en los años 1806 y 1807 tanto en Venezuela como en el Río de la Plata, e Inglaterra reconoció rápidamente que no se podía penetrar por la fuerza la parte hispánica de América. Sin embargo, los estadistas británicos tenían el deseo de explotar la riqueza de los territorios españoles de ultramar y, en vista del bloqueo continental declarado por Napoleón, querían aprovechar las perspectivas que esos territorios abrían al comercio inglés. El viaje oficial emprendido por Bolívar sin lugar a dudas contribuyó a la apertura de los puertos sudamericanos al comercio británico, y Bolívar, a través de su actividad diplomática en Londres, se percató de que Inglaterra era la clave para la independencia de Hispanoamérica.

La estancia en Londres durante el verano del año 1810 no sólo hizo entrar a Bolívar en contacto con el Ministerio de Relaciones Exteriores británico, sino que también le permitió relacionarse con otros miembros de las clases altas.

Participó de la vida social londinense y llegó a conocer a su compatriota Miranda, con quien se encontraba a menudo, con quien trazó planes comunes y tuvo profundas discusiones sobre el futuro de su patria. Conoció al famoso Wilberforce, el enérgico y exitoso luchador contra la trata de esclavos, y a Joseph Lancaster, pionero de un nuevo sistema pedagógico,[14] que más tarde llegó a tener gran influencia en Sudamérica.

El 16 de septiembre de 1810 Bolívar abandonó Inglaterra, con lo cual finaliza su misión diplomática en Londres. Este, su último viaje a Europa, no dio por resultado éxitos »diplomáticos« apreciables, pero sí contribuyó al retorno de Miranda a Venezuela. El reconocimiento del poderío británico y una gran admiración por el pueblo insular y sus instituciones políticas fueron los principales frutos de su tercera visita a Europa realizada en 1810.

III. Los lazos espirituales con Europa

Con sus viajes a Europa, Bolívar había enriquecido su conocimiento, había profundizado sus estudios mediante la lectura y se había familiarizado con la literatura de los pueblos europeos civilizados. Este afán de instruirse no disminuyó cuando retornó a Venezuela en 1807 y en 1810. Constitutía una característica típica de su personalidad y había de acompañarlo a lo largo de toda su vida. Ni siquiera durante las campañas que libró en los 15 años de la guerra de la independencia le faltaron libros y en las horas de descanso la lectura le era siempre bienvenida. En esa forma se mantuvo siempre al corriente de los acontecimientos políticos y de las corrientes intelectuales europeas. Entre los numerosos vínculos intelectuales de Bolívar con Europa hay algunos de extraordinaria relevancia que merecen mención especial.

1. Alexander von Humboldt

Como ya se ha mencionado, tanto en París como en Roma, Humboldt impresionó fuertemente a Bolívar, una impresión que se intensificó en el curso de su amistad de muchos años. Humboldt hablaba con entusiasmo de América, de su grandeza, sus riquezas y de sus bellezas naturales. Este entusiasmo por el continente americano no podía dejar de despertar el orgullo y la admiración del Caraqueño. Humboldt, por lo demás, previó también que el continente americano iba a desempeñar un papel grandioso en el futuro. Por su descripción entusiasta del continente hispanoamericano y su sincera veneración por este mundo, Humboldt despertó en Bolívar ideas románticas e idealistas que cayeron en terreno fecundo. La descripción de Humboldt de la realidad sudamericana encontrábase en oposición total a la concepción vigente en Europa que no veía en las Indias españolas otra cosa que un bastión de la reacción, de la superstición y de la hostilidad cultural, o sea la continuación de aquella leyenda negra difundida por Montesquieu, Voltaire y Raynal. Con su descripción, Humboldt tal vez cayó en el extremo opuesto, quizá él era demasiado condescendiente, pero, al menos, se trataba de un enfoque más justo, que tenía que conmover profundamente a un hombre tan sensible y orgulloso como Bolívar. De este modo, Humboldt le inspiró dos ideas descollantes a Bolívar: la naturaleza grandiosa del continente americano y el futuro trascendental de Sudamérica. Ambos tuvieron un perdurable impacto sobre su personalidad y lo acompañaron durante toda su carrera militar y política.

2. Montesquieu

Uno de los grandes influjos a los cuales Bolívar se vió expuesto durante su estancia en Europa provino de Montesquieu y su »Espíritu de las Leyes«. Como se desprende de sus escritos políticos y de su correspondencia privada, fue un impacto persistente.

El concepto de la división de poderes de Montesquieu, su simpatía por la monarquía británica, y junto a Locke, su aporte al constitucionalismo moderno – la racionalización de la tradicional constitución británica – no dejaron de influenciar a Bolívar. En su Carta de Jamaica Bolívar se refirió expresamente a Montesquieu al hablar sobre la futura forma de gobierno en Sudamérica. Posteriormente, en el discurso que dirigió el 15 de febrero de 1819 en Angostura al Segundo Congreso Nacional de Venezuela, las ideas de Montesquieu figuraban en el centro de sus planes. En primer lugar, la propuesta para su futuro gobierno se remitía a la idea de la división de poderes. La influencia de Montesquieu también puede reconocerse en la parte en la cual señala que la formación de un gobierno estable tiene, como fundamento, un espíritu nacional que se concentra por partes iguales an la contención de la voluntad popular y en la limitación del poder público.[15] Otro nexo con Montesquieu se puede ver unas lineas más adelante, cuando Bolívar habla del amor a la patria, del respeto por la ley y por las autoridades que representan los sentimientos enardecedores que deberían impregnar el espíritu de una república.[16] Conocida es la posición de Bolívar respecto al federalismo, particularmente la versión norteamericana del mismo. Desde un comienzo tuvo en claro que el desarrollo histórico en Norte y Sudamérica había transcurrido en dirección opuesta: En Norteamérica de varios estados se había formado uno solo; en Sudamérica surgieron de uno solo varios estados. Tambíen en esta cuestión la apreciación realista de Bolívar se cimentó en las conocidas teorías de Montesquieu.

3. Rousseau y las ideas de 1789

Así como Alexander von Humboldt en forma romántica había hecho consciente a Bolívar la naturaleza americana y el futuro significativo de Sudamérica, Rousseau despertó en él visiones infinitas de un futuro insigne, particularmente la glorificación romántica de la libertad, que en el fondo había de acompañarlo a lo largo de toda su vida. En última consecuencia la idealización de la libertad devino en la independencia de Sudamérica y, contemplado de este punto de vista, puede decirse que el »Contrato Social« de Rousseau llevó indirectamente a la realización de los planes de Bolívar. Sin embargo, conviene guardar cierta cautela al respecto, porque la influencia de Rousseau sobre la vida de Bolívar en ningún momento fue absoluta. El entusiasmo romántico de Bolívar por Rousseau y por las ideas de 1789 decreció ya a fines de la Primera República (1810–1812) y este distanciamiento de los excesos democráticos se exteriorizó claramente en su »Manifiesto de Cartagena« (15 de diciembre de 1812).

La constitución propuesta por Bolívar en Angostura contenía diversas ideas asociadas al pensamiento de Rousseau, tales como la igualdad política, la forma de gobierno republicano y la soberanía popular (aunque éstas podrían tener una raíz escolástica). Estas ideas, al igual que otras, se asociaban asimismo a la ideología jacobina de la Revolución Francesa: la liberación ciudadana y las garantías individuales, la liberación de esclavos, la abolición de los privilegios particulares, la implantación de la igualdad política,[17] y la virtud republicana (Montesquieu, Robespierre).[18]

Finalmente cabe mencionar un hecho destacado a menudo: Bolívar en el 7° párrafo de su testamento (Santa Marta, 10 de diciembre de 1830), legó a la Universidad de su ciudad natal los dos libros que le fueron obsequiados por su amigo, el General Wilson, y que pertenecieron a la biblioteca de Napoleón: el »Contrato Social« de Rousseau y el »Arte Bélico« de Montecuccoli.

4. Napoleón

Las guerras sudamericanas de independencia, con sus héroes, sus campañas y batallas, su fervor revolucionario por el ideal de la libertad y sus creaciones políticas, revelan sin lugar a duda un marco napoleónico, aunque esto represente sólo una apariencia superficial. El fenómeno napoleónico, por lo tanto, tuvo en cierto sentido su imitación en Sudamérica, aunque las personalidades y los acontecimientos, pese a toda semejanza superficial, sólo eran posibles en un ambiente hispánico, experimentando, por ende, una distorsión notable.

Así como el espíritu revolucionario fue introducido en Europa por los ejércitos napoleónicos, la lucha libertadora de Bolívar no podía detenerse en

Venezuela, sino que hubo que llevarla mucho más allá de las fronteras de su propia patria. El nacionalismo que Napoleón llevó a todos los países de Europa, tarde o temprano tenía que volcarse contra él. Algo similar le ocurrió a Bolívar cuando al final de su carrera el regionalismo, bajo la dirección de personalidades instituidas por él mismo, se volvió en su contra. En última instancia la realización del sueño bolivariano de una confederación hispanoamericana de estados fracasó debido al regionalismo tradicional y al surgiente nacionalismo.

Bolívar había sido profundamente influenciado por Napoleón y su época, y no sólo de un modo superficial por la imagen de un héroe intrépido, de un general genial y de un estadista previsor. Por consiguiente, el nexo entre Bolívar y Napoleón no sólo abarcaba el terreno militar y político, sino también las facetas de derecho constitucional e ideológicas.

Bolívar admiraba a Napoleón, el *Caudillo* francés, como lo denominó en un artículo sobre la situación actual de Europa, publicado en la *Gaceta de Caracas* del 9 de junio de 1814;[19] admiraba su valentía, su energía, su genio político y militar, aunque sus acciones políticas le repelían por completo. La influencia napoleónica halló su expresión en los comunicados militares de Bolívar, particularmente en los del 8 y 13 de agosto de 1813 y del 29 de julio de 1824.[20] También la halló cuando Bolívar fue nombrado capitán general del ejército con el título de Libertador (14 de octubre de 1813), cuando triunfó en Venezuela (5 de diciembre de 1813), y cuando, más tarde, fue elegido a asumir el supremo poder dictatorial (2 de enero de 1814). – Todo esto trae a la memoria un eco sudamericano de la época napoleónica. Finalmente cabe mencionar la institución de la Guardia del Libertador, similar a la Garde Impériale (Decreto del 28 de mayo de 1822), y la Orden de los Libertadores, la Légion d'Honneur de Bolívar.[21] Pero nada refleja con más ímpetu el eco de Napoleón y la fascinación de Bolívar por él que la Constitución Bolivariana del año 1826. Esta primera constitución del nuevo Estado de Bolivia introdujo el pensamiento político y jurídico constitucional de Napoleón en Iberoamérica.

Dos puntos merecen aún ser considerados: al igual que Napoleón también Bolívar imitó con entusiasmo ejemplos romanos; como aquél, también éste tenía un desprecio mortal por todos los charlatanes y, en particular, por los ideólogos, repudio que ya se trasluce en el Manifiesto de Cartagena, repitiéndose más tarde en Angostura y Chuquisaca así como en más de algún escrito.

5. *Jeremy Bentham*

Temporalmente Bolívar se sintió fascinado por el sistema de Bentham. Ello en un momento en que Hispanoamérica le volvió la espalda a la Madre Patria y, en su ilusión romántica, estaba sinceramente convencida de que la solución consistía en condenar la antigua tradición española. Durante la primera mitad del siglo XIX la utopía de Bentham constituía uno de los pilares más poderosos de las corrientes liberales en todo el mundo hispánico e iría a ser utilizada en Sudamérica para llenar los vacíos que la retirada de los españoles dejaba en el campo jurídico. Si bien Bolívar no llegó a conocer personalmente a Bentham en Londres, posteriormente desarrolló una correspondencia y amistad por largos años con el »Napoleón de la teoria liberal«.[22]

En el discurso de Angostura encontramos la frase: »El sistema de gobierno más perfecto es aquel que conlleva la mayor felicidad posible y el máximo de seguridad social y estabilidad política.«[23] Ella recoge algunos pensamientos de Bentham. Después de la batalla de Ayacucho (9 de diciembre de 1824), cuando se perfilaba nítidamente el fin de las guerras de independencia Bentham envió al Libertador diversos documentos sobre problemas constitucionales; precisamente en el momento en que el congreso de Chuquisaca solicitó a Bolívar una constitución.

La constitución de Bolívar contenía una serie de principios que, o bien provenían directamente de la influencia de Bentham, o – aun cuando en sí no provenían de Bentham, estando más bien vinculados a Locke y Montesquieu – gracias a él arraigaron en la constitución y adquirieron relevancia práctica. Este es el caso con los principios de la seguridad personal, la inviolabilidad del hogar y de la correspondencia, las limitaciones impuestas al poder ejecutivo en favor de la libertad individual, la responsabilidad de los funcionarios públicos, los procedimientos para limitar la libertad en caso de crímenes políticos, la obligación de velar por la libertad pública, la independencia del poder legislativo, la prohibición de la tortura y del insulto, y la garantía de la propiedad privada.[24]

Al igual que en otras partes de Hispanoamérica, la poderosa influencia de Bentham penetró en Colombia a comienzos de los años 20 a través de los liberales españoles. Cuando en el año 1828 Bolívar instituyó la dictadura en Colombia, le fue declarada la guerra a Bentham y sus conceptos, ya que éste ahora se encontraba ideológicamente en el bando enemigo.

El influjo que Bentham ejerció temporalmente sobre Bolívar fue en el fondo simbólico para todo el mundo hispánico. El espíritu y los preceptos de Bentham representaban una corriente política que, junto a Rousseau, Locke, Montesquieu, los *idéologues,* así como junto a los doceañistas en España, tenían por base el liberalismo. en los años 20 del siglo XIX Bentham

Lithographie von Maurin, hergestellt bei Engelmann in Paris.
Litografía de Maurin, confeccionado en la casa Engelmann en París.

desempeñaba en el mundo hispánico un papel dominante en cuanto a la formación de la ideología política del liberalismo hispanoamericano, a la cual Bolívar tampoco se pudo sustraer.

6. *Benjamín Constant*

Entre las influencias románticas sobre Bolívar también encontramos la de Benjamín Constant de Rebecque, el gran defensor de la libertad individual y enemigo de todo régimen despótico – trátese del *Ancien Régime,* de la Revolución Francesa o de Napoleón. Sin embargo, su individualismo se vio moderado por su pensamiento aristocrático y conservador de tal forma, que su ideal de una monarquía constitucional buscaba conciliar ambos extremos, el antiguo principio monárquico con la nueva idea de la libertad individual absoluta. Constant fue también uno de los primeros pensadores que se había percatado claramente de que a partir de 1789 el verdadero enemigo de la libertad individual no era la monarquía sino el sistema democrático *à la Rousseau,* vale decir la democracia totalitaria.[25] Debido a ello, Constant defendió una idea original: la del poder moderado a través de la creación de un cuarto poder, el *pouvoir neutre.*

Estas ideas de Constant encontraron un eco en el Congreso de Angostura de Bolívar. Bolívar propuso al Congreso una constitución republicana y representativa, que tenía por modelo la constitución consuetudinaria británica. Este proyecto de constitución contemplaba cuatro poderes: el ejecutivo, el legislativo, el judicial y el moral, o sea un cuarto poder, aparte de los tres poderes clásicos de Montesquieu. El poder legislativo estaba dividido en dos cámaras: la cámara alta o senado, de carácter hereditario e independiente, y la cámara baja o de representantes, de carácter democrático y popular. Ya el senado de su proyecto constitucional de Angostura reflejaba la influencia del pensamiento de Constant, en la medida en que su independencia y sus derechos le permitían mantener el equilibrio y la armonía entre diferentes poderes. Pero el verdadero cuarto poder de Constant era aquí el poder moral. También éste se dividía en dos cámaras: la Cámara de Moral y la Cámara de Educación. Para aprehender correctamente el cuarto poder de Bolívar, o sea el moral, es necesario comprender que esta idea concordaba de manera absoluta con el espíritu moralizador de la Revolución Francesa y con la era napoleónica, espíritu que llegó a Iberoamérica a través del liberalismo español – los doceañistas y la constitución de Cádiz del año 1812. Por otra parte, Bolívar estaba consciente de que una república sólo podía ser levantada sobre la base de la ética incluyendo la virtud montesquiana: si bien los venezolanos amaban a su patria, no acataban la ley ni tenían respeto ante las autoridades.[26] Sin estos requisitos era imposible levantar un gobierno estable.

Esta era la razón de su idea fascinante del poder moral: educar al pueblo, eliminar los defectos mencionados y ayudar al futuro ciudadano en tres campos, la ética y el conocimiento, la integridad y la honradez, la técnica y la destreza profesional. No obstante, la proposición de Bolívar del poder moral fue desechada en Angostura porque no fue incluida más tarde en la constitución gran colombiana de Rosario de Cúcuta (1821). Tal vez los representantes del pueblo creían que la ética formaba parte del papel tradicional de la iglesia y que, por lo tanto, no sería correcto, crear una nueva institución para la misma esfera.

El influjo de Constant sobre Bolívar resurgió más tarde en la mencionada constitución bolivariana del año 1826 con sus cuatro poderes. Constant también hizo referencia al poder urbano o provincial como obstáculo al poder despótico, y Bolívar recogió esta idea al transformar, en este caso, el *pouvoir neutre* de Constant en el poder electoral.[27] Otra influencia de Constant en la constitución de Bolívar del año 1826 se encuentra en la Cámara de Censores, und de las tres cámaras que componían el poder legislativo. La Cámara de Censores constituía una nueva versión del poder moral propuesto por Bolívar siete años antes en Angostura, aunque aquí en Chuquisaca sólo quedaba un fragmento de él. El eco de Constant se percibe aquí en el hecho de que también la Cámara de Censores cumplía una función de supervisión en la protección de la constitución y de todos los convenios públicos, vale decir que se arrogaba el papel de un cuarto poder para armonizar los poderes estatales.

7. *El derecho consuetudinario inglés*

Ya desde temprana edad, Bolívar desarrolló gran admiración por Inglaterra y sus instituciones. Aun cuando en principio él rechazaba el sistema monárquico, es obvio que su admiración por la forma de gobierno británico no sólo fue consecuencia de su viaje oficial a Inglaterra y de la necesidad de obtener ayuda británica para la independencia de Sudamérica, sino era fruto de sus anteriores estudios y viajes y de su formación política. Al respecto ayudó naturalmente la lectura de varios filósofos como Voltaire, De Lolme, y en particular Montesquieu, Jovellanos y Constant, que también experimentaban admiración por Inglaterra y la constitución británica.

Ya en su Carta de Jamaica, Bolívar hacía referencia a la forma de gobierno británica. En ella rechazó una monarquía que, como la inglesa, incluía parcialmente tanto componentes aristocráticos como democráticos, porque, si bien ella fue de utilidad para y confirió esplendor a Inglaterra, requería de virtudes políticas que en Sudamérica simplemente no existían.[28]

Cuatro años más tarde se reunió el Congreso de Angostura. En su discurso ante el Congreso, en el cual desarrolló el conjunto de sus ideas políticas, Bolívar sometió a consideración el ya mencionado proyecto de constitución. En esta oportunidad hizo revisión del pasado y de las terribles experiencias de los últimos nueve años. No obstante, manifestó su fe irrevocable en la democracia, en la voluntad del pueblo y en el principio de la libertad. Como conocedor de la historia y de la psicología humana, intentó encontrar una nueva solución a un viejo problema: la relación entre la libertad individual y la autoridad estatal. Bolívar estaba consciente de que fórmulas exóticas no servían, por otra parte estaba convencido de la democracia, a pesar de que únicamente el sistema monárquico y aristocrático, jamás empero, los gobiernos democráticos, habían aunado en sí poder, bienestar y durabilidad. Pensó en dos estados que se le presentaban como paradigmas: en la antigüedad, Roma; en los tiempos modernos, Inglaterra. Recomendó a sus oyentes el estudio del derecho consuetudinario inglés, aunque para Venezuela él únicamente concebía una forma republicana de gobierno.[29] Así adoptó para el poder legislativo la característica anglosajona clásica del sistema bicameral – y no el modelo de una cámara única presente en la constitución española de Cádiz del año 1812 o de la constitución francesa de 1791. Bolívar no quería crear una aristocracia en el senado, pero si quería perpetuar »de este modo la élite de estadistas y combatientes, los verdaderos creadores de la patria«.[30] Para poder contrarrestar con éxito las tormentas demagógicas, el cargo de senador requería conocimientos amplios, virtud, prudencia, inteligencia y moderación. El senado, que no era sustentado ni por la voluntad popular ni por el gobierno, gozaba de una independencia absoluta, necesaria para el equilibrio de las fuerzas. Al mismo tiempo los senadores, como parte del pueblo, compartirían los intereses, los sentimientos y el espíritu de éste. En este sentido Bolívar comparó su senado con los senadores romanos y los lords británicos que, según su opinión, constituían los pilares más sólidos de la libertad política y social.[31]

También en lo referente al poder ejecutivo, Bolívar volcó su mirada al modelo inglés: él veía en el poder ejecutivo británico el modelo probablemente más perfecto »sea para una monarquía, una aristocracia o una democracia«.[32] Bolívar recalcaba la necesidad de fortificar el sistema de gobierno, estableciendo al mismo tiempo un equilibrio auténtico y duradero entre los diferentes poderes porque consideraba el sistema democrático el más débil. La democracia sólo podría conservarse con elementos aristocráticos – un eco de Tomás de Aquino – y nuevamente llamó a la moderación, a la prudencia y a un justo término medio, consecuencia de su sincera admiración de la constitución inglesa que le había causado una impresión tan poderosa.

IV. Europa en la visión de Bolívar

Al analizar este tema, conviene tener presente diversos aspectos. Por una parte, la actitud espiritual, histórica y política de Bolívar frente a Europa; por otra, habría que considerar desde una perspectiva política la posición especial de Inglaterra.

Como hemos visto, la actitud espiritual de Bolívar con respecto a Europa siempre fue positiva, ya que a lo largo de toda su vida se había nutrido del espíritu europeo. Visto desde este ángulo, Europa le merecía el más alto elogio y el mayor respeto. Esta actitud positiva frente a la cultura y la civilización europeas la mantuvo durante toda su existencia. Desde luego, esta actitud espiritual no fue privativa de Bolívar, porque la colonización hispano-portuguesa había insertado a Sudamérica en el occidente, y Sudamérica se sentía, tanto en aquel entonces como en el presente, parte de este occidente, aunque este hecho, entonces como hoy, encontró poca comprensión por parte del occidente. Europa constituía para Bolívar la norma que aplicaba a Sudamérica y a todo el mundo. No obstante, la actitud general de Bolívar hacia Europa constituía una especie de prolongación de la imagen ideal de los *philosophes,* que veían a América como un continente de tierra virgen, con nativos inocentes y naturaleza intacta, que se diferenciaba marcadamente de la corrupta Europa.

1. Las potencias continentales

Empero, desde la perspectiva política, la imagen que Bolívar tenía de Europa no era tan favorable. Los vicios de Europa de ningún modo habían de traspasarse a América; esto, sin olvidar que las potencias europeas constituían una amenaza para Sudamérica. Para Bolívar, la Europa de las monarquías y de la nobleza, de la aristocracia y de los privilegios, era el polo opuesto a América. El Nuevo Mundo era el continente de la libertad, de las fuerzas democráticas, de la igualdad, razón por la cual en Sudamérica sólo un sistema de gobierno que garantizase la libertad sería bienvenido. En la Carta de Jamaica, Bolívar hizo un *tour d'horizon* de las diferentes naciones hispanoamericanas, recalcando la posición singular de Chile »donde el espíritu de la libertad jamás ha sido extinguido; los vicios de Europa y Asia llegaron o demasiado tarde o en absoluto para echar a perder las costumbres en este lejano rincón de la tierra.«[33] Para Bolívar, la Europa política, sea la de Napoleón, sea la de la Santa Alianza, representaba la tiranía y la arbitrariedad a secas: la negación de la libertad. También el equilibrio europeo se presentaba como un típico reflejo de las relaciones de poder europeas, como verdadera ansia de poder. Bolívar buscó para América una solución diferente, firmemente asentada en paz y libertad, dignidad y colaboración, así como en las raíces comunes de la historia y la tradición, de la religión, del lenguaje y de las costumbres: la halló en la confederación y en el derecho internacional [hispano]americanos, antimonopolista y antiimperialista, expresión de un sistema basado en la independencia y el respeto, libre de todo afán hegemónico y de tiranías.

En el pensamiento de Bolívar, América constituye el contrapunto de Europa. Sin embargo, era menester rescatar las experiencias europeas, sobre todo, si se tomaba en cuenta el precio que esta Europa había pagado en el transcurso del tiempo a causa de la política del equilibrio. Para Bolívar existió otro equilibrio más: el equilibrio mundial. La ambición de los pueblos europeos había llevado el yugo de la esclavitud a todos los rincones del mundo, y por eso ahora estas partes de la tierra debían crear un equilibrio entre ellos y Europa para destruir, de este modo, el predominio europeo. De acuerdo a Bolívar, este equilibrio universal debía ser tomado en cuenta en toda política [hispano]americana.[34] Como afirma correctamente Salcedo-Bastardo, por eso Bolívar también consideraba la liberación del continente americano como la primera conmoción histórica para eliminar la opresión que Europa había impuesto a Africa y Asia.[35] Quiere decir que respecto al problema de la descolonización, Bolívar se había adelantado a su tiempo del mismo modo como lo estaba respecto al principio de la seguridad colectiva y de la colaboración internacional. No cabe duda que la actitud de Bolívar frente a la Europa política también fue dictada por la amenaza que representaba este continente.

Por consiguiente, la actitud política de Bolívar respecto a Europa fue escéptica y crítica. Durante aquellos 15 años de la guerra de independencia, Europa se había mantenido sumamente indiferente frente a la América hispánica. Bolívar se quejaba que tanto Europa como los Estados Unidos apenas habían mostrado interés por esta América. El pretexto que él admitía era el hecho de la confusión sudamericana: una multitud de estados soberanos que, al parecer, habían caído súbitamente del cielo y ante los cuales Europa se hallaba desconcertada. Si Europa hubiese mostrado mayor comprensión, si hubiese entendido mejor la problemática sudamericana, entonces muchas cosas hubieran sido más fáciles para Sudamérica. Pero Europa – y los Estados Unidos – ni siquiera habrían expresado el deseo de establecer un intercambio político y económico. Evidentemente, éste había de darse sólo al fin de la lucha por la independencia. Bolívar fue lo suficientemente justo como para no hacer recaer toda la culpa en los hombros de los europeos y norteamericanos. A esta crítica del comportamiento de Europa durante la guerra de independencia se asoció más tarde una crítica general, tan amarga y justificada como la primera. El 22 de septiembre de 1829 Bolívar escribió a

Fernando López Aldama: »... Por lo demás, esta maldita guerra nos ha desacreditado mucho en Europa, porque allá no se nos considera como naciones, sino como países para la producción y el consumo«,[36] como territorios cuyas materias primas son muy codiciadas y cuyos mercados parecen importantes para descargar productos europeos – no existe ningún interés cultural, espiritual y científico, mucho menos aun uno político.
Finalmente cabería mencionar dos campos importantes que denotan una actitud sumamente positiva de Bolívar con respecto a Europa. Por un lado, su interés por fomentar una futura inmigración europea masiva. Y, al igual que su interés y preocupación por ésta, abrigaba también la idea de fortalecer el nivel intelectual del país mediante la colaboración europea. Así quiso invitar a científicos europeos a su futura *Universidad de Colombia* y, debido a que este propósito era conocido en Europa, ya existían solicitudes de diversos candidatos franceses.

2. *Inglaterra*

Desde la perspectiva política, Inglaterra jugaba en el pensamiento de Bolívar un papel totalmente diferente al de las potencias continentales. Como se ha mencionado anteriormente, su admiración por Inglaterra, por sus tradiciones políticas y sus instituciones ya se había evidenciado antes de su tercer viaje, pero adquirió relieves especiales después de su estancia en Londres en el verano de 1810 y de los estrechos contactos trabados entonces con la situación británica. De ahí la tendencia de Bolívar de recomendar como modelo la constitución británica cada vez que se ofreció la oportunidad, particularmente en Angostura. Sin embargo, no fue sólo su admiración por Inglaterra, sino de manera cada vez más pronunciada su visión mundial de estadista la que reconoció claramente que Inglaterra constituía, por cierto, el factor político y militar más importante no sólo para Europa sino, sobre todo, para Sudamérica. Inglaterra no sólo había protegido a América de Napoleón, sino había colaborado también a conjurar el peligro napoleónico en Europa. Después de la caída del emperador francés surgió el peligro de la Santa Alianza. Su sentido de la realidad le hizo ver rápidamente que sólo Inglaterra era capaz de contrarrestar esta amenaza. De este modo la actitud que Bolívar tuvo para con Inglaterra se había mantenido positiva durante toda su carrera política. Sin Inglaterra y sin el apoyo británico, ya sea directo o indirecto, difícilmente se podía pensar en una independencia política de España.
Ya en Londres como representante oficial de la junta Venezolana ofreció – en su carta al Marqués de Wellesley (21 de julio de 1810) – a Inglaterra en nombre de su joven gobierno »amistad, comercio y colaboración pacífica«, esperando obtener el apoyo británico para conservar la paz entre los »hermanos en ambos hemisferios«.[37]

Gran Bretaña después de duras luchas se había arrogado la soberanía marítima total y no iba a renunciar a ella voluntariamente. Los intereses británicos estarían en contraposición total a los de las potencias continentales; Gran Bretaña jamás le ayudaría a España a reconstruir el antiguo imperio hispánico. Bolívar se preguntaba si Inglaterra tendría el deseo que [Hispano]américa siguiera dependiendo constantemente de potencias europeas. Por esta razón todo gabinete británico había tomado en cuenta la posibilidad de una independencia hispanoamericana. Ahora también Bolívar previó que Gran Bretaña, gracias a su posición geográfica entre el Viejo y el Nuevo Mundo y gracias al nuevo equilibrio internacional, llegaría a tener un máximo poder mundial, no alcanzado hasta entonces por país alguno.[38] Además, Bolívar se percató de que esta potente Gran Bretaña podía formar junto con América el imperio más poderoso del universo. Hasta la fecha la revolución sudamericana habría sido tan exitosa que ya sería imposible detenerla. Obviamente, además, todas las naciones, pero Inglaterra en especial, tendrían interés de fomentar el comercio y evitar una guerra que consumiría los ricos recursos, los cuales significarían una ayuda material para sus industrias. Finalizaba sus contemplaciones con la aseveración que la independencia de los Estados Unidos de Norteamérica tendría para Inglaterra mayor valor que su dependencia. La secuela de esta independencia habría dado un ejemplo inequívoco, de modo que sería imposible imaginarse que Inglaterra [en el caso de Sudamérica] adoptaría ideas conservadoras que »siempre devenían en miseria y opresión«.[39] La estrategia de Bolívar no sólo consideraba una defensa inmediata de los territorios amenazados, sino involucraba una colaboración política y militar con Inglaterra y los Estados Unidos, así como una ofensiva diplomática en Europa y la convocatoria al congreso de Panamá para establecer un frente unitario sudamericano. Mediante esta acción, Bolívar esperaba aniquilar la amenaza y poder conservar la paz; como, en efecto, sucedió.

La amenaza de la Santa Alianza, especialmente entre los años 1822–1826, de por sí bastante dudosa, desapareció después de algunos años llenos de tensión. Sin embargo, resulta interesante y vuelve a demostrarnos el realismo de Bolívar, que en una carta posterior a Santander enfocó la situación internacional de otra manera: España ya no significaría un peligro; Inglaterra, en cambio, sería ahora »todopoderosa y, por lo tanto, había de temerla.[40] Este realismo se hizo patente de nuevo cuando Bolívar, en otra carta dirigida a Santander el 28 de junio de 1825, hablaba de la futura confederación [hispano]americana – sin la buena voluntad de Inglaterra no podría mantenerse y, sin embargo, de momento no sabía sí sería conveniente o no invitar a Inglaterra a formar una alianza.[41]

El Congreso de Panamá, al que Bolívar había invitado ya en 1822, invitación que repitiera el 7 de diciembre de 1824, se reunió en el año 1826. Inglaterra desempeñaba un papel principal en el pensamiento de Bolívar porque, como observara en febrero de 1826, el congreso había de firmar una alianza de las naciones hispanoamericanas, e Inglaterra sería invitada a adherirse a ella. Esta adhesión significaría además una serie de ventajas para Gran Bretaña.[42] De acuerdo con la opinión de Bolívar, una alianza de esta naturaleza no sólo llevaría a la formación de un bloque poderoso frente a la Santa Alianza, sino, como escribió el 17 de febrero de 1826 a José Rafael Revenga, ministro de relaciones exteriores de Colombia, significaría también un aporte al prestigio de Sudamérica y daría estabilidad a los jóvenes estados.[43]
Por cierto, no se dio ni una confederación [hispano]americana y, por ende, tampoco un ingreso de Inglaterra a ella. Al contrario, en el año 1830 se desmoronó la Gran Colombia, y Bolívar, desilusionado y enfermo de los pulmones, se despidió de este mundo.

V. Resumen

La vida de Bolívar estuvo estrechamente vinculada a Europa. Tanto su educación como también sus tres viajes a Europa contribuyeron decisivamente a esta profunda vinculación. Su espíritu se nutrió de todos los campos posibles de la Antigüedad y de los clásicos modernos, especialmente los de España, Francia e Italia; en su pensamiento político desempeñaban un papel importante tanto Humboldt, Montesquieu y Rousseau como también Napoleón, Bentham, Constant y las tradiciones británicas.
La concepción que Bolívar tenía de Europa estaba definida tanto por la historia como por los acontecimientos de la época. La libertad de América constituía el contrapunto al espíritu estrictamente conservador de Europa. La amenaza de Hispanoamérica, primero por Napoleón y luego por la Santa Alianza, necesariamente tuvo que acercarlo a Inglaterra cuyas tradiciones políticas y destreza diplomática él admiró profundamente. Con apoyo europeo quiso crear de Hispanoamérica otra Europa: Por un lado, a nivel básico, mediante la inmigración masiva; por el otro, a nivel superior, mediante la colaboración de científicos europeos en su futura *Universidad de Colombia.*
Traducción del alemán: Wera Zeller
Anna Witkowski
Dr. León E. Bieber

1 Salvador de Madariaga, *Bolívar* (edic. inglesa), Nueva York, 1952, pág. 21.
2 Ibid., pág. 6.
3 Ibid., pág. 7.
4 Juan David García Bacca, »Dos siglos de filosofía colonial en Venezuela«, *Revista Shell,* V, 21, Caracas, 1956, pág. 28.
5 Vicente Rodríguez Casado, »El intento español de ›Ilustración cristiana‹«. *Estudios Americanos,* 9, 42, Madrid, 1955, págs. 141–169.
6 Marius André, *Bolívar et la démocratie* París, 1924, pág. 5.
7 Manuel Pérez Vila, »Clásicos militares que Bolívar leyó«. *Revista Shell,* VII, Caracas 1957, pág. 25.
8 Gerhard Masur, *Simón Bolívar,* Albuquerque, New Mexico, 1948, pág. 54.
9 Ibid.
10 Ibid., pág. 59.
11 Ibid.
12 Vicente Lecuna y Harold A. Bierck (Eds.), *Selected Writings of Bolívar,* 2 vols., Nueva York, 1951, vol. I (1810–1822), pág. 112; Javier Malagón y Charles C. Griffin (Eds.), *Las Actas de Independendia de América,* Washington, D.C., 1955, págs. 135–142 [143–144].
13 Lecuna y Bierck (Eds.), op. cit., vol. I (1810–1822), págs. 3–4.
14 Madariaga, op. cit., págs. 144–149; Masur, op. cit., págs. 110–112.
15 Lecuna y Bierck (Eds.), op. cit., vol. I (1810–1822), pág. 191.
16 Ibid.
17 »Discurso pronunciado por el Libertador ante el Congreso de Angostura el 15 de febrero de 1819, día de su instalación«, en Simón Bolívar, *Obras completas,* recopiladas con señalamiento de fuentes por Vicente Lecuna (2ª edic.), 3 vols., La Habana, 1950, vol. I, págs. 682–683.
18 Ibid., pág. 692.
19 Lecuna y Bierck (Eds.), op. cit., vol. I (1810–1822), pág. 76.
20 Simón Bolívar, *Discursos y proclamas.* Rufino Blanco-Fombona (Eds.), París, 1913, págs. 137–290, esp. »Simón Bolívar, presidente de la República, capitán general de los ejércitos de Venezuela y de la Nueva Granada, a los soldados del ejército libertador«, en ibid., pág. 207, y también »Simón Bolívar, Libertador presidente, etc. al ejército libertador«, en ibid., pág. 253; »Simón Bolívar, Liberator of Colombia, Charged with Dictatorial Power in Peru, etc.« en Lecuna y Bierck (Eds.), op. cit., vol. II (1823–1830), pág. 450.
21 Jules Mancini, *Bolívar et l'émancipation des colonies espagnoles. Des origenes à 1815* (2ª edic.), París, 1912, pág. 507.
22 René Fülöp-Miller, *Leaders, Dreamers and Rebels. An Account of the Great Mass-Movements of History and of Wish-Dreams that Inspired Them* (edic. inglesa), Nueva York, 1935, pág. 202.
23 Lecuna y Bierck (Eds.), op. cit., vol. I (1810–1822), pág. 182.
24 Véase »Discurso del Libertador al Congreso Constituyente de Bolivia« en Bolívar, *Obras,* vol. III, págs. 762–771, y Gustavo Adolfo Otero, »Bolívar y Bentham«. *América,* XXV, Quito, 1949–1950 págs. 93–100 y pág. 133.
25 Véase J.L. Talmon, *Political Messianism. The Romantic Phase*, Londres, 1960, pág. 318.
26 Bolívar, *Discursos y proclamas,* pág. 64.
27 Víctor Andrès Belaúnde, *Bolívar y el pensamiento político de la Revolución hispanoamericana* (edic. española), Madrid 1959, pág. 248.
28 Lecuna y Bierck (Eds.), op. cit., vol. I (1810–1822), pág. 118.
29 Ibid., págs. 184–185; también Bolívar, *Discursos y proclamas,* pág. 53.
30 V.A. Belaúnde, op. cit. pág. 189.
31 Bolívar, *Discursos y proclamas,* pág. 54.
32 Ibid., pág. 57.
33 Lecuna y Bierck (Eds.), op. cit., vol. I (1810–1822), pág. 117.
34 Indalesio Liévano Aguirre, pág. 13, cit. conforme a *Gaceta de Caracas,* No. 30, 1813.
35 J.L. Salcedo-Bastardo, *Bolívar: un continente y un destino* (duodécima edic. revisada), Caracas, 1982, pág. 192.
36 Vicente Lecuna, *Cartas del Libertador,* 12 vols., Caracas 1959. Vol. 12 (1803–1830), pág. 377.
37 Lecuna y Bierck (Eds.), op. cit. vol. I (1810–1822), pág. 4.
38 Ibid., págs. 76–78.
39 Ibid., págs. 78–80.
40 Lecuna y Bierck (Eds.), op. cit., vol. II (1823–1830), pág. 499.
41 Ibid., pág. 512.
42 Ibid., págs. 456–459; 561–562.
43 Ibid., pág. 568.

Alberto Wagner de Reyna

Bolívar kommt nach Peru

– Eine psychologische Skizze –

Simón Bolívar, geboren zu Caracas (Venezuela) 1783, Oberster Feldherr Venezuelas (1813), Oberster Feldherr Neu-Granadas (1815), Präsident von Venezuela (1819), Sieger in Boyacá und Präsident von Kolumbien (d.h. der jetzigen Staaten Ecuador, Kolumbien, Panamá und Venezuela) 1819, zum Befreier desselben ausgerufen (1820), Sieger in Carabobo (1821), Befreier und Oberster Feldherr Perus (1825), Sieger in Junín, der letzten Schlacht der Weltgeschichte, die nur mit blanken Waffen ausgefochten wurde (1824), Präsident auf Lebzeiten und Vater der Republik Bolívar (jetzt Bolivien) 1825, Präsident auf Lebzeiten von Peru (1826), gestorben in Santa Marta (Kolumbien) 1830.

Wer war dieser Mann, der sechs Ländern in einem zähen 12-jährigen Kampf auf Leben und Tod die Freiheit schenkte und ihre Führung übernahm, dem Buenos Aires – also Argentinien – das Protektoriat über das ganze spanischsprechende Südamerika vorschlug? Wie war dieser Held, von dem der edle Marschall Sucre sagte: »Ich weiß nicht, welch ein Gefühl mich zwingt, diesen Mann auf eine so maßlose wie unerklärliche Art zu lieben?«

Es wurden auf ihn die schmeichelhaftesten Lobeshymnen gesungen, und er ist auch mit den bittersten Vorwürfen und Schimpfworten beworfen worden. Die Auseinandersetzungen über sein Verhalten in verschiedenen Begebenheiten seines ereignisreichen Lebens füllen mehrere Bücherregale, und manches Dokument über ihn wird als verfälscht zurückgewiesen. Seit zwei Jahrhunderten lodern die Flammen der Leidenschaft empor, sobald der Name Bolívars fällt. Für einen Lateinamerikaner ist es also kein Leichtes, sich affektfrei und ausgewogen über ihn zu äußern. Ich will es versuchen!

Aus dem umfangreichen und vielfältigen Stoff, den Leben und Persönlichkeit Bolívars uns bieten, wollen wir eine relativ kurze Zeitspanne zwischen 1822 und 1824 herausgreifen, in welcher zwei nicht unbedeutende und unter sich verflochtene Momente seiner internationalen Tätigkeit am besten zum Ausdruck kommen: das Verhältnis zwischen San Martín und Bolívar und die Einstellung des letzteren zu Peru, meinem Vaterland.

Es handelt sich um den vorsichtigen, aber mit eisernem Willen durchgeführten inneren und äußeren Anmarsch auf das Kronstück der spanischen Monarchie in Südamerika, um einen Prozeß der Reife und des besonnenen Vorschiebens der nötigen Spielsteine auf dem Schachbrett, um die feinfühlige

Überwindung gewisser Hindernisse, die der Aufnahme des Kampfes gegen die in ihrem letzten Bollwerk verschanzten königlichen Streitkräfte im Wege standen. Wir wollen in dieser Darstellung vor allem der psychologischen Seite der Beweggründe und Entschlüsse nachgehen, um einen Einblick in den geistigen Zusammenhang und das Gemüt des Befreiers zu gewinnen.
Vorerst eine allgemeine Frage: Wie sahen ihn seine Zeitgenossen? Hören wir dazu Aussagen aus verschiedenen Richtungen! Das wohlwollende literarische Portrait, das sein irischer Flügeladjutant O'Leary lange nach dem Tode Bolívars zeichnet, belehrt uns, daß er »adelig und reich von Geburt war. Die Natur beschenkte ihn mit einem zu allem fähigen Geiste. Er ist lebendig, energisch, unternehmungslustig. Seine Betriebsamkeit war erstaunlich. Er konnte lange Stunden arbeiten, ohne die leichteste Ermüdung zu spüren, und ein kurzer Schlummer frischte ihn voll wieder auf. Da er zu einer der besten Familien seiner Vaterstadt gehörte, wurde er als Mann von Stand erzogen. Seine glänzende Erziehung hat er dann in Europa vervollkommen dürfen. Seine Redekunst war hinreißend. Am meisten war an ihm jedoch seine Standhaftigkeit zu bewundern; denn der Anfang seiner Laufbahn war vom Glück gesegnet, ohne daß er davon verwöhnt wurde, und in den Niederlagen hat er sich stets überlegen gezeigt. . .«.[1]
Und physisch beschreibt er ihn so: »Bolívar hatte eine hohe, aber nicht allzubreite Stirn, die schon in jungen Jahren zerfurcht war; dichte und wohlgeformte Augenbrauen; die Augen schwarz, lebhaft und durchdringend; die Wangenknochen hervorstehend, aber die Backen eingefallen, seitdem ich ihn im Jahre 1818 kennenlernte; der Mund unschön und die Lippen etwas wulstig; weiße Zähne, regelmäßig und recht hübsch, die er mit Sorgfalt pflegte; große Ohren, aber wohlgeraten; schwarzes Haar, fein und kraus. Den blonden Lippen- und Backenbart ließ er 1825 zum ersten Mal in Potosí wegrasieren. Seine Körpergröße betrug 5 Fuß und 6 englische Zoll (das ist 1,68 m); die Brust eng, schmal der Leib, vor allem die Beine. die Haut war dunkel und etwas rauh; Hände und Füße klein und gut geformt, eine Frau hätte ihn darum beneiden mögen!«[2] Soweit O'Leary.
Greifen wir aus dieser Beschreibung zwei Züge heraus: blonder Bart und dunkle Haut, die an sich olivenfarbig war. Sie hängen mit seiner Groß- und Urgroßmutter zusammen: eine von ihnen war deutschen Ursprungs – Isabel Zedler –, die andere – Josefa de Narváez – hatte wohl afrikanisches Blut in den Adern und war ein uneheliches Kind, brachte dafür aber eine runde Mitgift, die Bergwerke von Aroa, ins Haus, die den Reichtum der Familie Bolívar erheblich vergrößerte, so daß Don Juan Vicente, der Vater des Befreiers, genug Geld stiften konnte, um den Titel eines Marquis von San Luis zu beanspruchen, ein Umstand, der mit dem Erscheinen des jungen Simón am Hof in Madrid in Verbindung zu bringen ist.

Zwischen 1799 und 1810 begibt sich Bolívar dreimal nach Europa und verkehrt, dank seiner Familienbeziehungen, in Madrid und Paris in den besten Häusern, besucht aber auch freisinnige politische Klubs und Freimaurerlogen, bewundert mit kritischem Auge Rom und ist in London diplomatisch tätig. Wie bekannt, gehört er in der französischen Hauptstadt dem Kreise um Alexander von Humboldt an und unternimmt später – angeblich – mit ihm eine Besteigung des Vesuvs.

Ich habe mir diese kurze – vielleicht frivol anmutende – Abschweifung erlaubt, weil sie ein Dreifaches erklärt: die mit jakobinischen Zügen verflochtene aristokratische Haltung Bolívars; seine dunkle Hautfarbe, ein Tabu vergangener Jahrzehnte, an dessen Stelle man heute gern ein Zeichen ethnischer Verwandtschaft mit dem Volke sehen möchte, und schließlich seine gediegene Erziehung, seine Gewandheit und Höflichkeit.

Aber gehen wir weiter. Captain Wevel erzählt aus dem Jahre 1818: »Als er – Bolívar – an uns vorbei kam, erwiderte er unseren Gruß mit dem ihm eigenen traurigen Lächeln. Er empfing uns mit der Artigkeit eines Weltmannes, richtete an uns mehrere Fragen über verschiedene Angelegenheiten und zeigte dabei eine vollkommene Kenntnis der europäischen Staatsgeschäfte.«[3]

Und er fügt hinzu: »Bolívar ist 35 Jahre alt, wirkt aber 7 oder 8 Jahre älter. Sein hageres Gesicht zeigt Geduld und Gelassenheit, Tugenden, von denen er in seiner langen Laufbahn reichlich Zeugnis abgelegt hat, was ihm um so mehr zur Ehre gereicht als er von Natur aus ungestüm ist.«[4]

General Páez – abwechselnd sein Freund und Feind – beschreibt ihn auch im Jahre 1818 wie folgt: »Er befand sich damals in den besten Jahren und seine Kräfte gingen über die Möglichkeiten des Stadtlebens weit hinaus. Seine beiden charakteristischen Merkmale waren die Beweglichkeit seines Körpers und der Glanz seiner Augen, die schwarz, lebendig, durchdringend und unruhig waren – ein Adlerblick! Umstände, die das Fehlen an Statur vorteilhaft ergänzen. Die Stimme war grell und scharf und seine Laune war freudig und freundlich, friedlich im familiären Umgang, aber heftig und herrisch, wenn es um ein wichtiges Vorhaben ging. Er verband die Leutseligkeit des Höflings mit der Feurigkeit des Kriegers. Kampflustig von Natur zeigte er während der Schlacht die größte Gemütsruhe. Um einer Niederlage Einhalt zu gebieten, sparte er weder mit dem Beispiel noch mit Stimme und Schwert.«[5]

Diesen positiven, wenn auch nicht ganz übereinstimmenden Portraits Bolívars sind andere gegenüberzustellen, und wir wollen nun die Darstellung des Generals Miller herausgreifen, die den schon reifen, alternden Helden skizziert. Seine Aussage lautet so: »General Bolívar ist mager, im Wuchs etwas kleiner als die Durchschnittsgröße. Er kleidet sich sorgfältig und hat eine Art zu gehen und sich zu geben, die offen und militärisch ist. Ein guter

Reiter vor dem Herrn und von unermüdlichem Wesen. Seine Manieren sind gut, aber nicht entgegenkommend. Man sagt, daß er in seiner Jugend eine gute Figur abgab, aber jetzt ist er blaß im Gesicht und hat schwarze und schon ergraute Haare; schwarze durchdringende Augen, die aber gewöhnlich auf den Boden gerichtet oder zur Seite gewandt sind. Der Ausdruck seines Antlitzes ist behutsam, traurig und zuweilen grausam. Sein durch Schmeicheleien verwöhnter Charakter ist arrogant und launisch. Dabei erweist er sich als großer Bewunderer des schönen Geschlechts, ist aber sehr eifersüchtig. Er tanzt gern und leicht Walzer, wenn auch ohne Anmut. Seine Einbildungskraft und seine ganze Person sind ständig rege und erstaunlich bewegt. Seine Stimme ist rauh und hart, aber er spricht über alle Themen mit großer Beredsamkeit. Glänzender Gastgeber, der er ist, hat niemand bessere Köche als er, aber er mäßigt sich so sehr bei Trank und Speise, daß er selten seinen Platz an der eigenen Tafel einnimmt, bevor das Mahl beinahe zu Ende ist; sicherlich hat er meist vorher allein ein einfaches Gericht zu sich genommen. Den Trinksprüchen ist er zugetan und seine Toasts zeichnen sich durch Eloquenz und Eleganz aus und werden von ihm häufig so enthusiastisch vorgebracht, daß er dabei auf den Stuhl oder den Tisch steigt. Obgleich das Zigarrenrauchen in Südamerika sehr beliebt ist, raucht er nie und gestattet auch nicht, daß andere in seiner Anwesenheit rauchen. Er erscheint immer mit angemessenem Gefolge und bewahrt die strengste Etikette. Und wenn auch uneigennützig in Geldangelegenheiten, so ist er unersättlich auf Ehre erpicht. Seine Lektüre widmet er ausschließlich französichen Schriftstellern. Andererseits spricht er immer mit Bewunderung von England, dessen politischen Einrichtungen und großen Männern. Ein Beweis dieser Vorliebe für England liegt darin, daß er in seinem Generalstab immer zahlreiche Engländer gehabt hat.«[6] Soweit Miller, der zu seinem Stab gehörte.
Einige andere kurze Berichte über die eben genannten Charakterzüge Bolívars sollten hier eigentlich auch noch wiedergegeben werden. So ist zum Beispiel über sein angeblich immer repräsentatives Auftreten folgende Anekdote bekannt: Während des Waffenstillstandes im Jahre 1820 vereinbarte er ein Zusammentreffen mit dem Grafen von Cartagena, dem spanischen Heerführer in Venezuela. Als dieser ihm zum ersten Male sah, fragte er: »Was – dieser kleine Mann im blauen Gehrock mit der Feldmütze, der auf einem Maulesel daher kommt, soll Bolívar sein?«[7]
Die Bildung des Befreiers war – wie schon angedeutet – vorwiegend französisch und meist in der Enzyklopädie und der Aufklärung verwurzelt, in Racine und Boileau, Montesquieu und d'Alembert, in Rousseau und Voltaire. Wie alle seine Zeitgenossen in Südamerika hat er sich gern auf das klassische Rom bezogen, und in seinen Schriften und Briefen findet man oft die Namen von Caesar, Cicero, Brutus und Sulla wie auch Fabius, Horaz und

Nero. Aber auch Griechenland ist für ihn eine Quelle von Zitaten und Referenzen: Demosthenes, Dionys von Syrakus, Diogenes, Sokrates, Epaminondas, Likurg, Perikles, Peisistratos, Homer und Aristoteles werden unter anderen als Exempel oder Autoritäten hinzugezogen. Auffallend ist, daß man kaum eine Anspielung auf die spanischen Klassiker von seiner Feder findet.

Die ständige und durchaus spontane Anknüpfung an historische und literarische Präzedenzfälle bei einem Manne, der meistens unterwegs war und kaum Bücher zur Hand haben konnte, ist nur durch ein erstaunliches Gedächtnis zu erklären. O'Leary erzählt, daß Bolívar, als dieser ihn einst besuchte und auf seinem Schreibtisch eine Neuauflage der Werke Machiavells fand, ihm gegenüber bemerkte, er – O'Leary – könne doch seine Zeit besser verwenden, indem er andere Bücher lese. Die darauf folgende Unterhaltung erwies, daß Bolívar das Thema beherrschte und auf die Frage des Adjutanten, ob er die auf dem Tisch liegende Neuauflage schon kenne, antwortete er: Seit ich vor 25 Jahren Europa verließ, habe ich keine Zeile mehr von Machiavell gelesen.[8]

Die Aufzeichnungen der Zeitgenossen Bolívars gehen – wie wir sehen – manchmal auseinander, aber in anderen Fällen bestätigen sie sich auch gegenseitig. Hat sich der Mann etwa im Laufe der Jahre nicht nur äußerlich, sondern auch in seinem Gehabe verändert? Waren manche Charakterzüge nicht fest geprägt, sondern von Launen abhängig? Sind die Abweichungen bei den verschiedenen biographischen Portraits vielleicht auf unterschiedliche menschliche Perspektiven der Gesprächspartner zurückzuführen?

Einige Charakteristika stehen fest: der persönliche Uneigennutz Bolívars, der durch viele Beispiele belegt werden kann, seine Großzügigkeit und Weitsicht, seine ungeheure Arbeitsamkeit und Ausdauer, die von einer gewaltigen inneren Energie zeugen. Ohne falsche Bescheidenheit durfte er von sich sagen, daß er die einzige »energische Persönlichkeit« in Kolumbien sei.[9] Wir werden auf diesen Punkt noch zurückkommen.

Seiner Selbstlosigkeit, wenn es um materielle Güter geht, entspricht ein unmäßiger Ehrgeiz. Ruhm, Ehre, Freiheit, Vaterland sind die immer wiederkehrenden Stichworte seines Sprechens, die Triebfeder seines Schaffens und auch der Inbegriff der Tugenden, die ihm vorschweben. »Ich habe für die Freiheit und für den Ruhm gekämpft« schreibt er. Und anderswo: »Die Liebe zur Freiheit hat mich gezwungen, ein Handwerk zu betreiben, das allen meinen Gefühlen widerspricht.«[11] Und er fügt hinzu: »Wegen dieser Liebe habe ich sogar meinen Ruhm vernachlässigt.«[12] »Der Ruhm soll unersättlich sein, wenn er auf Grundsätzen beruht.«[13] »Der Ruhm besteht nicht im Befehlen, sondern in der Ausübung der Tugenden.«[14]

Und schließlich: »Ruhm und Freiheit hab' ich gewollt, beide hab' ich erlangt

und hab' jetzt keinen Wunsch mehr«[15]; denn »wer für Freiheit und Ruhm kämpft, soll Ruhm und Freiheit als Lohn erhalten.«[16]
Wir könnten diese Zitatenreihe weiterführen und immer käme derselbe Gedanke zum Ausdruck: auf das Ethische kommt es an; denn der Ruhm ist in diesen idealen Regionen zu Hause. Die griechische Doxa!
Nicht ohne Selbstkritik hat sich Bolívar an diesen Prinzipien gemessen und so mußte er feststellen: »Ich wäre etwas mehr wert gewesen, hätte man mich nicht so sehr gelobt. Nichts ist so verderblich wie die Lobhudelei.«[17]
Wie wird solch ein Mensch – psychologisch vielfältig, aber doch durchsichtig – reagieren, wenn sein Verhältnis zur anderen südamerikanischen Schlüsselfigur seiner Zeit in Hochspannung gerät? Wie wird er die entscheidende Krise in den Unabhängigkeitskämpfen überwinden und der ganzen Problematik Herr werden?
Um diese Fragen ins Auge zu fassen, müssen wir vorerst etwas ausholen. Bolívar wußte, daß sich der letzte Akt im Drama der Befreiung der spanischen Kolonien in Südamerika in Peru, dem Zentrum der königlichen Macht, abspielen würde. Und er wollte dabei sein! Und zwar nicht als Zuschauer oder Nebenfigur. Es ging darum, die Unabhängigkeit seines eigenen Landes und des ganzen Halbkontinents zu besiegeln, aber auch um eine reiche Ernte von Ruhm und Ehre. »Wir sind nach Peru gegangen, sagte er einmal, um Brüderschaft und Ruhm zu suchen.«[18]
In seinem ersten Brief an San Martín, den Befreier Argentiniens und Chiles, noch bevor dieser die Selbständigkeit Perus erklärt hatte, und bevor er selber – Bolívar – den Sieg in Carabobo zu seinen Lorbeeren rechnen konnte, schrieb Bolívar: »Ich marschiere, um mein Versprechen einzulösen, das Reich der Inkas mit dem Reiche der Freiheit zu vereinigen«, und er fügte hinzu: »In Bälde wird uns die göttliche Vorsehung in einem Winkel Perus zusammenbringen.«[19]
Aber zwei Steine lagen diesem Marsch im Wege. Der eine war menschlicher Natur: San Martín hat in Peru den Gipfel seines Ansehens erlangt und bereitet sich zu einem Feldzug gegen die Spanier vor, der – wie er hofft – mit einem eklatanten Sieg enden wird. Es liegt auf der Hand, daß sich beide Helden treffen müssen, um gemeinsame Pläne auszuarbeiten und – wenn möglich – das Machtverhältnis zwischen ihnen zu klären. Aber wie und wo? Vielleicht in Guayaquil, für beide leicht erreichbar, eine Idee, die von mehreren Seiten begrüßt wurde. Der andere im Wege liegende Stein war ein Grenzstein. Die Stadt Guayaquil und der sie umgebende Bezirk, ein Gebiet, das in der Kolonialzeit durch verwaltungsrechtliche Bande sowohl nach Quito (also Kolumbien im damaligen Sprachgebrauch) als auch nach Peru orientiert war, erklärten sich im Oktober 1810 unabhängig und wurden seitdem von einem selbständigen Staatsrat regiert. Es stand aber in der Schwebe, ob es an

Stahlstich von Riepenhausen
(Göttinger Stammbuchblatt)
Grabado en acero de Riepenhausen
(hoja del libro genealógico de Göttingen).

Quito oder an Peru kommen sollte; die Entscheidung oblag dem dortigen Wahlkollegium. Einerseits war Guayaquil bis 1803 ein Bestandteil des ehemaligen Vizekönigreiches gewesen, das nun Kolumbien hieß, aber andererseits hatte es sich unter die militärische Schirmherrschaft San Martíns gestellt. Weder der eine noch der andere der beiden Feldherrn durfte nachgeben, ohne seinem Ansehen Abbruch zu tun und einen empfindlichen Verlust für die Länder in Kauf zu nehmen, deren Staatsoberhäupter sie waren. Alle Wegweiser – die heiteren und die dunklen – zeigten so in Richtung auf Guayaquil.

Sucre, der hervorragendste General Bolívars, war im Mai 1821 mit tausend Mann Infanterie in diese Hafenstadt einmarschiert. Wohlwollend empfangen, schloß er mit der örtlichen Regierung ein Abkommen ab, das den Freistaat in die Einflußsphäre Kolumbiens einbezog. Im Januar 1822 wandte sich Bolívar mit mehreren Briefen an die Behörden der Stadt, in denen er die unverzügliche Angliederung Guayaquils an Kolumbien forderte.

San Martín hatte seinerseits Maßnahmen getroffen, um sich per Schiff dorthin zu begeben. Auf halber Strecke erhielt er aber die Nachricht dieser Forderung Bolívars, ein Umstand, der die Dringlichkeit der Reise nur bestärken konnte. Aber gleichzeitig kam auch eine andere Kunde: zwei große spanische Kriegsschiffe waren in der Reede Guayaquils erschienen und gefährdeten, ganz unerwartet, seinen nur mit geringer Flottendeckung geplanten Besuch des Hafens. Und so kehrte er nach Lima zurück. Nur nachträglich erfuhr er, daß die zwei bedrohlichen königlichen Fregatten Guayaquil nur angelaufen hatten, um sich zu ergeben und daß sie bald der peruanischen Flotte einverleibt werden sollten.

Nun gut, in Lima traf San Martín in Anbetracht des kolumbianischen Vorstoßes einige wichtige Maßnahmen: er ersuchte den peruanischen Staatsrat, ihn zur Kriegserklärung an Kolumbien zu ermächtigen, rief die peruanischen Hilfstruppen aus Quito zurück – eine Order, die nicht zur Ausführung kam –, verstärkte die Streitkräfte in der an Kolumbien grenzenden Provinzen und sandte einen energischen Brief an Bolívar, mit dem er schon in einem nicht sehr regen, wenn auch herzlichen Briefwechsel stand. Er empfahl ihm, sich nicht in die Entscheidungen einzumischen, die Guayaguil selber zustanden.

Auch Bolívar beriet mit seiner Regierung über die Möglichkeit, Peru mit Gewalt in Schranken zu halten und beantwortete den aus Lima erhaltenen Brief in dem Sinne, das Guayaquil zu Kolumbien gehöre. Inzwischen hatte der Staatsrat das Wahlkollegium zu einer Tagung für den 28. Juli 1822 einberufen, um zu entscheiden, zu welcher Republik – Kolumbien oder Peru – Stadt und Bezirk stoßen sollten. Die internationale und persönliche Spannung zwischen beiden Machthabern war so auf dem Höhepunkt angelangt.

San Martín entschloß sich am 14. Juli zur sofortigen Abreise nach Guayaquil in der offensichtlichen Absicht, sich dem kolumbianischen Einfluß an Ort und Stelle zu widersetzen und mit Bolívar, den er in Quito glaubte, zusammenzutreffen. Der Brief, in dem er den Besuch ansagt, war nicht nur höflich, sondern sogar freundlich abgefaßt. Am selbigen Tage schrieb San Martín auch an den Staatsrat von Guayaquil, um ihn von seiner Abreise zu benachrichtigen, wobei er hinzufügte, er beabsichtige, in Besprechungen mit Bolívar die Meinungsverschiedenheiten zwischen ihnen zu schlichten.
So stehen sich beide als Kämpen und Dioskuren zugleich gegenüber. Kein scharfes Wort war gefallen, die besten Formen wurden bewahrt, aber beide wußten, daß der andere jeweils zu schwerwiegenden Entscheidungen bereit war. Wie wird das Drama enden? Welche psychischen Kräfte werden dem Kampf austragen? Währenddessen marschiert Bolívar am 11. Juli mit seinen Truppen in Guayaquil ein und zwei Tage später sind Stadt und Bezirk Kolumbien einverleibt. Das am 28. desselben Monats zusammentreffende Wahlkollegium wird dann nur dieser Maßnahme zustimmen können, wie es auch in der Tat geschah.
Am 25. Juli erreicht San Martín die an der Mündung des Guayas liegende Insel Puná, wird von der sich dort aufhaltenden peruanischen Flotte mit den vorschriftsmäßigen Salven begrüßt und hält mit den auf die Kriegsschiffe geflüchteten Mitgliedern des von Bolívar abgesetzten Staatsrates eine Beratung ab. So erfährt er von dem Anschluß Guayaquils an Kolumbien, eine Nachricht, die ihn nicht vor seiner Abreise aus Lima erreichen konnte, und erhält einen Brief vom 22. Juni, in dem Bolívar ihm kategorisch mitteilte, daß die Stadt zu Kolumbien gehöre.
Vor dieses *fait accompli* gestellt und schwer verletzt beschließt San Martín, nicht an Land zu gehen. Bolívar schickt ihm durch drei Flügeladjutanten einen offiziellen Brief, in dem er als Gastgeber und Hausherr den Ankommenden höflichst zum Aussteigen einlädt. Durch einen seiner Offiziere, den er an Land schickt, erwidert San Martín, daß, wenn seine Anwesenheit in Guayaquil Unruhe oder Unbehagen auslösen könnte, es vielleicht ratsamer wäre, sich an Bord seines Flaggschiffes, der »Macedonia«, zu treffen.
Während diese allmählich den Guayas hinaufsegelte, kam ein zweiter Brief Bolívars; er nannte den Besucher Freund und Waffenbruder, beteuerte Bewunderung und Zuneigung und sprach die brennende Sehnsucht aus, den ersten Freund seines Herzens und Vaterlandes auf kolumbianischen Boden umarmen zu dürfen, eine vielsagende Redewendung, die niemandem entgehen konnte. Als die »Macedonia« am nächsten Morgen in Guayaquil vor Anker lag, kam auch der Präsident und Befreier an Bord, um seinen Gast willkommen zu heißen.
Also bevor die Konferenz beider Feldherren begonnen hatte, waren die

Gemüter derselben schon festgelegt: San Martín verdrießlich, in einer wichtigen Angelegenheit – Guayaquil – schon geschlagen und deshalb mißtrauisch, vorsichtig und steif. Er hatte zwar im Süden des Erdteils die Spanier besiegt und die Unabhängigkeit Perus erreicht, aber das königliche Heer hielt noch den größten Teil dieses Landes besetzt, war stark und gut geführt. Er war der aufrichtigen Meinung, daß seine argentinisch-chilenisch-peruanischen Heerscharen es besiegen konnten. Aber gibt es etwas Unbeständigeres als Kriegsglück? Die Stärkung seiner Armee durch ein kolumbianisches Truppenkontingent würde die entscheidende Sicherung bedeuten. Deshalb hatte er auch den General Sucre, das siegreiche Alter ego Bolívars, in einem Brief vom 24. Juni gebeten, ihm eine solche Unterstützung zu gewähren. Aber die Frage war, ob der ehrgeizige Befreier Kolumbiens bereit sein würde, ihm seine Mannen einfach als Hilfskorps zur Verfügung zu stellen oder ob eine solche Leistung nur zu erhalten wäre, wenn Bolívar die gesamte Führung übernehmen dürfte.

Der Gastgeber hingegen war sich seines frisch errungenen Triumphes bewußt und fühlte, daß er ihn erreicht hatte, weil er – Bolívar – der tüchtigere und flinkere von beiden war. Er ist mit seinem Heer früher dagewesen als der andere mit seiner Flotte. Wie San Martín ist er Sieger und Befreier auch dreier Staaten, die er zu einem Großkolumbien verschmolzen hatte. Aber im Unterschied zum Argentinier hatte er die Macht der Spanier in seinem Revier schon gebrochen und zerschlagen. Zugegeben: die königliche Armee in Peru bedeutete eine Bedrohung für sein Vaterland, aber sie stand im Nachbarland und war zur Defensive gezwungen. Die Freiheit Kolumbiens und der ganzen Region wäre aber nur gesichert, wenn dieser nicht unbeachtliche Rest der spanischen Herrschaft beseitigt würde, und deshalb hielt er auch schon 1 800 Mann bereit, um sie nach Lima zu schicken. Aber waren San Martín und die peruanische Regierung ihrer Aufgabe gewachsen? Das ist der springende Punkt! Bolívars Stern war im Aufstieg und sein Motto lautet: »Gott gewährt der Standhaftigkeit den Sieg.«[20] Gegenüber San Martín war er zweifelsohne der Stärkere und deshalb der Berufene!

Er durfte deshalb liebenswürdig sein, freigebig und aufgeschlossen; mit dem Nebensächlichen brauchte er nicht zu sparen, doch in den wichtigen Sachen mußte die Entscheidung bei ihm bleiben.

Und so geschah es auch. Als San Martín am 26. Juli an Land kam, wurde er fürstlich gefeiert und bewirtet. Das schönste Haus der Stadt stand zu seiner Verfügung. Truppenspalier, Lobreden, Lorbeerkränze, Galaessen, feurige Trinksprüche, Ball und Musik. Das Volk jubelte seinem ehemaligen Schirmherrn zu. Bolívar meinte aus Höflichkeit dem Verlierer gegenüber, doch die Besucher sahen darin vielmehr einen Protest gegen die vorangegangenen Ereignisse. Die Unterhandlungen – die mehr Unterhaltungen waren –

spielten sich unter vier Augen ab. Die Berichte, die beide Partner darüber abgaben, decken sich nicht ganz; ein Umstand, der die Guayaquil-Konferenz zur beliebtesten Streitfrage zwischen Bolivarianern und San-Martínianern macht. Wir wollen uns hüten, uns in dieselbe einzulassen; auch werden wir nicht versuchen, die behandelten Themata noch weiter aufzurollen. Unser Vorhaben zielt vielmehr auf das Verständnis der Gemütsbewegungen beider Helden, soweit diese an Hand unbestrittener Dokumente zu ergründen sind. Das Grundanliegen war zweifellos, wie man den Krieg gegen die Spanier am besten und schnellsten gewinnen konnte, aber auch, welche Gestalt die befreiten Länder annehmen sollten, um sich als freie Staaten im Weltkonzert zu behaupten.

Von Anfang bis zum Ende herrschten große Herzlichkeit und angebliche Offenheit in den drei Zusammentreffen, die insgesamt rund 5 Stunden lang dauerten, weil in Wahrheit die Fragen und Probleme nur angedeutet und nicht gründlich besprochen wurden. Wie Bolívar lakonisch berichtet: »Wir umarmten uns, plauderten und verabschiedeten uns.«[21] Aber gerade dadurch hatten beide Teilnehmer den Eindruck, daß der andere jeweils nur Oberflächlichkeiten und Frivolitäten dahinredete. Der Präsident Kolumbiens schreibt, daß San Martín »verschwommene und unzusammenhängende Fragen über militärische und politische Themen stellte, ohne sie zu vertiefen, von einem zum anderen springend und die wichtigsten mit den trivialsten Dingen vermischend.«[22] Der Protektor der Freiheit von Peru ist nicht minder mit Bolívar unzufrieden: er bezichtigte ihn »extremer Leichtfertigkeit, Inkongruenz in den Prinzipien und kindischer Eitelkeit.«[23] Da beide Helden in Anbetracht ihrer offenkundigen Leistungen und ruhmvollen Tüchtigkeit eine hohe Meinung voneinander in den Sitzungssaal mitgebracht hatten, nahmen der eine wie der andere an, daß der Gesprächspartner sich verstellte, was ihr gegenseitiges Mißtrauen nur steigern konnte. Bolívar glaubte keineswegs, daß San Martín ein uneigennütziger Monarchist sei, sondern vermutete, trotz gegenteiliger wiederholter Aussagen, daß er einen europäischen Fürsten zu suchen vorgebe, um seine eigene Sehnsucht nach der Krone zu tarnen.[24] San Martín, dem der entweichende Blick seines Visavis nicht entging, hielt Bolívar für einen Heuchler, der sich hinter seiner Abhängigkeit vom kolumbianischen Parlament verschanzte, um ihm weitere Streitkräfte zu verweigern.[25] In ihren Herzen hielten sie sich gegenseitig für undankbar nach den großen Verpflichtungen, die – laut San Martín – Kolumbien gegenüber Peru hatte – eine peruanische Brigade hatte am Sieg von Pichincha löblich mitgewirkt – und die – laut Bolívar – Peru gegenüber Kolumbien eingegangen war (eine kolumbianische Brigade verweilte als Hilfstruppe in Lima).

Es bestand so eine Art grollende Übereinstimmung zwischen den beiden Waffenbrüdern, und sie beobachteten und musterten sich entsprechend.

Über einen Punkt machten sie sich aber besonders Gedanken: die Chancen eines Sieges der gegenwärtigen peruanischen Regierung über die spanischen Streitkräfte; Bolívar wußte, daß dieser Sieg ihm den kontinentalen Erfolg in Peru vereiteln würde; San Martín fürchtete, daß der Sieg ausbleiben könnte und dadurch sein kontinentales Werk in Frage gestellt würde.
Und so gingen die Gemüter auseinander: Bolívar steuerte mit allen Kräften auf Peru zu. Die Konferenz hatte die Lage zwar nicht hinreichend aufgeklärt, aber mitnichten durfte er sich seines Erfolges beklagen: durch sie hatte er die Einverleibung Guayaquils bestätigt bekommen, die Freundschaft San Martíns und Perus für Kolumbien – so sagte er – gewonnen; und seinem Heere stand nun der Weg nach dem Süden offen.
José de San Martín dagegen mit der Konferenz wenig erreicht, und was er heimbringen durfte, waren nur zwei Feststellungen, die er in prägnanten Sätzen der Zukunft hinterließ. Der eine lautet: »Der Caraqueño – d.h. der Mann aus Caracas – ist uns zuvorgekommen.«[26] Der andere besagt: »Für uns beide zusammen, für Bolívar und mich, ist nicht genügend Platz in Peru.«[27]
Die Waage Klios – wie man in jenen Tagen gesagt hätte – neigte sich Bolívar zu, und San Martín wußte, daß sich ihr keiner zu widersetzen vermag. Und so traf er die Entscheidung, das Feld seinem Freund und Gegenspieler zu überlassen. Vielleicht schwingt hier eine psychologische Saite mit, deren Klang die Niederlagen mit dem Mantel der Großzügigkeit zuzudecken vermag. Sobald er nach Lima zurückgekehrt sein wird und die Nationalversammlung ihre Tagungen beginnt, wird er die Macht abgeben und das Land für immer verlassen. Zum Abschied, nach 40-stündigem Besuch in Guayaquil, sagte er seinem Gastgeber: «Jetzt haben Sie, General, einen neuen Spielplatz für Ihren Ruhm; auf ihm werden Sie die Freiheit Amerikas besiegeln.«[28]
So stoßen wir auf einen tiefgründigen Unterschied zwischen diesen beiden vielseitigen Persönlichkeiten. Sie sind zwar beide emsig, haben Sinn für Organisation und wissen – jeder auf seine Art – zu befehlen; beide sind auch in Strategie und Politik bewandert, mit hohen und edlen Zielsetzungen. Aber der eine ist gutmütig und nachsichtig, wenn auch rätselhaft; der andere dagegen hart und bereit, die letzten Konsequenzen zu ziehen. Das Nachgeben, die Entsagung sind für San Martín sittliche Werte, für Bolívar sind es moralische Schwächen. So hatte er den Spaniern anno 1813 den Krieg auf Leben und Tod erklärt, der in die Formel gefaßt werden konnte: Wer nicht auf meiner Seite kämpft, ist mein Feind, und das Los meiner Feinde ist der Tod. Die Anwendung dieses Prinzips machte damals den Aufruhr in Venezuela zum Nationalkrieg und öffnete dem Sieg die Tore. Und Bolívar wußte genau, daß in Peru die letzte Entscheidung nur zu erreichen war, wenn

der Kampf mit derselben durchgreifenden Entschlossenheit zu Ende geführt würde.

Blicken wir noch einmal auf die Seite San Martíns: als er am 21. September 1822, gleich nachdem er die Macht niedergelegt hatte, seine Residenz in Lima verließ, sagte er vertraulich zu seinem Adjutanten: »Aus vielen Gründen kann ich nicht auf meinem Posten bleiben, da ich meinen unerschütterlichsten Gefühlen und Überzeugungen dadurch zuwider handeln würde. Ich will es Ihnen sagen: ich bin in eine Lage gedrängt worden, die mich zwingen würde, wenn ich die Ehre des Heeres und seine Disziplin bewahren sollte, einige hohe Offiziere erschießen zu lassen, und es fehlt mir an Mut, das mit Kameraden zu tun, die mir in guten und üblen Tagen gefolgt sind.«[29]

Bolívar wußte von den kolumbianischen Militärs, die in Lima auf Posten weilten, daß die Sachen so standen, und er fühlte sich der Aufgabe gewachsen: denn derartige Überlegungen hatten für ihn wenig Gewicht. Er wäre also marschbereit.

Als Glosse und Randbemerkung möchte ich anführen, daß Bolívar nicht einmal vier Jahre brauchte, um sich auch in der Gemütslage San Martíns zu befinden. Am 8. August 1826 schreibt er: »Napoleon hat nicht mehr Leute ins Jenseits geschickt als ich, d.h. auf meine Order. Jetzt, wenn ich die armen Patrioten dazuzähle, die man ausmerzen müßte, um Ordnung zu schaffen, würde meines Unglücks kein Ende sein; denn welch schlimmeres Unglück gibt es als zu töten. Nein, keine Opfer mehr. Ich bin des Befehlens müde, des Leidens, der Beschwerden über mich.«[30] Aber zurück zu unserem Thema.

Der Weg nach Peru stand also frei, aber bis zum Sieg sollte er noch sehr lang sein, und der Befreier mußte dazu seine ganze Energie zusammenraffen. Bevor er sich mit den Spaniern dort messen durfte, mußten die nötigen Voraussetzungen diplomatischer, militärischer, wirtschaftlicher und auch menschlicher Art geschaffen werden, und diese wären für jeden anderen als ihn erschreckend gewesen. Vorläufig brauchte er eine Einladung für sich selber und um verläßliche Truppen mitbringen zu können. Dann hatte er die politische Lage in Peru zu bereinigen, wo sich mächtige Kräfte Bolívar entgegenstellten, vor allem die sich am Ruder befindende Aristokratie, die eine Aussöhnung mit den Spaniern der befürchteten Unterjochung durch den kolumbianischen Feldherrn vorzog.

Um diesen Standpunkt aus der Zeit heraus zu verstehen, muß man bedenken, daß für den kastilisch-peruanischen Adel, der dem Vorhaben des monarchistisch gesinnten San Martín beigepflichtet hatte, Bolívar ein aufrüherischer Strohjunker war, der sich wie Napoleon emporgekämpft hatte. Um dieses psychologische und soziale Verhältnis zwischen den revolutionären und dunkelhäutigen Kleinadligen und der Hocharistokratie in Peru richtig zu begreifen, braucht man nur das bescheidene Geburtshaus des Befreiers im provinziellen Caracas mit den Palästen seiner zwei Gegenspieler in Lima zu vergleichen: mit dem des ersten Präsidenten der peruanischen Republik – Riva Agüero –, der später eine Prinzessin aus deutschem Fürstenhaus heiratete, und mit dem des zweiten Präsidenten, dem 5. Marquis von Torre Tagle, einer der Spitzenleistungen der kolonialen Architektur in der Neuen Welt.

Die schweren Niederlagen der peruanischen Regierungstruppen, gehässige Auseinandersetzungen zwischen den Parteien, Meutereien, Abfall von Regimentern, die dem königlichen Banner huldigten, die Besetzung Limas durch die Spanier, alles das gehört zum Bilde einer beinahe aussichtslosen Lage, die nur Bolívar wieder aufzurichten vermochte. Im Rahmen dieser Krise kommt er, unangemeldet, am 1. September in Lima an. Beinahe ein Jahr war es her, seitdem San Martín zurückgetreten war, und diese politische Leere war nicht wieder gefüllt worden. Nun überstürzen sich die Ereignisse: einen Tag nach seinem bejubelten Einzug in die Stadt erhält Bolívar diktatoriale Vollmachten mit dem etwas frühzeitigen, doch hoffnungsvollen Titel eines Befreiers.

Es verflochten sich hier verschiedene Wunsch- und Gedankenlinien ineinander: die einen sahen in ihm den einzigen Retter der Freiheit des Landes; andere wollten ihn in den Irrgarten der politischen Lokalpolitik locken, um sich seiner als Instrument zu bedienen; er selber sah darin den Steigbügel, um sich auf das Roß seines letzten und entscheidenden Feldzuges zu schwingen. Wie Napoleon wurde der Held von vielen Angehörigen des *Ancien Régime* umringt und mit Schmeicheleien überschüttet, die er – wie der Korse – mit ironischer Genugtuung und Mißtrauen entgegennahm.

Aber er legte Hand an die Arbeit, ohne sich – da er klare Zielsetzungen hatte – zu übereilen, er sparte nicht an Energie und Willenskraft, Härte und Klugheit. Eine Kampagne der sittlichen Erneuerung auf allen Gebieten wurde eingeleitet und auch durchgeführt: Todesstrafe für jeden Betrug zum Schaden der Tabaksregie oder für die Veruntreuung öffentlicher Gelder im Werte von über zehn Silberunzen, drastische Besteuerung, strenge Disziplin im Heer und Todesstrafe für Fahnenflucht u.s.f. Aber auch geschickte Maßnahmen, die Anregung und Sicherheit bewirkten. Der persönliche Einsatz Bolívars – in den schwierigsten Verhältnissen – zur Verwirklichung dieser durchgreifenden Reformen gefährdete seine Gesundheit. Er aber hatte nur eine Antwort auf alle Fragen und Zweifel: Siegen![31]

Der ganze Prozeß lief aber nicht reibungslos ab, im Gegenteil, von mancher Seite – links und rechts – wurde er als tyrannische Erpressung des Volkes und Ausschweifung der starken und überheblichen, wenn auch sehr tüchtigen kolumbianischen Truppen getadelt. Es war eine Katastrophe nach innen und außen, die ihre Früchte im Jahre 1824 trug: im August und Dezember krönten die Siege von Junín und Ayacucho sein Lebenswerk: die Unabhängigkeit Südamerikas war vollendet. Er hatte das Schicksal vor sich auf die Knie gezwungen. Der Ruhm als ethischer Wert war ihm in aller Fülle geschenkt.

Die Bilanz seines Schaffens, das innere Stärke voraussetzt und in Taten sich kundtut, ist trotz möglicher Einwände erstaunlich und bewundernswert. Aus dieser Perspektive heraus, die sich historisch erweitert und befestigt, gewinnt folgende Begebenheit einen prophetischen Glanz: Als Bolívar in das Dorf Pucará – in den peruanischen Hochanden – zu Besuch kam, wurde er vom Ortspfarrer Choquehuanca mit einem klassischen Satz epischen Klanges begrüßt, der auch unseren Vortrag schließen soll. Er lautet: »Mit den Jahren wird Eurer Ruhm sich mehren wie der Schatten, der wächst, wenn die Sonne sich neigt.«[32]

1 Manuel Pérez Vila, *Vida de Daniel Florencio O'Leary,* Caracas 1957, S. 151 f.
2 J.L. Salcedo-Bastardo, *Bolivar: Un continente y un destino,* Caracas 1972, S. 68 f.
3 Vicente Lecuna, *Crónica razonada de las guerras de Bolivar,* Bd. II, New York 1960, S. 163.
4 Ibid., S. 163 f.
5 Ibid., S. 128.
6 *Memorias del General Miller.* Escritas en inglés por Mr. John Miller, y traducidas al castellano por el General Torrijos, Bd. III, Santiago de Chile 1912, S. 175 f.
7 V. Lecuna, op. cit., Bd. II, S. 465.
8 M. Pérez Vila, op. cit., S. 456.
9 Brief an P. Briceño, 10. Sept. 1830. In Simón Bolívar, *Obras Completas,* Bd. II, Havanna 1947, S. 908.
10 Brief an L. Palacios, 27. Juli 1829. In S. Bolívar, op. cit., Bd. II, S. 719.
11 Brief an Santander, 8. Aug. 1826. In S. Bolívar, op. cit., Bd. I, S. 1417.
12 Brief an Robert Wilson, 15. Juni 1827. In S. Bolívar, op. cit., Bd. II, S. 123.
13 Brief an La Mar, 17. Febr. 1825. In S. Bolívar, op. cit., Bd. I, S. 1043.
14 Brief an Santander, 7. Apr. 1826. In S. Bolívar, op., cit., Bd. I, S. 1310.
15 Ibid.
16 Brief an Santander, 30. Okt. 1823. In S. Bolívar, op. cit., Bd. I, S. 825.
17 Brief an Santander, 15. Apr. 1823. In S. Bolívar, op. cit., Bd. I, S. 735 f.
18 Brief an Santa Cruz, 26. Okt. 1826. In S. Bolívar, op. cit., Bd. I, S. 1449.
19 Brief an San Martín, 10. Jan. 1821. In S. Bolívar, op. cit., Bd. I, S. 524.
20 Manifiesto de Carúpano, 7. Sept. 1814. In S. Bolívar, op. cit., Bd. II, S. 1071.
21 Brief an Santander, 29. Juli 1822. Nach Vicente Lecuna, *La Entrevista de Guayaquil,* Bd. I, Caracas 1962, S. 331.
22 Brief von J.G. Pérez an die Regierung in Bogotá, 29. Juli 1822. In V. Lecuna, op. cit., S. 323.
23 Brief San Martíns an Tomás Guido, 18. Dez. 1826. In V. Lecuna, op. cit., S. 347.
24 Brief Bolívars an Santander, 29. Juli 1822. In V. Lecuna, op. cit., S. 331.
25 Manuskript von Sarmiento. In V. Lecuna, op. cit., S. 282.
26 Unter anderen Zeugnissen, mit verschiedenen Varianten, in Relación de Rufino Guido. In V. Lecuna, op. cit., S. 320.
27 Relación de Tomás Guido. In V. Lecuna, op. cit., S. 356.
28 Brief San Martíns an Miller, 9. Apr. 1827. In V. Lecuna, op. cit., S. 260.
29 Relación de Tomás Guido. In V. Lecuna, op. cit., S. 355 f.
30 Brief an Santander. In S. Bolívar, op. cit., Bd. I, S. 1417.
31 Mariano Felipe Paz Soldán, *Historia del Perú independiente.* Segundo Período 1822–1827, Bd. I, Lima 1868, S. 247.
32 V. Lecuna, *Crónica razonada,* Bd. III, S. 502.

Alberto Wagner de Reyna

Bolivar viene al Perú

– Esbozo psicológico –

Simón Bolívar, nacido en Caracas (Venezuela), 1783, Capitán General de los Ejércitos de Venezuela (1813), Capitán General de la Confederación de la Nueva Granada (1815), Presidente de Venezuela (1819), Vencedor en Boyacá y Presidente de Colombia (i.e. des los actuales Estados de Colombia, Ecuador, Panamá y Venezuela) 1819, Proclamado Libertador de la misma (1820), Vencedor en Carabobo (1821), Libertador investido de la suprema autoridad política y militar del Perú (1823), Vencedor en Junín, la última batalla de la historia mundial en que sólo intervinieron armas blancas (1824), Presidente vitalicio y Padre de la República Bolívar (hoy Bolivia) 1825, Presidente Vitalicio del Perú (1826), muerto en Santa Marta (Colombia) 1830. ¿ Quién fue este hombre que dio libertad a seis países, en encarnizada guerra a lo largo de 12 años, que asumió su gobierno, y al cual Buenos Aires – es decir Argentina – propuso el protectorado sobre todo el continente sudamericano de habla hispana? ¿Cómo era este héroe, del cual el noble Mariscal Sucre decía que ignoraba qué sentimiento lo obligaba a amarlo de una manera tan inexplicable como desmedida?

Muchos himnos de gloria escuchó en su honor, y blanco fue de reproches e injurias. Las discusiones sobre su actitud y proceder en diversas ocasiones de su vida rica y agitada llenan estantes, y más de un documento ha tenido que ser puesto en duda por parecer fraguado. Hace dos siglos que se inflaman las pasiones cuando se nombra a Bolívar. Para un latinoamericano no es pues fácil empresa, ocuparse en él en forma sosegada. He, sin embargo, de intentarlo.

La vida y personalidad de Bolívar nos brindan un amplio campo de estudio de múltiples facetas; y de él quisiera enfocar únicamente un breve trecho de tiempo que va de 1822 a 1824, en que se entretejen dos temas de su actividad internacional, que se ponen recíprocamente de manifiesto: la relación de San Martín y Bolívar, y la actitud de éste frente al Perú, mi patria.

Se trata del asedio, lento y cuidadoso, pero llevado adelante con férrea voluntad, del más fuerte baluarte de la monarquía española en América del Sur, de un proceso meditado de maduración – que adelantaba con precisión las fichas en el tablero de ajedrez –, para vencer ciertos obstáculos, más con tino que con fuerza, que dificultaban abrir la campaña definitiva contra las huestes del Rey, parapetadas en su último reducto. Queremos observar, en esta exposición, principalmente desde el lado psicológico, las motivaciones y decisiones del Libertador para lograr entender su contexto espiritual y los movimientos de su ánimo.

Ante todo una pregunta general: ¿Cómo lo vieron sus contemporáneos? Oigamos el testimonio de uno y otro lado. El retrato literario, sin duda benévolo, de su edecán irlandés O'Leary, dibujado mucho después de su muerte, nos informa que era »noble y rico por nacimiento, y ha sido dotado por la naturaleza de un genio capaz de todo, vivo, enérgico, emprendedor. Su cuerpo participa de su actividad moral; es de una actividad asombrosa. Puede trabajar largas horas, sin manifestar el menor signo de fatiga, y un corto sueño lo deja completamente descansado. Ha sido educado como un caballero, pues pertenecía a una de las mejores familias de su ciudad natal. Su instrucción es brillante, y ha tenido la oportunidad de perfeccionarla en Europa. Su elocuencia es arrebatadora... Acaso lo más admirable en él, sea su constancia; pues la infancia de su carrera ha sido favorecida por la fortuna... y los desastres le han encontrado superior a ellos...«[1]

Y físicamento lo describe así: »de frente alta, aunque no muy ancha, desde su juventud surcada de arrugas, cejas pobladas y y bien formadas, los ojos negros, vivaces y penetrantes, pómulos salidos y mejillas hundidas; la boca no era bella y los labios algo carnosos, dientes blancos, regulares y bonitos, que con esmero cuidaba; orejas grandes pero hermosas; pelo fino, negro y crespo. La barba y el bigote rubio, que por primera vez se hizo rasurar en Potosí en 1825. Estatura 5 pies y 6 pulgadas inglesas (1.68 m.). El pecho estrecho, delgado el cuerpo, sobre todo las piernas. La piel era oscura y algo áspera; manos y pies pequeños y bien formados, que una mujer hubiera podido envidiárselos.«[2]

De esta descripción destaquemos dos elementos: barba rubia y piel oscura, que en realidad era color de oliva. Ellos tienen que ver con la abuela y la bisabuela de Bolívar: una de ellas era de ascendencia alemana – Isabel Zedler –, la otra – Josefa de Narváez – tenía sangre africana en las venas y era hija natural, pero en cambio trajo como dote las minas de Aroa, que incrementaron notablemente la riqueza de la familia, de suerte que Don Juan Vicente, el padre del Libertador, pudo realizar una donación suficiente para pretender al título de Marqués de San Luis, circunstancia que se vincula con la presencia del joven Simón en la Corte de Madrid.

Entre y 1799 y 1810 viaja Bolívar tres veces a Europa y frecuenta, gracias a sus relaciones familiares, la buena sociedad de Madrid y París, pero no deja de concurrir también a clubs políticos liberales y logias masónicas ni de contemplar Roma con ojos críticos. En Londres ejerce funciones diplomáticas. Como es sabido, pertenece en la capital francesa al círculo de Alejandro de Humboldt, con el cual emprenderá – algo después – una ascensión del Vesubio.

Me he permitido esta breve digresión – con traza de frívola – porque explica tres rasgos de Bolívar: su actitud aristocrática, con arrestos jacobinos; el color de su piel, un tabú en pasados decenios, que hoy pierde su vigencia, y que es reemplazado por la nostalgia de emparentar con las clases populares; y finalmente su depurada educación, su amabilidad en el trato social, su cortesía. Pero continuemos. El Capitán Wevel nos cuenta refiriéndose a 1818: »Al pasar delante de nosotros, contestó con la sonrisa melancólica que le es habitual... Recibiónos con la cortesía de un hombre de mundo... Nos dirigió muchas preguntas, sobre diferentes asuntos, revelando pleno conocimiento de los negocios de Europa.«[3] Y añade: Bolívar »tenía 35 años, pero representaba siete u ocho más. Su faz enflaquecida expresaba paciencia y resignación, virtudes de las que ha dado muchas pruebas durante su larga carrera política, y le hacen tanto más honor cuanto su carácter es naturalmente impetuoso.«[4]

El General Páez, alternativamente su amigo y enemigo, lo describe también en el año 1818 de la siguiente manera: hallábase Bolívar entonces en lo más florido de sus años y en la fuerza de la escasa robustez que suele dar la vida ciudadana... Sus dos principales distintivos son la excesiva movilidad del cuerpo y el brillo de los ojos, que eran negros, vivos, penetrantes e inquietos, con mirar de águila, circunstancias que suplían con ventaja lo que a la estatura faltaba... La voz aguda y penetrante... su humor alegre y jovial, el carácter apacible en el trato familiar; impetuoso y dominador cuando se trataba de acometer alguna empresa... hermanando así lo afable del cortesano con lo fogoso del guerrero... Amigo del combate, tenía en él la mayor serenidad. Para contener a los derrotados no escatimaba ni el ejemplo, ni la voz, ni la espada.[5]

A estos retratos positivos – aunque no totalmente coincidentes – de Bolívar, se pueden contraponer otros, y a este efecto presentamos la descripción del General Miller, que nos esboza al héroe ya maduro y en trance de envejecer: »El general Bolívar es delgado, y algo menos de una regular estatura. Se viste bien y tiene un modo de andar y presentarse franco y militar. Es jinete muy fuerte y atrevido y capaz de resistir grandes fatigas. Sus maneras son buenas y su aire sin afectación; pero que no predispone mucho a su favor. Se dice que en su juventud fue de buena figura; pero actualmente es de rostro pálido, pelo negro con canas, y ojos negros y penetrantes; pero generalmente inclinados a tierra o de lado... La expresión de su semblante es cautelosa, triste y algunas veces de fiereza. Su carácter viciado por la adulación, es arrogante y caprichoso... Es apasionado admirador del bello sexo; pero extremadamente celoso. Tiene afición a valsar y es muy ligero; pero no baila con gracia. Su imaginación y su persona son de una actividad maravillosa; cuando no está en movimiento está siempre leyendo, dictando cartas, etc. o hablando. Su voz es gruesa y áspera; pero habla elocuentemente en casi todas las materias... Da grandes convites, y no hay nadie que tenga cocineros más hábiles que él; pero es tan parco en comer y beber que raramente ocupa su puesto en su propia mesa, hasta que casi se ha acabado de comer, habiendo comido probablemente antes en privado uno o dos platos simples. Es muy aficionado a hacer brindis, los cuales anuncia del modo más elocuente y adecuado, y es tan grande su entusiasmo que frecuentemente se sube a la silla o a la mesa para proponerlos. Aunque el cigarro es de uso universal en América del Sur, Bolívar no fuma ni permite fumar en su presencia. Nunca está ni se presenta sin la comitiva correspondiente, y guarda una gran etiqueta; y aunque desinteresado en extremo en lo que concierne a asuntos pecuniarios, es insaciablemente codicioso de gloria... Su lectura la ha dedicado casi exclusivamente a autores franceses... Habla siempre de Inglaterra, de sus instituciones y de sus grandes hombres en términos de admiración... Como prueba de su predilección por Inglaterra siempre ha tenido consigo en su estado mayor una porción de ingleses.«[6] Tal nos lo pinta Miller, que perteneció a ese estado mayor.

Queremos añadir otros breves apuntes sobre los rasgos del carácter de Bolívar. Así, por ejemplo, con relación a la pretendida afición a lo representativo, es conocida la siguiente anécdota: Durante el armisticio del año 1820, concertó una entrevista con el Conde de Cartagena, el comandante en jefe des las fuerzas españolas en Venezuela. Cuando éste lo vio por primera vez, preguntó: »¿Cómo aquel hombre pequeño de levita azul y gorra de campaña y que viene en una mula ha de ser Bolívar?«[7]

La ilustración del Libertador – como ya se insinuó – era predominantemente francesa y echaba sus raíces en la Enciclopedia y las Luces, en Racine y Boileau, Montesquieu y d'Alembert, en Rousseau y Voltaire.

Como todos sus contemporáneos en América del Sur se refería a menudo y con agrado a la Roma clásica, y en sus escritos y cartas se suelen encontrar los nombres de César, Cicerón, Marco Bruto, Sila, como Fabio, Horacio y Nerón. Pero también era Grecia para él cantera de referencias literarias: Demóstenes, Dionisio de Siracusa, Diógenes, Sócrates, Epaminondas, Licurgo, Péricles, Pisístrato, Homero y Aristóteles son aducidos como autoridades o ejemplos. Curioso es que bajo su pluma se encuentre rara vez el nombre de un clásico castellano.

La permanente y a todas luces espontánea reminiscencia de textos o hechos históricos por parte de un hombre transhumante que no podía tener habitualmente libros a la mano, es sólo explicable por su portentosa memoria. O'Leary cuenta que Bolívar, un día que éste visitó a su edecán y encontrara sobre el escritorio la recién aparecida edición de las obras de Maquiavelo, comentó que él – O'Leary – podía emplear mejor su tiempo leyendo otros libros. La conversación que se entabló puso de manifiesto que Bolívar dominaba el tema, y al ser preguntado por su interlocutor si ya conocía la nueva edición, respondió: Desde hace 25 años que partí de Europa no he leído una sola línea de Maquiavelo.[8]

Las informaciones de los contemporáneos de Bolívar son – como vemos – a veces divergentes, pero en otros casos se confirman y corroboran. ¿ Habrá cambiado el hombre con el correr de los años no sólo en lo externo sino en todo su modo de ser? ¿ Algunos rasgos habrían de depender de golpes de humor y no ser consustanciales con él? ¿ Las diferencias en los retratos biográficos tendrán quizás su origen en la diversidad de perspectiva de sus interlocutores?

Algunas características son constantes y se encuentran fuera de duda: el desinterés pecuniario de Bolívar, que puede abonarse con muchos ejemplos, su generosidad y visión, su enorme capacidad de trabajo y resistencia, que dan testimonio de una insólita energía interior. Sin falsa modestia podia decir de sí que era el único carácter enérgico en Colombia.[9] Hemos de volver sobre este tema.

Su desprendimiento, en lo que atañe a bienes materiales, se conjugaba con desmesurada ambición. Gloria, honor, libertad, patria son siempre de nuevo las palabras claves de su discurso, el resorte de su acción y compendio de virtudes, que siempre tiene ante los ojos. »Yo he combatido por la libertad y por la gloria«[10] escribe. Y en otro lugar »El amor a la libertad me ha forzado a seguir un oficio contrario a todos mis sentimientos.«[11] Añade: »Este amor me arrastra a olvidar hasta mi misma gloria.«[12] »La gloria debe ser insaciable cuando se funda en sus verdaderos principios.«[13] »Gloria no es mandar sino ejercitar virtudes.«[14]

Bolívar quiso gloria y libertad, ambas consiguió y por ello – nos dice – nada más desea,[15] pues »quien lucha por la libertad y la gloria debe tener gloria y libertad por premio.«[16]

Podríamos continuar aduciendo palabras célebres del Libertador, y siempre llegaremos a una conclusión: lo importante es lo ético, pues la gloria habita esas altas regiones: la *doxa* de los griegos. No sin espíritu crítico se midió Bolívar con estos principios, y así tuvo que comprobar: »Yo valdría algo si me hubiesen alabado menos. No creo ninguna cosa tan corrosiva como la alabanza.«[17]

¿Cómo habrá de reaccionar un hombre así – psicológicamente múltiple pero transparente – cuando sus relaciones con la otra figura clave de Suramérica, en su tiempo, lleguen a la más alta tensión? ¿Cómo dominará la crisis decisiva en las guerras de la emancipación y toda su problemática?

Para enfocar estas preguntas es conveniente poner toda la situación en su perspectiva histórica: Bolívar sabía que el último acto del drama de la independencia de las colonias españolas en Suramérica se desarrollaría en el Perú, el centro del poder realista. Y allí quería estar él. No por cierto como espectador o comparsa. Se trataba de sellar la independencia de su propio país y con ello de todo el subcontinente, y también de recoger una rica cosecha de honra y de gloria. »Nosotros no hemos ido al Perú – dijo cierta vez – sino a buscar fraternidad y gloria.«[18]

En su primera carta a San Martín, el libertador de Argentina y Chile, antes que éste declarara la libertad del Perú, y antes de que él mismo – Bolívar – añadiera a sus laureles la victoria de Carabobo, escribía Bolívar: »Me hallo en marcha para ir a cumplir mis ofertas de reunir el imperio de los Incas al imperio de la Libertad«, y añade: »bien pronto la divina Providencia... nos reunirá en algún ángulo del Perú«[19] (10 de enero de 1821).

Pero dos escollos entorpecían esta marcha. El primero era de naturaleza humana: San Martín se encontraba en el pináculo de su renombre y se preparaba para una campaña contra los españoles que, como esperaba, habría de terminar en una espléndida victoria. Es evidente que ambos héroes habían de encontrarse para elaborar planes conjuntos y – si posible – aclarar entre ellos el equilibrio de poder. Mas ¿ cómo y dónde? Quizá en Guayaquil, de fácil acceso para ambos, una idea que muchos aprobaban. La otra piedra en el camino era una piedra miliar, un hito. La ciudad de Guayaquil y su circunscripción constituía un territorio que en la época colonial había estado orientado por lazos administrativo tanto hacia Quito (es decir Colombia en la terminología de la época) como al Perú, que en 1810 se había declarado independiente y que desde entonces era gobernado por una Junta autónoma. Estaba, pues, indeciso si había de incorporarse a Quito o al Perú. La definición de este punto correspondía al Colegio electoral. De un lado había sido Guayaquil hasta 1803 parte del virreinato que ahora tenía el nombre de Colombia, pero de otro se había colocado bajo el protectorado militar de San Martín. Ninguno de los dos altos Jefes podía ceder, sin desmedro de su renombre ni sin perjuicio de los países que dirigían. Todos los indicadores de ruta – buenos y malos – señalaban pues en dirección de Guayaquil. Sucre, el más brillante general de Bolívar, había entrado en mayo de 1821 con mil hombres de infantería en ese puerto. Cariñosamente recibido, celebró con las autoridades locales un acuerdo que colocaba a la ciudad en la esfera de influencia colombiana. En enero de 1822 se dirigió Bolívar – en diversas cartas – a ellas, instándolas a la inmediata incorporación de Guayaquil a Colombia. Por su parte San Martín había tomado las medidas necesarias para constituirse, en buque, en esa ciudad. A medio camino, tuvo noticia de esta exigencia de Bolívar, circunstancia ésta que sólo podía confirmar la urgencia del viaje. Pero simultáneamente llegaron otras nuevas: dos grandes barcos de guerra españoles se habian hecho presentes en la rada de Guayaquil, y ponían

así en peligro la seguridad del Protector del Perú, que llegaría con más modestas fuerzas navales a ese puerto. Dada la situación creada, volvió San Martín a Lima. Sólo después supo que las dos fragatas del Rey, que tan amenazadoras parecían, en realidad habían tocado Guayaquil para rendirse y que pronto serían incorporadas a la escuadra peruana. Pues bien, en Lima – en vista del avance colombiano – tomó San Martín algunas disposiciones de monta: solicitó al Consejo de Estado autorización para declarar la guerra a Colombia, dio orden a las tropas auxiliares peruanas de regresar de Quito – mandato que no llegó a cumplirse –, reforzó las guarniciones en las provincias fronterizas con Colombia, y expidió una carta a Bolívar, con quien se hallaba en una no muy activa pero no por eso menos cordial correspondencia. Le recomendaba no inmiscuirse en las decisiones que correspondían a los propios guayaquileños.
También Bolívar consultó con su gobierno el empleo de fuerza contra el Perú, y respondió la carta recibida de Lima expresando que Guayaquil pertenecía a Colombia. Mientras tanto había convocado la Junta de Gobierno de la ciudad, para el 28 de julio de 1822, el Colegio electoral a fin de decidir a cuál república – Colombia o Perú – habría finalmente de incorporarse Guayaquil. La tensión internacional y personal entre ambos próceres había así llegado a un punto culminante.
San Martín se decidió el 14 de julio a viajar inmediatamente a Guayaquil con la evidente intención de contrarrestar sobre el terreno la influencia colombiana y de encontrarse con Bolívar, a quien suponía en Quito. La carta en que anunciaba la visita no sólo era cortés sino aún cordial. El mismo día escribió también a la Junta de Guayaquil para informarle de su partida, añadiendo que deseaba, en sus conversaciones con Bolívar, allanar las discrepancias existentes.
Al par paladines adversos y dioscuros, se hallan ahora frente a frente. No había sido pronunciada ninguna palabra recia, las mejores formas habían sido guardadas, pero ambos sabían que el otro no vacilaría en tomar decisiones de peso. ¿ Cómo terminará el drama? ¿ Qué fuerzas anímicas se pondrán en juego? Mientras tanto había entrado Bolívar – el 11 de julio – con sus tropas en Guayaquil, y dos días después quedaban la ciudad y su distrito incorporados a Colombia. El Colegio electoral, convocado para el 28 de ese mes, sólo podría sancionar y refrendar la medida, como en realidad aconteció.
El 25 de julio alcanza San Martín la isla de Puná, en la desembocadura del Guayas, y es saludado por la escuadra peruana allí surta con las salvas reglamentarias. Allí mismo también se consulta con los miembros fugitivos de la Junta de Gobierno que había sido depuesta por Bolívar. Así se entera San Martín de la anexión de Guayaquil a Colombia, noticia que no había podido

alcanzarlo antes de su partida de Lima, y recibe la carta del 22 de junio en que Bolívar le comunica, categóricamente, que la ciudad pertenece a Colombia.

Colocado ante este *fait accompli* y profundamente herido, decide San Martín no bajar a tierra. Bolívar le envía con dos edecanes una carta oficial, en la cual, en su calidad de dueño de casa y anfitrión, lo invita, con máxima cortesía, a desembarcar. Por medio de uno de sus oficiales, que manda a tierra, responde San Martín que, si su presencia en Guayaquil pudiera producir desórdenes o desasosiego, quizá fuera aconsejable encontrarse a bordo de su capitana, la »Macedonia«.

Mientras ésta remontaba lentamente el Guayas, llegó una segunda carta de Bolívar; llamaba en ella a San Martín amigo y hermano de armas, aseguraba la admiración y aprecio que le tenía, y expresaba su cálido deseo de abrazar en suelo colombiano al primer amigo de su corazón y de su patria, gestos cuyos diferentes matices a nadie podían escapar. Cuando la »Macedonia« echó el ancla frente a Guayaquil, subió a su bordo el Presidente y Libertador, para dar la bienvenida a su huésped. Antes que hubiese comenzado la entrevista de ambos próceres estaban de esta suerte, fijados los ánimos de uno y otro: San Martín, mohino, ya vencido en un asunto de monta – Guayaquil – y por ello receloso, vigilante y estirado. Es cierto, había triunfado en el sur del continente sobre los españoles y proclamado la independencia del Perú, pero el ejército realista ocupaba todavía la mayor parte del territorio de ese país, y él sabía que era fuerte y bien comandado. Desde luego que a pesar de ello, estaba convencido que sus fuerzas argentino-chileno-peruanas sabrían derrotarlo. Mas ¿ hay, por ventura, algo más inestable que la buena estrella en las batallas? El fortalecimiento de su ejército por un contingente auxiliar colombiano significaría una seguridad: la garantía de la victoria. Por eso había pedido al General Sucre, el *alter ego* de Bolívar, en carta del 24 de junio, que le prestara su apoyo. Pero – ¡ he allí la pregunta capital! – ¿ estaría el voluntarioso libertador de Colombia llano a poner sus hombres, como auxiliares, a disposición de otro? ¿ O por el contrario exigiría para decidirse a una acción que se le entregara la dirección de la empresa?

El anfitrión, en cambio, estaba muy consciente de su flamante triunfo, y sentía que lo había logrado porque él – Bolívar – era el más ágil y el más capaz de ambos. Había llegado él antes con su ejército, que el otro con su flota. Como San Martín, es vencedor y libertador, también de tres naciones, que ha fundido en una: Colombia. Pero, a diferencia del argentino, ya había quebrado, en su sector, el poder de los españoles. De acuerdo: las fuerzas realistas representan en el Perú una amenaza para su patria, pero – no hay que olvidarlo – están en territorio extranjero y a la defensiva. La libertad de Colombia y de toda la región, empero, sólo estaría asegurada si estos no del

Stahlstich nach einer Zeichnung von Kepper.
Grabado en acero según un dibujo de Kepper.

todo despreciables relieves de la dominación hispánica fueran del todo eliminados, y de allí que ya tuviera prontos 1 800 hombres para enviarlos a Lima. Pero, ¿ se hallaban San Martín y el gobierno peruano a la altura de tal tarea? ¡ He alli el *quid* de la cuestión! La estrella de Bolívar se encaminaba al cenit, y su máxima era: Dios concede la victoria a la constancia.[20] Frente a San Martín era él, sin duda alguna, el más fuerte, y por eso el llamado.

Por eso podía ser afable, generoso y abierto; no necesitaba cicatear con lo adjetivo, mas en lo fundamental era él quien había de tomar las decisiones.

Y así ocurrió. Cuando San Martín bajó a tierra el 26 de julio, fue recibido y atendido como un príncipe. La más bella casa de la ciudad estaba a su disposición. Tropas presentando armas, discursos laudatorios, coronas de laureles, cenas de gala, brindis fogosos, baile y música... El pueblo aclamaba a su antiguo Protector. Bolívar pensaba que por cortesía frente al perdedor; los visitantes veían en las manifestaciones de aprecio una protesta contra los hechos ocurridos. Las conferencias – que más bien fueron conversaciones – fueron sin testigos. Los relatos que debemos a ambos interlocutores no se cubren totalmente, una circunstancia que convierte a la Conferencia de Guayaquil en el más frecuentado campo de batalla entre bolivarianos y sanmartinianos. ¡ Dios nos libre asomarnos a él! Tampoco trataremos de desarrollar los temas que estuvieron en discusión. Nuestro intento se dirige a la comprensión de los estados de ánimo de ambos héroes, en cuanto es posible dilucidar el punto a base de documentos incontrovertidos. El asunto principal fue, evidentemente, cómo se podría ganar lo más rápido y mejor la guerra contra los españoles, y también qué forma habrían de asumir los países liberados para afirmarse como Estados libres en el concierto mundial.

De principio a fin reinó gran cordialidad, que se suponía acompañada de franqueza, en las tres entrevistas que en todo duraron 5 horas. Tal fue posible porque, en puridad de verdad, las cuestiones y problemas sólo fueron evocados y no considerados en profundidad. Como contó, lacónicamente, Bolívar: »No hemos hecho más que abrazarnos, conversar y despedirnos.«[21] Pero precisamente por ello tuvieron ambos participantes la impresión que el otro charlaba sobre superficialidades y frivolidades. El Presidente de Colombia considera que San Martín le hizo »preguntas vagas e inconexas sobre materias militares y políticas, sin profundizar ninguna, pasando de una a otra y encadenando las especies más graves con las más triviales.«[22] El Protector de la Libertad del Perú no está menos descontento con Bolívar: lo acusa de »ligereza extrema, inconsecuencia en sus principios y una vanidad pueril.«[23]

Como ambos héroes, en vista de sus notorios servicios y gloriosas hazañas, habían entrado al salón de la conferencia con una recíproca estimación – sin duda muy alta –, consideró tanto el uno como el otro que su interlocutor fingía, lo que sólo podía aumentar la mutua desconfianza. Bolívar no creyó en modo alguno que San Martín fuera un monárquico desinteresado, sino sospechaba que, pese a reiteradas declaraciones en contrario, simulaba buscar un príncipe en Europa, para disfrazar su propia nostalgia de la Corona.[24] San Martín, al cual no escapó la mirada huidiza de su interlocutor, consideró a Bolívar un hipócrita, que se parapetaba tras su dependencia del parlamento de Colombia para rehusarle un mayor auxilio militar.[25]

En lo hondo del corazón, se consideraban recíprocamente mal agradecidos después de las grandes obligaciones que el uno debía al gobierno del otro. Para San Martín, Bolívar olvidaba que una brigada peruana había participado con eficacia en el triunfo de Pichincha; y Bolívar pensaba que San Martín no apreciaba en todo su valor la brigada colombiana que había sido destacada a Lima.

Existía pues una especie de rencorosa coincidencia entre los hermanos de armas, y en consecuencia se observaban y medían. Sobre un punto versaba su preocupación con especial insistencia: las posibilidades de triunfo del entonces existente gobierno peruano sobre las fuerzas realistas: Bolívar sabía que esta victoria frustraría su significación continental; San Martín temía que si ella no se produjera quedara cuestionada su obra.

Y en este estado de ánimo se separaron: Bolívar dirigiría en adelante, con todo vigor, sus pasos hacia el Perú. La conferencia no había, es cierto, aclarado mayormente la situación, pero en modo alguno podía quejarse de su éxito: por ella había sido sancionada la incorporación de Guayaquil; ganada – decía Bolívar – la amistad del Perú y San Martín para Colombia; y el camino del Perú se abría ante sus ejércitos.

José de San Martín había, en cambio, logrado poco con la conferencia, y lo que de ella sacó en limpio fueron dos comprobaciones, que en frases lapidarias dejó a la posteridad: »Nos ganó de mano el caraqueño.«[26] Y »Bolívar y yo no cabemos en el Perú.«[27]

La balanza de Clío – como se hubiera dicho en aquellos tiempos – se inclinaba hacia Bolívar, y San Martín sabía que nada se puede hacer contra ella. Y así tomó la decisión de dejar el campo a su amigo y contrincante. Quizás vibra aquí también una cuerda psicológica, cuyo eco suele cubrir las derrotas con el manto de la magnanimidad. Apenas llegue a Lima, cuando el Congreso Constituyente comience sus sesiones, habrá de deponer el mando y abandonar para siempre el Perú. Como despedida, después de una visita de 40 horas en Guayaquil, pudo decir a su anfitrión: Ahora le queda a usted, general, un nuevo campo de gloria en el que va usted a poner el último sello a la libertad de América.[28]

Así llegamos a la honda diversidad entre estas dos personalidades múltiples. Ambos son laboriosos, tienen sentido de organización y cada cual sabe mandar a su manera; ambos son peritos en estrategia y política, con altos y nobles ideales. Pero el uno es benévolo y considerado, aunque misterioso; el otro duro y dispuesto a sacar las últimas consecuencias. El ceder, el renunciamiento son para San Martín valores morales; para Bolívar, debilidades éticas. Así había declarado en 1813 la guerra a muerte a los españoles, que puede resumirse en una fórmula: Quien no lucha a mi lado, es mi enemigo, y el destino de mis enemigos es la muerte. La aplicación de este principio convirtió la subversión en Venezuela en guerra nacional y abrió las puertas a la victoria. Y Bolívar sabía con toda precisión que en el Perú la decisión definitiva sólo habría de alcanzarse si la contienda era llevada adelante con el mismo empeño apasionado.

Dirijamos una vez más la mirada hacia el lado de San Martín: Cuando el 21 de setiembre de 1822, inmediatamente después de haber entregado el mando supremo, abandonaba su residencia en Lima, dijo confidencialmente a su ayudante que por muchas razones no podía permanenecer en su puesto, pues tendría que actuar contra sus sentimientos y convicciones más firmes. »Voy a decirlo: una de ellas es la inexcusable necesidad a que me han estrechado, si he de sostener el honor del ejército y su disciplina, de fusilar algunos jefes; y me falta valor para hacerlo con compañeros que me han seguido en los días prósperos y adversos.«[29]

Por los militares colombianos, estacionados en Lima conocía Bolívar tal estado de cosas, y se sentía a la altura de la empresa, y otro tipo de reflexiones poca mella hacían en su ánimo. ¡Estaba listo para marchar!

Como glosa y acotación marginal, quisiera indicar que Bolívar necesitó menos de cuatro años para encontrarse en un estado de espíritu semejante al de San Martín. El 8 de agosto de 1826 escribía él: »Napoleón no ha mandado al otro mundo tantos como yo, es decir, por mi orden. Ahora, si añado a los pobres patriotas que será necesario exterminar para restablecer el orden, no habrá término para mis desgracias, pues qué mayor desgracia que la de matar. No, amigo, no más sacrificios, estoy cansado de mandar, de sufrir y de quejas contra mí.«[30] Pero volvamos a nuestro tema. El camino hacia el Perú estaba, pues, franco, pero largo habría de ser aún hasta alcanzar el triunfo, y el Libertador tendrá para ello usar de toda su energía. Antes de enfrentarse a los españoles de allá tenían que ser creades las necesarias condiciones, diplomáticas, militares, económicas, humanas... y tal labor habría parecido pavorosa a quien no poseyera su temple. Por lo pronto había menester de una invitación, para sí y para las tropas que vinieran con él. Después había de ordenar la situación política del Perú, en que poderosas fuerzas se oponían a Bolívar, entre ellas en primer lugar la aristocracia que se encontraba en el poder que prefería la reconciliación con los realistas al temible yugo del general colombiano.

Para comprender este punto de vista, dentro de la realidad del momento, es menester considerar que para la nobleza castellano-peruana, que había visto con buenos ojos los empeños monárquicos de San Martín, era Bolívar un hidalgüelo levantisco, que como Napoleón había sabido encumbrarse por su esfuerzo. Para apreciar debidamente esta relación psicológica y social entre el revolucionario de pequeña nobleza y tez oscura y la alta aristocracia en el Perú basta comparar la modesta casa en que nació el Libertador en la provinciana Caracas con los palacios de sus dos antagonistas en Lima: con la del primer Presidente de la República – Riva-Agüero –, que después habría de casar con una princesa de estirpe ducal alemana, y con la del segundo Presidente, el V Marqués de Torre Tagle, una de las más bellas muestras de la arquitectura colonial en el Nuevo Mundo. Las graves derrotas de las tropas del gobierno peruano, disputas enconadas entre los partidos, motines, deserciones de regimientos que se pasaron al bando realista, la ocupación de Lima por los españoles, todo esto pertenece al cuadro de una situación casi desesperada, que sólo Bolívar era capaz de enderezar. En medio de esta crisis, llega – sin anunciarse – el 1° de setiembre de 1823 a Lima. Casi un año había transcurrido desde que San Martín se retirara, y el vacío político no había sido aún llenado. Entonces se precipitan los acontecimientos: un día después de su triunfal entrada a la ciudad se confieren a Bolívar poderes dictatoriales, con el algo prematuro pero esperanzado título de Libertador.

Se entretejen aquí diversas líneas de pensamientos y deseos: unos veían en él al único salvador posible de la libertad del país; otros buscaban atraerlo al laberinto de la política local, para servirse de él como instrumento; él mismo consideraba todo ello como un estribo para montarse sobre el corcel de su última y definitiva campaña. Cual Napoleón, fue rodeado el héroe por elementos pertenecientes al Antiguo Régimen y cubierto de adulaciones, que él – igual que el corso – recibía con irónica satisfacción y desconfianza. Puso manos a la obra, sin apresurarse en definir, por lo pronto, sus objetivos, pero sin escatimar energía y fuerza de voluntad, dureza e inteligencia... Una campaña de renovación moral en todos los campos fue iniciada e impuesta a sangre y fuego: pena de muerte para defraudaciones en perjuicio de la Renta del Tabaco o por malversaciones de fondos públicos por un valor mayor a diez onzas de plata, impuestos drásticos, disciplina férrea en el ejército y pena capital por deserción, etc. Pero también medidas sagaces, estimulantes, que restauraron la seguridad y confianza. La intervención personal de Bolívar – en las más difíciles condiciones – para la realización de tan radicales reformas perjudicaron su salud. El, empero, sólo tenía una respuesta a preguntas y dudas: ¡Vencer![31]

Este proceso no se desarrolló sin tropiezos, por el contrario, de varios lados – derecha e izquierda – fue criticado y censurado alegándose contra Bolívar exacciones tiránicas y culpándolo de los desmanes de las tropas colombianas, fuertes, prepotentes y singularmente eficaces. Fue una prueba de fuerza hacia dentro y fuera, que fructificó en el año 1824: en agosto y diciembre coronaron las victorias de Junín y Ayacucho la obra de su vida: la independencia de Sudamérica estaba consumada. Había puesto al destino de rodillas ante él. La gloria, como valor ético, se derramó superabundante sobre su nombre.

El balance de su acción, que supone fuerza interior y se manifiesta en logros, es – pese a posibles objeciones – sorprendente y digno de admiración. Desde esta perspectiva, que históricamente se ensancha y consolida, adquiere el siguiente hecho un resplandor profético: Cuando llegó Bolívar de visita al pueblo de Pucará – en la altura de los Andes peruanos – fue saludado por el párroco de la localidad, José Domingo Choquehuanca, con palabras de resonancia épica, que pondrán también punto final a las mías. Helas aqui: »Con los años crecerá vuestra gloria como crece la sombra cuando el sol declina.«[32]

(Traducción del autor)

1 Manuel Pérez Vila, *Vida de Daniel Florencio O'Leary,* Caracas, 1957, p. 151 s.
2 J.L. Salcedo-Bastardo, *Bolívar: Un continente y un destino,* Caracas, 1972, p. 68 s.
3 Vicente Lecuna, *Crónica razonada de las guerras de Bolívar,* t. II, Nueva York, 1960, p. 163.
4 Ibid., p. 163 s.
5 Ibid., p. 128.
6 *Memorias del General Miller.* Escritas en inglés por Mr. John Miller, y traducidas al castellano por el General Torrijos, t. III, Santiago de Chile, 1912, p. 175 s.
7 W. Lecuna, op. cit., t. II, p. 465.
8 M. Pérez Vila, op. cit., p. 456.
9 Carta a P. Briceño, sept. 10, 1830. En Simón Bolívar, *Obras Completas,* t. II, La Habana, 1947, p. 908.
10 Carta a L. Palacios, julio 27, 1829. En S. Bolívar, op. cit., t. II, p. 719.
11 Carta a Santander, ag. 8, 1826. En S. Bolívar, op. cit., t. I, p. 1417.
12 Carta a Robert Wilson, jun. 15, 1827. En S. Bolívar, op. cit., t. II, p. 123.
13 Carta a La Mar, febr. 17, 1825. En S. Bolívar, op. cit., t. I, p. 1043.
14 Carta a Santander, abr. 7, 1826. En S. Bolívar, op. cit., t. I, p. 1310.
15 Ibid.
16 Carta a Santander, oct. 30, 1823. En S. Bolívar, op. cit., t. I, p. 825.
17 Carta a Santander, abr. 15, 1823. En S. Bolívar, op. cit., t. I, p. 735 s.
18 Carta a Santa Cruz, oct. 26, 1826. En S. Bolívar, op. cit., t. I, p. 1449.
19 Carta a San Martín, enero 10, 1821. En S. Bolívar, op. cit., t. I, p. 524.
20 Manifesto de Carúpano, sept. 7, 1814. En S. Bolívar, op. cit., t. II, p. 1071.
21 Carta a Santander, julio 29, 1822. Conforme a Vicente Lecuna, *La Entrevista de Guayaquil,* t. I, Caracas, 1962, p. 331.
22 Carta de J.G. Pérez al Gobierno en Bogotá, julio 29, 1822. En V. Lecuna, op. cit., p. 323.
23 Carta de San Martín a Tomás Guido, dic. 18, 1826. En V. Lecuna, op. cit., p. 347.
24 Carta de Bolívar a Santander, julio 29, 1822. En V. Lecuna, op. cit., p. 331.

25 Manuscrito de Sarmiento. En V. Lecuna, op. cit., p. 282.

26 Entre otros testimonios, con variantes diversas, en Relación de Rufino Guido. En V. Lecuna, op. cit., p. 320.

27 Relación de Tomás Guido. En V. Lecuna, op. cit., p. 356.

28 Carta de San Martín a Miller, abr. 9, 1827. En V. Lecuna, op. cit., p. 260.

29 Relación de Tomás Guido. En V. Lecuna, op. cit., p. 355 s.

30 Carta a Santander. En S. Bolívar, op. cit., t I, p. 1417.

31 Mariano Felipe Paz Soldán, *Historia del Perú independiente.* Segundo Período 1822–1827, t. I, Lima, 1868, p. 247.

32 V. Lecuna, *Crónica razonada,* t. III, p. 502.

José Luis Salcedo-Bastardo

Bolívar en la identidad de la Revolución Latinoamericana

Ante la historia es Simón Bolívar (1783–1830) la personalidad más lograda del mundo latinoamericano. Hasta en el orden personal, biológico y social, él encarna – en efecto – a Venezuela que es cabal representación de América Latina. Esta aglutina tres partes: Hispanoamérica, Lusoamérica o Brasil y el mosaico Caribe. Hoy son más de treinta Estados, en cuyos habitantes se advierte una suma compleja de sangres y culturas, aludida por Bolívar en la más bella de sus metáforas al decir: »Nosotros somos un pequeño género humano.«[1]

En los veinte años de su vida pública (1810–1830) al inicio de la centuria décimonona, él se empeñó en cambiar las estructuras de la sociedad que existía en ese vasto continente, situado entre el Atlántico y el Pacífico, las cuales fueron fundadas en el quehacer de los siglos XVI, XVII y XVIII. El trabajo y la lucha de Bolívar tuvieron por objeto sustituir ese orden colonial por otro independiente y libre, de proyecciones perdurables, con calidades de organicidad y coherencia como producto de una mentalidad que puede considerarse universitaria, y que fue universalista de excepción.

Dueño de un estilo sugestivo, él mismo trazó en pinceladas certeras – tanto en lo político, como en lo económico, jurídico, social y cultural – el cuadro de agravios del régimen colonial que obstaculiza el progreso y hace crisis en su hora: »Nuestra situación estaba reducida a una nulidad casi total. Nosotros estábamos en un grado todavía más abajo de la servidumbre... El lugar era el de siervos propios para el trabajo, y cuando más, el de simples consumidores; y aun esta parte coartada con restricciones chocantes.«[2] El denuncia trabas entre provincias y provincias americanas »para que no se traten, entiendan ni negocien.«[3] Estábamos abstraídos, y »digámoslo así, ausentes del universo...«.[4] A todos dividían »barreras odiosas, con privilegios inicuos y degradaciones absurdas«.[5] Imperaba la esclavitud: »la más feroz delincuencia, hija de las tinieblas, la infracción de todas las leyes...«.[6] En la cultura »todo era extranjero en nuestro suelo... Uncido el pueblo americano al triple yugo de la ignorancia, de la tiranía y del vicio, no hemos podido adquirir, ni saber, ni poder ni virtud...«.[7]

Excesivamente cruento y doloroso fue el curso de la Revolución dentro de la cual Bolívar escala la primera grandeza. Hubo errores y fracasos, victorias sólidas y distorsiones deplorables, avances estimulantes y siempre la esperanza por sobre las dificultades.

Casi tres lustros duró la Guerra de Liberación, a la cual no fue ajena la participación valerosa de distinguidos combatientes germánicos. Materializando la solidaridad fervorosa de aquella familia de pueblos, »entonces se vio« – dijo Bolívar – »cuánto es el interés que toma el americano por el americano.«[8] Fueron muchos los sacrificios para alcanzar la victoria militar suprema de Ayacucho; allí, bajo las órdenes del Gran Mariscal Antonio José de Sucre, combatieron hermanados oficiales venezolanos, colombianos, ecuatorianos, peruanos, bolivianos, chilenos, argentinos, uruguayos, paraguayos, panameños, centroamericanos, cubanos, portorriqueño-mexicanos, no pocos europeos y quizá de Curazao y Brasil...

El afán de Simón Bolívar fue el de construir. Su signo quiso ser siempre positivo. Puso su energía total, su pasión y su fe, en un proceso de afirmación que buscaba sustituir las anticuadas estructuras del coloniaje por las nuevas de la libertad y del futuro.

En los textos bolivarianos, trasunto de su espíritu gallardo, con la magistral elocuencia de sus expresiones corre el programa de la Revolución. El acomete su relización en la carne viva de los hechos; y a ese deber de holocausto entrega el total de sus días. Para 1819, año cenital de la historia bolivariana, el programa pleno de la Revolución concibe a ésta como una »empresa«[9] – el vocablo es del Libertador – que opera en cinco áreas en pro de la esencial felicidad de nuestra América y para beneficio de la humanidad.

El objetivo en lo *político,* es un concepto nuevo: la Independencia, entendida »en el más lato sentido de esta palabra, sustituía a cuantas dependencias antes nos encadenaban.«[10] Se procura establecer la democracia, »único gobierno susceptible de una absoluta libertad«,[11] con la forma republicana constitucional, representativa, centralista, alternativa y popular. La libertad es el valor cúspide: »único objeto digno del sacrificio de la vida de los hombres.«[12] O dicho de otra manera: »Tan sólo por los sagrados motivos de la justicia, la libertad y la independencia, es noble hacer el sacrificio de la guerra.«[13]

A la igualdad absoluta – »ley de las leyes«[14] – se tiende en lo *social.* Abolición de la esclavitud, derogatoria de los privilegios, eliminación de toda y cualquiera suerte de barreras y divisiones entre los ciudadanos; éstos son todos los hombres, sin diferencia alguna.

La justicia es la meta inconfundible en lo *económico.* Justicia primordialmente agraria, en el reparto de los bienes nacionales a esos »hombres que han arrostrado todos los peligros, que han abandonado todos los bienes, y que por haber sufrido todos los males no debían quedar sin el justo galardón que merecen su desprendimiento, su valor y su virtud... El premio del mérito es el acto más augusto del poder humano.«[15]

A la unidad latinoamericana, se dirige todo el esfuerzo en lo *jurídico.* Unión auténtica y efectiva de nuestras patrias, conforme a pasos, agrupaciones y etapas viables, en un haz vigoroso, fuerte y triunfal. Axioma suyo: »Nosotros seremos más fuertes cuando estemos más unidos.«[16] A los potentes imperialismos de variadas características, sólo una integración robusta puede enfrentarlos.

Finalmente, en cuanto concierne a la *cultura,* ese programa culmina en un sobresaliente empeño por la educación. Un poder del Estado, que él quiso explícitamente denominar Poder Moral, es diseñado por Bolívar para atender a »nuestras primaras necesidades.«[17] Lo inspira un convencimiento seguro: »Las naciones marchan hacia el término de su grandeza, con el mismo paso con que camina la educación.«[18] Sin vacilar, preconiza: »El primer deber del gobierno es dar educación al pueblo.«[19]

A la integración máxima y plena, de un latinoamericanismo sustantivo, conduce la interpretación del pensamiento de Bolívar, adelantado a la tesis del insigne Mazzini sobre las nacionalidades. El Libertador avanza hasta el concepto de un nuevo »equilibrio entre los continentes, que debe entrar en los cálculos de la política americana«[20] por él impulsada, y avizora hasta el sueño de una sola nación cubriendo el universo.

Bolívar miraba al planeta en términos de equidad constructiva y solidaria, desde la perspectiva de una patria colosal integrada sobre la base del mestizaje y de la real ecumenicidad de nuestro ser. En la unidad habría una barrera contra los coloniajes resurrectos, solos o coaligados, afines o antagónicos. En definitiva su idea es que la integración de nuestra América sirva, sin exlusión, a todos los pueblos del orbe. El hecho de que su esquema y sus previsiones latinoamericanos sirvan, con los ajustes de circunstancia, a cualquiera colonia de ayer o de hoy en Africa o Asia, certifica con sobrada evidencia su signo puro y su genuina dimensión histórica. La paz es objetivo irrenunciable. »La libertad del mundo está dependiendo de la salud de América«, en esa hora crucial para la humanidad. Era, en aquellas tierras del Nuevo Mundo, »la esperanza del Universo.«[21]

Con toda imparcialidad debe reconocerse que no fue Bolívar el inventor *stricto sensu* de cada uno de los elementos articulados por él en su majestuosa y fornida estructura de cambios revolucionarios con la cual debía sustituirse al moribundo régimen de la dependencia. Mas la verdad es que el mérito y la originalidad del Libertador residen en la visión plena, dilatada y clara que él alcanza, en la globalización de positiva y fascinante coherencia a cuya plasmación él se consagra.

Igual que anteriormente en otras tribunas prestigiosas de Europa, de América, Asia y Africa, nos corresponde sostener ante esta esclarecida audiencia que la originalidad y magnitud del programa de Simón Bolívar, radican en que su revolución latinoamericana sea la única que ha procurado

armonizar, superar y cuajar la efectiva síntesis de las grandes revoluciones modernas:
Las de Inglaterra en el siglo XVII, exaltación de la representatividad popular subordinando el absolutismo a la ley, mas conservando la tradicional autocracia coronada. La de Estados Unidos, independencia, libertad y justicia, coexistiendo con la esclavitud, corroida por odios étnicos perennes; democracia egoista, indiferente e insensible a lo que no sea su concreto interés. La de Francia, libertades y garantías para el ciudadano metropolitano, perfecciones doctrinales en un ambiente de horror; para la flamante República de la »libertad, igualdad y fraternidad«, las mismas colonias del antiguo régimen: independencia cero. La de Haití, primicia mundial en abolir la esclavitud; vindicta y liquidación de cuentas ancestrales, justificada en su vehemencia, que se atasca en el aislamiento racial, negado a reconciliaciones.
Bolívar se adelantaría, además, en cuanto considera las reivindicaciones materiales, a trascendentales movimientos ulteriores que afincan su afán en determinantes reformas económicas de justicia material, divorciadas o desentendidas del supremo bien de la libertad, cumbre esencial irrenunciable y definidora de su proyecto político.
Más todavía, quiso Bolívar que su revolución hubiera sido como fue desde el principio: »sin sangre, sin odio; cuando la Providencia justa le presentó (a los patriotas) la ocasión de romper las cadenas, lejos de pensar en la venganza de ultrajes, convida a sus propios enemigos, ofreciendo partir con ellos sus dones y su asilo.«[22]
Para el sueño de formar en América »la más grande nación del mundo, menos por su extensión y riquezas que por su libertad y gloria«,[23] nación inmensa donde se realizara conjuntamente la libertad con la igualdad, la justicia, la unidad y el progreso moral, Bolívar es imán de voluntades constructivas, hombre de convergencia. A su causa de unidad él atrae y suma cifras exponentes de nuestra vasta esfera: En su inmediatez física y/o espiritual están entre no pocos, los mexicanos Miguel Santa María y Fray Servando Teresa de Mier, el nicaragüense de Costa Rica bachiller Rafael Francisco Osejo, el panameño José Domingo Espinar, el cubano Rafael de las Heras, los curazoleños Luis Brion y Manuel Piar, el haitiano Petion, el dominicano Núñez de Cáceres, Molina el guatemalteco, los colombianos Nariño, Santander, Torres, los Mosquera; de Venezuela: Rodríguez, Sucre, Bello, Urdaneta, Gual, Roscio, Páez, Revenga; el ecuatoriano Olmedo, los peruanos Sánchez Carrión, Unánue, Gamarra, Vidaurre; el boliviano Santa Cruz; O'Higgins el chileno; los argentinos José de San Martín – cifra suprema –, Pueyrredón, Monteagudo, Alvear; el paraguayo José Félix Bogado; los brasileños José Ignacio de Abreu y Lima y Emiliano Mundrucú.

La historia prueba que la aspiración Bolivariana era incuestionablemente colosal. Así lo demuestran los escasos resultados obtenidos – casi exclusivamente reducidos al logro de la emancipación política en relación con el propósito ingente que se extendía a las áreas social, jurídica, económica y cultural. Cierta vez habló Bolívar del »romance ideal de nuestra utopía«,[24] expresión que podría cuadrar a ese programa de excelencias difíciles que no por enormes, costosas y trabajosas, imposibles de conseguir sin la participación total y entusiasta de la generalidad, debemos descalificar y relegar al limbo de las ilusiones. El tuvo la certeza de su manquedad o relativo fracaso, e intuyó su vigencia prolongada, pues en lo irrealizado y trunco se mantiene vivo, obligatorio para el presente y el porvenir. Ya en 1814, cuando aun no se había comprometido expresamente con las derivaciones sociales y económicas del movimiento revolucionario, manifestaba su convicción: »Si los sucesos no han correspondido a las miras, y si desastres sin ejemplo han frustrado empresa tan laudable, no ha sido por efecto de ineptitud o cobardía, ha sido, sí, la inevitable consecuencia de un proyecto agigantado superior a todas las fuerzas humanas. La destrucción de un gobierno, cuyo origen se pierde en la oscuridad de los tiempos, la subversión de principios establecidos: la mutación de costumbres: el trastorno de la opinón, y el establecimiento en fin de la libertad en un país de esclavos, es una obra tan imposible de ejecutar súbitamente, que está fuera del alacance de todo poder humano, por manera que nuestra excusa de no haber obtenido lo que hemos deseado, es inherente a la causa que seguimos, porque así como la justicia justifica la audacia de haberla emprendido, la imposibilidad de su adquisición califica la insuficiencia de los medios. Es laudable, es noble y sublime, vindicar la naturaleza ultrajada por la tiranía: nada es comparable a la grandeza de este acto y, aun cuando la desolación y la muerte sean el premio de tan glorioso intento, no hay razón para condenarlo, porque no es lo asequible lo que se debe hacer, sino aquello a que el derecho nos autoriza.«[25]

Al agradecer el honor que se nos dispensa con la invitación a participar en los actos de homenaje de la República Federal de Alemania al Libertador – por medio del Ibero-Amerikanisches Institut, tan prestigioso – nos inspira y emociona evocar la relación de aprecio, admiración y comprensión que ayer unió al más esclarecido hijo de esta metrópoli – el sabio Alejandro de Humboldt – con el americano cumbre que fue Simón Bolívar.

A partir del encuentro de aquellos dos arquetipos, ocurrido en París en 1804, la amistad entre ellos no hizo sino crecer sobre la base de un profundo aprecio y una recíproca admiración. Poco después de la batalla de Carabobo, acción militar que sella la libertad de Venezuela, se complacía Bolívar declarando: »El Barón de Humboldt estará siempre con los días de la América, presente en el corazón de los justos apreciadores de un grande hombre, que con sus ojos la ha arrancado de la ignorancia y que con su pluma la ha pintado tan bella, como su propia naturaleza, pero no son éstos los solos títulos que usted tiene a los sufragios de nosotros los americanos. Los rasgos de su carácter moral, las eminentes cualidades de su carácter generoso, tienen una especie de existencia entre nosotros, siempre los estamos mirando con encanto, yo por lo menos al contemplar cada uno de los vestigios que recuerdan los pasos de usted en Colombia, me siento arrebatado de las más poderosas impresiones. Así, estimable amigo, reciba usted los cordiales testimonios de quien ha tenido el honor de respetar su nombre antes de conocerlo y de amarlo cuando lo vio en París y Roma.«[26]

Humboldt supo corresponder a esos sentimientos tan genuinos. El 29 de julio de 1822 llama a Bolívar »fundador de la Libertad y de la Independencia de su bella patria. Vuestra Excelencia va a aumentar su gloria haciendo florecer las artes de la paz. Inmensos recursos van a ofrecerse por todas partes a la actividad nacional. Esta paz que vuestra excelencia y sus ejércitos han conquistado no puede desaparecer, pues ya no hay enemigos exteriores y sí bellas instituciones sociales y sabia legislación que preservarán a la Repúplica de la mayor de las calamidades: las disensiones civiles. Reitero mis votos por la grandeza de los pueblos de América, por el afianzamiento de una sabia libertad y por la felicidad de aquel que ha mostrado noble moderación en medio del prestigio de los sucesos.«[27]

Bien vale en este homenaje, subrayar la alusión humboldtiana a la »noble moderación« de Bolívar en medio de sus triunfos. Tres años después, el sabio alemán reafirma su reconocimiento al Libertador: »En estos momentos en que recogiendo los frutos de la victoria corona como gran ciudadano lo que había comenzado al frente de sus ejércitos ... ¿ Cómo no adornar con el nombre de Vuestra Excelencia algunas páginas de mi libro? En el volumen del viaje que acaba de salir he hablado de la emancipación de los negros. Es la República de Colombia la que ha dado el ejemplo; y esta medida humanitaria y prudente a un tiempo, se debe al desinterés del general Bolívar, cuyo nombre ha sido ilustrado no tanto por las virtudes del ciudadano y la moderación en el triunfo, como por el brillo de la gloria militar.«[28] En 1826 añade Humboldt otro rasgo al perfil del carácter de Bolívar que él, con trazos magistrales, ha venido fijando para la posteridad. Dice el sabio berlinés al Libertador caraqueño: »En medio de las grandes y generosas acciones de Vuestra Excelencia que son la admiración de ambos hemisferios, su corazón ha permanecido siempre sensible a los acentos de la amistad.«[29]

Importa mucho destacar que, en esa capacidad analítica de Humboldt para percibir con tan envidiable lucidez los rasgos de la figura moral de Simón Bolívar, se halla penetración justiciera para definir la empresa de Bolívar, sueño de su inteligencia y de su pasión generosas, materia a la cual hemos dedicado esta conferencia. Y es que en este caballero inmortal, sabio de otra cultura, de otra lengua, de otros hábitos y de otra idiosincrasia, hubo mayor justicia y mayor ecuanimidad que en nuestros propios estudiosos, a la hora de enfocar nuestra historia. Humboldt habló, en efecto, de que »una de esas grandes revoluciones que agitan a la especie humana de vez en cuando, estalló en las colonias españolas después que dejé la América.«[30]

No son pocos los que han regateado la trascendencia de la revolución latinoamericana de Bolívar. La verdad, como afirmaba Humboldt, es que ese proceso fue – sin duda – »una de las revoluciones que agitan a la especie humana« porque se trató ciertamente de un movimiento integral, de independencia en lo político, de igualdad en lo social, de justicia en lo económico, de unidad en lo jurídico, de adelanto y de progreso en lo cultural. Todo ese esfuerzo tiene por signo, divisa y cúspide, la Libertad.

El programa de Bolívar, aquello que él caracterizaba como un »proyecto agigantado«, era un todo orgánico, se traducía en una empresa plural. Por eso está bien el juicio exacto de que fue una de las grandes revoluciones que sacuden a la humanidad en contadas oportunidades. Ello armoniza con otra idea, debida a Simón Bolívar, para quien precisamente nuestra libertad era »la esperanza del Universo.«[31]

Todo, en fin, concluye a mostrar que la aproximación de América Latina y de Alemania, en el diálogo y la amistad, estima y compenetración de Bolívar y Humboldt, trasciende a la humanidad entera. En la cima de la esperanza humana flamean siempre las banderas de la libertad, la justicia, la igualdad, la unidad, el adelanto. De allí su validez perenne, de allí su vigencia obligante.

La mayor parte de las citas proceden de textos del propio Libertador, y se refieren a:

Bolívar. Simón. *»Obras Completas«*. Compilación y notas de Vicente Lecuna con la colaboración de Esther Barret de Nazaris. 2 tomos. Editorial Lex. La Habana, 1947. Se indica abreviadamente el tomo I o II y el número de la página.

1 Bolívar, Simón O.C. I-164.
2 Id. I-165.
3 Id. I-165.
4 Id. I-166.
5 Id. II-1175.
6 Id. II-1227.
7 Id. II-1078 y II-1135.
8 Id. II-1034.
9 Id. II-1069.
10 Id. I-1106.
11 Id. II-1137.
12 Id. II-1078.
13 Id. II-1101.
14 Id. II-1226.
15 Id. II-1114.
16 Id. I-718.
17 Id. II-1150.
18 Id. II-1291.
19 *Documentos Referentes a la creación de Bolivia.* Litografía del Comercio. Caracas, 1924. tomo I pág. 432.
20 Salcedo-Bastardo, J.L. »*Visión y Revisión de Bolívar*«. 9a. ed.. Imprenta López. Buenos Aires, 1966. pág. 208.
21 Bolívar, Simón. O.C. II-1195.
22 Id. II-1055.
23 Id. I-169.
24 Id. I-1440.
25 Id. II-1069.
26 Id. I-604.
27 »*Bolívar y su época*«. Publicaciones de la Secretaría de la Décima Conferencia Interamericana. N^{0} 11. Caracas, 1953. tomo I p. 97.
28 »*Bolívar y su época*«. id. tomo I pág. 264.
29 »*Imágenes de Humboldt*«. Monteávila Editores. Caracas, 1983. pág. 191.
30 Ibíd. pág. 191.
31 Bolívar, Simón. O.C. II-1195.

Germán Carrera Damas

Bolívar y el presente Latinoamericano: el rescate de Bolívar

Venezuela y toda Iberoamérica conmemoran el bicentenario del nacimiento de Simón Bolívar. Hasta comienzos del mes de abril de 1982 todo permitía pensar que asistiríamos, tan sólo e ineludiblemente, a una serie interminable de actos patrióticos, más o menos tradicionales, más o menos retóricos, – más o menos intrascendentes, en suma –, en los cuales académicos y aspirantes a serlo, amén de alguno que otro espontáneo, competirían en sus ejercicios laudatorios hasta fatigar, si es que no agotar, el adjetivo. De haber sido así, todo habría transcurrido dentro de la más consecuente tradición de la historia oficial latinoamericana; esa que según algunos observadores europeos y norteamericanos, olvidadizos de una buena porción de su propia realidad historiográfica, constituye un horizonte intraspasable de nuestra vida cultural.

Pero los hechos de política internacional ocurridos a partir de esa fecha cambiaron el escenario ya dispuesto, porque han arrojado, inesperada, brusca y hasta brutalmente, tan grande carga de desconcierto y de frustración sobre la conciencia de los criollos latinoamericanos, que éstos se han sentido como descubiertos en el arrobamiento de una quimera, y devueltos a una cruda realidad que en verdad nunca habían superado, en la cual la aspiración y la impotencia tironean de los espíritus conduciéndolos hacia el desaliento y la resignación, o tentándolos con caminos extraviados.

De esta manera, lo que lucía como una ocasión más para que el culto heroico escenificase sus funciones solemnes, repletas de vaciedad, coincide con una coyuntura crítica llamada a tener profundas y perdurables repercusiones en la conciencia de los criollos latinoamericanos. Es, por ello, un buen momento para preguntarnos acerca de los eventuales modos de reacción de esa conciencia, y sobre si ésta se mantendrá anclada en los patrones tradicionales, dando prueba de su alegada incapacidad para superarlos, por nada decir de la escasísima creatividad que algunos le atribuyen, o si, por el contrario, romperá con esos patrones y buscará nuevos cauces, correspondientes no a un nuevo acto de un viejo drama sino a un acto nuevo de un viejo drama.

Si algo atrae al espíritu afligido es la búsqueda de consuelo allí donde la hospitalidad del remanso le brinda la oportunidad de la evasión, sobre todo si esta última no impone la oblicación de admitirla, y menos de proclamarla. Aun reconociendo la humana propensión a echar mano de cualquier pasado juzgado mejor; aun haciendo que se beneficien de la comprensión histórica los espíritus honestamente atribulados que se fabrican baluartes con las pasadas glorias, este parece ser tiempo de poner todo el esfuerzo en ayudar a abrir vías, llamando a cerrar otras. De esto quiero ocuparme ahora mediante una aproximación crítico-historiográfica que puede lucir contradictoria, pues se propone contribuir a bloquear la evasión hacia el pasado explicándola, fundamentándola históricamente y mostrando su agotamiento y su inoportunidad.

Hay lugar para bastante más que una sospecha acerca de que quienes se han ocupado de revisar la conceptualización relativa a los héroes y al rol por ellos desempeñado en la historia de los pueblos latinoamericanos, han tenido por objetivo no ya el dejarlos descansar en paz sino el incitar a «rescatar el sepulcro», – en este caso el de Simón Bolívar –, a la manera del de Don Quijote en la obra de Unamuno.[1] Se busca, en realidad, «rescatar el sepulcro» de Bolívar para ponerlo a lidiar de nuevo, pero ahora por objetivos que suelen guardar escasa o ninguna relación histórica con aquellos hacia los que, en su tiempo, estuvieron dirigidos su pensamiento y su acción, o que incluso los contradicen diametralmente.

De esta manera es posible que se busque crear una bandera tras la cual puedan movilizarse los pueblos latinoamericanos, como fue propuesto en 1960, antes de que la Conferencia Tricontinental celebrada en La Habana consagrara a Bolívar como un adelantado de las luchas que hoy libran los pueblos del Tercer Mundo:

> ... «importa mucho para los hombres justos, para los políticos progresistas, para los pueblos angustiados, para el mundo en convulsión, procurar, una y mil veces, reconstruir la médula de Bolívar como causa y norte de los destinos de la América que, al decir de Rubén Darío, aún reza a Jesucristo y aún habla en español».[2]

De esta manera se ha intentado, en ocasiones, embelesar a los pueblos con una expectativa mesiánica cuyas expresiones frecuentemente caricaturescas y hasta francamente ridículas, y en muy pocas ocasiones ingenuas y hasta poéticas, no deben hacer que nos confundamos en cuanto a la literalidad del sentimiento que en ellas subyace. Así, cuando se expresa la esperanza de que Bolívar vuelva a dar pruebas de conductor, guiándonos para salir de las dificultades vividas en razón de la problemática contemporánea, se quiere decir algo más que el anhelo de una orientación, se quiere significar el deseo de gozar de la seguridad y la confianza que sólo puede deparar la certidumbre de la obra ya realizada: «Bolívar sabría como hacerlo porque ya lo hizo», pareciera pensarse, y poco importan las produndidades abisales que separan el ayer del hoy en materias tales como los conflictos sociales y económicos, por citar sólo estos campos.

Esta disposición al rescate del sepulcro de Bolívar desemboca, necesariamente, en intentos de actualización del mismo. Puesto que el propósito no es historiográfico sino política e ideológicamente utilitario, esa actualización

Stahlstich nach N. M. Bate.
Grabado en acero según N. M. Bate.

impone la realización de osados malabarismos con los tiempos históricos. Es una operación practicada comúnmente con la significación histórica y el pensamiento de los grandes hombres cuando se les pone al servicio de causas actuales. Son mecanismos simples y no pocas veces simplistas que no por insultar la razón histórica parecen perturbar siquiera el sentido común de aquellos a quienes va dirigido su efecto. El más expedito de esos mecanismos consiste en tomar como punto de referencia, en el pensamiento del héroe, alguna expresión que por su nivel de abstracción, o por su contenido moralizador, se sitúa en un plano que luce como intemporal, al menos en el mediano período histórico, para hacerle corresponder de inmediato con una visión no menos simplificada del presente. Siguiendo estos procedimientos no plantea mayor dificultad, por ejemplo, actualizar el pensamiento de Simón Bolívar para reclamar la reorientación de la OEA, como puede actualizarse el pensamiento de José Martí para hacerle servir a la construcción del socialismo en Cuba. En 1960, el político venezolano Alirio Ugarte Pelayo afirmó: «Nosotros, los bolivarianos de hoy... actualizamos el pensamiento de Bolívar para decir: Los pueblos de América reclaman un cambio de la estructura, de la orientación y de los métodos de la Organización de Estados Americanos».[3] ¿Sería exagerado pensar que alguien pueda sentirse tentado de ver en esto una doble premonición, – en Bolívar y en Ugarte Pelayo –, de lo que hoy es debatido como una consecuencia necesaria de la crisis del sistema interamericano desencadenada con motivo de la guerra colonialista de Las Malvinas?

Por su parte, no podría escapar a la lucidez y al conocimiento de Juan Marinelo que: «La construcción socialista en que estamos, con la clase obrera en la dirección del Estado, no anda en el ideario» de José Martí. Pero, ¿cómo conciliar este hecho con la afirmación, emotiva, sugerente y atractiva para un pueblo educado en el culto a Martí, hecha por Fidel Castro, en el sentido de que «el Apóstol» había sido el precursor del socialismo en Cuba? Aquí interviene de nuevo la operación a la que me he referido: se rastrean en el pensamiento de Martí formulaciones de la naturaleza antes indicada y se les coloca como término de referencia probatorio: «pero fue él quien dijo que en cada momento debía hacerse lo que en cada momento fuese necesario»... «Distribuir» – escribió Martí – «es hacer venturosos». Y después: «Nadie tiene derecho a dormir tranquilo mientras haya un solo hombre infeliz». Y en otra ocasión: «La igualdad social no es más que el reconocimiento de la equidad visible de la naturaleza». Realizada esta operación, mil veces repetida también en lo concerniente a Bolívar, la conclusión es obligada: «Haremos realidad a su sueño haciendo felices, iguales y venturosos a todos los cubanos».[4]

Si he traído a cuento el caso de Martí es tan sólo para mostrar lo extendido, lo actual y lo extremado del procedimiento ideológico consistente en rescatar los valores simbolizados en el grande hombre, en el héroe, para ponerlos al servicio de causas que, muchas veces a contrapelo de la historia, se les hace suyas. Es un juego en el que han podido dictar cátedra, en el caso venezolano, Antonio Guzmán Blanco, Juan Vicente Gómez, Eleazar López Contreras y Marcos Pérez Jiménez, pero al cual no han sido de ninguna manera ajenos gobernantes y líderes políticos de la reciente democracia representativa venezolana, incluidas las variantes socialistas.

El destino primordial del rescate de Bolívar no podría ser otro que la salvaguarda y la consolidación de su propia obra, es decir de la nacionalidad, en momentos críticos que, a juzgar por la persistencia de esta actitud, ya dejan de serlo para volverse crónicos. Unas veces se trata de hacer frente a peligros ciertos e inminentes; otras veces es una reacción casi obvia ante amenazas indeterminadas que dejan mucho campo a la conjetura. Seguramente en ambos casos extremos, y en la gama de situaciones intermedias, lo que se trasluce es la desconfianza en la posibilidad de hacerles frente con los recursos tangibles de que dispone la sociedad.

En situaciones tales Bolívar ha sido considerado una suerte de escudo. Por esta razón, pensaba Mariano Picón Salas en 1947, «defender contra los nuevos conflictos de poder y hegemonía que habrán de suscitarse en el mundo, la línea de la nacionalidad, la verdadera tradición del Libertador, es nuestra próxima y más urgente tarea de educación histórica». El rol así desempeñado por Bolívar en relación con la nacionalidad, se fundamenta en el hecho de que «una nación no es sólo una suma de territorios y recursos naturales; sino la voluntad dirigida, aquella conciencia poblada de previsión y de pensamiento que desde los días de hoy avizora los problemas de mañana». Esto hace posible que «no sólo por lo que fue, sino también por lo que es y por lo que será, cuando un grupo de venezolanos estamos juntos invocamos como el del más desvelado contemporáneo, el nombre de Simón Bolívar», quien, «por sobre el uso y el abuso verbalista» es «nuestro héroe fundador» y «constituye una de las primeras y primordiales razones de nuestro vivir histórico».[5]

Es pues Bolívar, así actualizado, factor principal en la preservación y consolidación de la existencia de la nación venezolana, pero lo es al mismo tiempo de la independencia de los pueblos latinoamericanos. Por ello ha sido fácil concluir, como lo hizo un militante comunista, hoy retirado, que él es «símbolo de la lucha antimperialista»[6], lo cual conlleva el compromiso de «conocer el verdadero pensamiento internacional del Libertador y demás héroes – de la gesta emancipadora, para ponerlo al servicio de la paz y de la lucha por la liberación y unión de los pueblos latinoamericanos».[7]

A su vez, en el que podría ser denominado frente interno, el uso generalizado del simbolismo bolivariano por todos los gobiernos venezolanos posteriores a

1842, y el especial énfasis puesto en el culto heroico por los gobiernos dictatoriales, ha conducido a que la invocación bolivariana lleve implícito el sentido de un rescate de manos de quienes dañan su prestigio poniéndolo al servicio de malas causas. En suma, la función redentora de Bolívar conlleva la también redención de éste, es decir su rescate.

El estudio del proceso sociopolítico venezolano, en su expresión ideológica, revela que los esfuerzos dedicados al rescate y la actualización de Simón Bolívar, en el sentido que vengo comentando, conducen necesariamente a su integración en programas de acción política del más diverso signo. Sería en extremo prolijo el muestrario de casos que abonan esta afirmación. Me limitaré a recordar algunos, con el propósito de poner de presente las modalidades de esta operación ideológica.

Probablemente sea el uso más extendido y frecuente del rescate y la acutalización de Simón Bolívar, su pensamiento y su obra, el justificar a posteriori actitudes políticas, a veces mediante auténticos malabarismos que, vistos en perspectiva histórica, plantean retos a la comprensión.

Quizá haya sido, hasta el presente, el caso más notable de calculada utilización política del rescate y la actualización de Bolívar, en su pensamiento y su obra el representado por el gobierno del general Eleazar López Contreras, sucesor del general Juan Vicente Gómez. En febrero de 1940, el general López Contreras declaró: «Bien conocida es mi orientación referente al desarrollo de la inteligencia y del espíritu en nuestra patria. He creído comprender que nada como el ideal bolivariano podría concentrar ese esfuerzo espiritual y sentimental de los pueblos nacidos bajo el imperio del genio y de la espada incomparable de nuestro Libertador».[8]

Fundado en esta convicción se empeñó en componer una proposición programática destinada a estimular el desarrollo espiritual del pueblo, – según sus propias palabras –, pero también orientado a contrarrestar los efectos nocivos de la política, a prevenir el contagio de ideas juzgadas extrañas y a servir de pauta para la acción cotidiana. En suma, una proposición programática destinada a contribuir a la consolidación del poder en momentos particularmente conflictivos, pues estaba planteada la lucha de extensos sectores populares y de los intelectuales por la liquidación de los fundamentos sociales, económicos y políticos del régimen que por veintisiete años encabezó el general Juan Vicente Gómez.

Necesitado de apaciguar la escena política, el general Eleazar López Contreras ideó la constitución de sociedades bolivarianas en todo el país, con lo cual esperaba apartar a los venezolanos de la lucha a través de los resurgentes partidos políticos. Pero este intento de despolitizar a un pueblo que apenas reanudaba su curso en tal sentido, tras un eclipse de más de treinta años, era en realidad un medio para alcanzar el objetivo fundamental, y éste no era otro que el prevenir el contagio de «ideas extrañas», entendiéndose por tales las que de alguna manera y en algún grado se inspirasen en el socialismo. Para ser más explícito, y tras comprobar el interés con que el país recibía la «providencia oficial», interpretó ésta como una prueba de que:

«el conglomerado venezolano, lejos de pensar en ideas extrañas, se reconcentra en sí mismo para buscar como impulsor de sus destinos hacia metas ambicionadas hace mucho tiempo, lo que ha vivido siempre dentro de nosotros mismos, conservándolo a través de nuestras vicisitudes, como algo muy arraigado y profundamente unido a la conciencia popular: la doctrina política del Libertador, hija de sus concepciones geniales».[9]

Se conformó, de esta manera, un complejo ideológico que constituyó la fundamentación de la política oficial destinada a procurar la «unión de todos para la grandeza y para encauzar nuestro destino hacia una ansiada meta de superioridad». Esta es «la idea fundamental del bolivarismo como doctrina social», la cual es considerada «en grado eminentemente persuasiva y perfectamente adaptada a nuestro ambiente, a nuestro espíritu y a nuestras costumbres». El fundamento de este edificio ideológico era, justamente, la alegada vigencia y actualidad del pensamiento y obra de Simón Bolívar, expresada en el rescate de los valores por él encarnados:

...«El pensamiento bolivariano es creador de normas que hoy, a pesar de la evolución social que se ha perfilado en lo que llevamos del siglo, cobran cada día actualidad y sirven de orientación precisa para el mejor desenvolvimiento de los pueblos en su vida cultural, social y política. Las ideas bolivarianas no son para nosotros un simple legado histórico. Los hechos que se realizaron bajo la inspiración genial de Bolívar, son efectivamente patrimonio de nuestro pasado glorioso, pero sus ideas, que forman todo un credo político, no deben quedar en el dominio de la especulación histórico-filosófica, sino constituir una realidad para aprovecharla como guía de la acción vitalizadora que demanda la República».[10]

De esta manera se intentó llevar a la práctica social el más completo y sostenido proyecto de composición de una ideología de reemplazo que fuese, a la vez, de evidente e indiscutible esencia nacional, insospechablemente oficial y susceptible de atribuirse los mejores títulos históricos en la confrontación con los modernos planteamientos acerca de los órdenes social y económico. Marcó el momento culminante en lo ideológico de la crisis del poder público en Venezuela durante los años 1936 a 1939, cuando los propósitos más o menos evidentes de continuidad del orden de cosas formado durante la interminable dictadura de Juan Vicente Gómez chocaban con las consecuencias políticas de los cambios estructurales que habían comenzado a operarse en la sociedad venezolana, la cual había entrado en un proceso de estructuración capitalista evidenciado en la formación de un proletariado moderno, en el desarrollo de la clase media y en el robustecimiento de una clase dominante de corte aun tradicional pero en vías de convertirse en una burguesía igualmente moderna.

A partir de 1929, la lucha del poder público represivo contra el surgente movimiento democrático liberal, y contra los inicios del movimiento comunista, se libró arropando toda la gama de la disidencia bajo la deliberada confusión con este último movimiento, y fue justamente el culto heroico, y particularmente el culto a Bolívar, entendido y practicado como parte de importancia creciente en el aparato de control ideológico de la población, la cobertura de la represión practicada. Esta fue la línea de acción político-ideológica que se pretendió continuar y de la cual fue concreción el movimiento oficial de organización de las sociedades bolivarianas de Venezuela. El estallido de la segunda guerra mundial cortó este proceso, el cual en cierta forma trataron de reactivar los nada creativos cerebros políticos del régimen representado por Marcos Pérez Jiménez, entre 1948 y 1958, cuando tuvieron que lidiar con una situación política caracterizada por la represión dirigida a la erradicación de los partidos políticos, y concibieron la idea de fabricar una alternativa ideológica representada por la exaltación de los «símbolos de la nacionalidad» en la organización de la denominada «Semana de la Patria».

Si mucho dice la persistencia de estos esfuerzos, no menos dice su vanidad, pero podría calificarse de irresistible la tentación de echar mano de una gloria ya hecha, de un pensamiento rico y articulado y de un prestigio definitivamente arraigado en los venezolanos, simbolizado todo ello en la figura, en el pensamiento y en la obra de Simón Bolívar.

Con lo antes dicho quiero tan sólo significar la apertura del vasto campo de los usos ideológicos, de Simón Bolívar, tan lleno de variedad y de contradicción pero al mimo tiempo de tan prolongada reiteración que se resuelve en un mensaje que luce adocenado, formal, vacío de contenido real. En suma, una fórmula para procurar, ejercer, retener o combatir el poder; que ha llegado a ser entre los venezolanos, algo así como jurar por Dios.

De manera general puede decirse que el pensamiento, la obra y aun la personalidad de Simón Bolívar son utilizados, en esta operación ideológica, en una doble función, según los casos: funciona como ideología de reemplazo y como factor legitimador de toda suerte de actitudes, posturas y aun proposiciones ideológicas. La admiración cierta suscitada por el pensamiento y la obra de Simón Bolívar, y los rasgos sobresalientes de su personalidad, constituyen el substrato de esta operación ideológica, pero las funciones a las cuales me he referido las cumple Simón Bolívar en la medida en que su pensamiento ha sido convertido en el universo del pensamiento americano, mediante extensiones y extrapolaciones sin fin que acaban por agobiar, debilitándola, su auténtica riqueza. El resultado de este proceso es convertir el pensamiento *referido a Bolívar* en el pensamiento *de Bolívar*, dotándolo de paso de los atributos de la universalidad, de la intemporalidad y de la compulsión casi religiosa:

«El empeño de Bolívar es conseguir que nuestra América logre personalidad afirmativa. Los pueblos necesitan metas para su acción; es necesario señalar un norte que sirva para orientar y organizar las voluntades de gobierno, de hombres y de pueblos, para que las energías no se dispersen ni se neutralicen unas a otras. Bolívar piensa que sus grandes directrices revolucionarias representan las vías posibles para unificar el esfuerzo de los americanos, no sólo de los hombres de entonces, sino fusionándolos con la positiva acción de los del ayer más lejano, del hoy, y de los creadores del mañana. Porque las tareas bolivarianas son tareas para muchos siglos de máxima labor colectiva. La herencia del Libertador y su anhelo es que América realice la Independencia en lo que falta».[11]

El haberlo convertido en permanente, universal e ineludible contexto del pensamiento americano hace posible el recurso a Simón Bolívar en toda circunstancia, mediante una operación ideológica elemental y tan natural que hasta los rusos la practicaban: «En Rusia misma [escribió en 1945 Pedro Manuel Arcaya, refiriéndose al uso de los «hombres-simbolo»] el comunismo ha culminado con la resurrección del Czar Pedro el Grande con algo de Iván el Terrible en la maravillosa personalidad de Stalin y en un régimen completamente distinto del que habían soñado los apóstoles del socialismo teórico».[12]

Por otra parte, nada habría de sorprendente en la similitud percibida por el ministro Arcaya, pues, según este pensamiento ello se corresponde con una necesidad de los pueblos, agudizada en las épocas de crisis, – que al parecer son todas –, de acuerdo con ese mismo modo de pensar:

. . . «El culto de los héroes, de que son sacerdotes altísimos los Homero, los Virgilio, los Tasso, ese amor ideal de los pueblos, es la estrella y guía del más acendrado patriotismo. Es, sobre todo al presente, de imperiosa necesidad para las colectividades en desarrollo, como fue necesaria la abstracción monacal en otras épocas. El patriotismo debe llenar, creciendo, los vacíos que en las almas van dejando las metafísicas en derrota. La historia es el gran Evangelio de las sociedades del porvenir, y los Héroes ocuparán en las almas el trono de los dioses».[13]

Pero si bien el culto heroico necesita recurrir a la pretendida universalidad de su naturaleza en búsqueda de legitimación para su urgencia, en ella también encuentra la proposición que vuelve irrisorio su anhelo de representar las causas nobles, únicas a las cuales pueden servir los héroes por exigencia de la índole moralizadora del culto: «A falta de un rey [escribió hacia 1936 Andrés Ponte], el nacionalismo busca realizarse en un héroe o un gran patriota o gran conductor: Bolívar en los países bolivarianos; Lenin en Rusia; Mussolini en Italia; Hitler en Alemania . . . ».[14]

Como se advierte, el bolivarianismo oficial, entendido como ideología de reemplazo, puede adquirir formas tan sencillas como la misión de «completar la independencia», o servir de motivación y símbolo a un movimiento fascistoide. En el primer sentido se enunciaba en forma llana lo que, con mayor o menor elaboración, ha constituido el pretexto legitimador de proyectos políticos de todo género. El completar la obra de Bolívar fue el objeto de los desvelos del general Juan Vicente Gómez, según lo repetían sus voceros y allegados. También la democracia y el socialismo han pretendido completar la obra de Bolívar.

Ya se ha dicho que en el uso del bolivarianismo oficial nadie ha sido más dedicado que el general Eleazar López Contreras. Cabría añadir una muestra de su expreso reconocimiento de este rol, así como la concisa exposición de su fundamento. Hablando ante la Sociedad Bolivariana de Cumaná, el 31 de agosto de 1938, el general manifestó: «Al comienzo de esta nueva era [se refería al período inmediato posterior a la muerte del General Juan Vicente Gómez, en diciembre de 1935] un grupo de hombres inexpertos, seducidos por extrañas ideologías, se olvidaron de todo lo grande y noble que existe en nuestra Patria, y es falta de patriotismo alentar esas exóticas doctrinas cuando tenemos para seguir su ejemplo, la ideología del Libertador».[15] La función ideológica múltiple que cumple el pensamiento bolivariano, tal como éste ha sido reelaborado por la doctrina del culto a Bolívar, entendido éste a su vez como eje de un aparato de conducción ideológico-político utilizado por los gobiernos venezolanos y por movimientos políticos de muy diverso signo, es posible por cuanto el alcance general de una buena parte del pensamiento de Simón Bolívar sobre muchas cuestiones de la vida social y política, – por su intencionalidad ética –, lo hace una ideología adaptable y adoptable: «Bolívar se caracteriza por una angustia, una pasión, un apetito de futuro. Su contribución a la vida continental está en sus ideas que son meta de todo el afán americano».[16] Sobre la base de los valores ciertos en los cuales se apoya la procedente generalización, se tejen las – adaptaciones y se ingenian las adopciones.

El Bolívar redentor de pueblos habría sido, por contrapartida, utilizado en su pensamiento para sujetar a América Latina en las garras del imperialismo, para escándalo de patriotas y combatientes: «No es posible tergiversar la historia en forma tal que el ideal hispanoamericano de los libertadores se convierta en el «Panamericanismo» de quienes han avasallado nuestros países, de quienes saquean a diario nuestras riquezas e intervienen para nuestro mal en la vida económica y política de cada país americano».[17] Esto decían en 1956 los exilados venezolanos en México al denunciar la reunión de presidentes celebrada en Panamá para conmemorar los 130 años del Congreso convocado por Simón Bolívar, denominado congreso anfictiónico.

Quizá el aspecto de la significación de la obra y del pensamiento bolivariano que más esfuerzo de adaptación ha requerido es el de su valoración del pueblo. Un estudio desprejuiciado del pensamiento de Simón Bolívar revela que éste puede, con toda propiedad, ser calificado de antipopular.[18] Esto es así sin la mediación de las conceptualizaciones democratistas de lo popular, aportadas tanto por el pensamiento liberal democrático decimonónico como por el socialista de nuestro tiempo. El carácter antipopular del pensamiento de Simón Bolívar expresó muy claramente la valoración que él hizo de las masas de su época, a las que explícitamente estimó inadecuadas para el ejercicio de la democracia, si bien es cierto que lo atribuía a los efectos de la embrutecedora dominación española, de la cual, por supuesto y muy convenientemente, parecía creer que no formaba parte aquella tiranía doméstica que los criollos aspiraron a preservar con autonomía primero y con la declaración de independencia luego.

Pero, si repugna a la mente demoncrática contemporánea el admitir el carácter antipopular del pensamiento de Simón Bolívar, más repugnante le resulta, ciertamente, el reconocer cuánta razón tuvo, en su tiempo. A ese reconocimiento se oponen tanto la visión nacional de la historiografía como los requerimientos del culto heroico y los propósitos de adaptación de Simón Bolívar como símbolo de las tareas libertadoras populares del presente.

La realidad es que frente a esta disputa de los significados está el hecho historiable de que el pensamiento antipopular de Simón Bolívar, interpretado en la perspectiva del culto heroico puesto al servicio de las «empresas de salvación o regeneración de la patria», tras las cuales ha pretendido ocultarse la más feroz práctica dictatorial, ha servido para conformar una ideología antipopular. Los puntos de apoyo de esta elaboración han sido: la ingratitud del pueblo, el estigma del parricidio y, en el mejor de los casos, la insuperable ineptitud del pueblo para el ejercicio de la democracia. La ingratitud, antesala del parricidio, tuvo su punto culminante en 1830, . . . «días de oprobio, que la República debe cobrarle a sus directores de entonces. Era la mengua del nombre venezolano. Era la Patria mal agradecida que le daba la espalda, en uno de los mayores cinismos de la Historia, a su Padre y Creador».[19] Obviamente, poco esfuerzo ha requerido de los sacerdotes del culto heroico el proyectar estos hechos sobre la conciencia religiosa básica y concluir que se había cometido no sólo un parricidio sino un calificado desacato de la voluntad de Dios, de la cual se volvió culpable, por pasivo acatamiento, todo el pueblo venezolano, echándose sobre el mismo la culpa de un parricidio cuya expiación se ha extendido a lo largo de toda su historia republicana.[20] En el mejor de los casos, como he dicho, la responsabilidad ha recaído en la ineptitud del pueblo para ejercer la democracia y aun en el sistema mismo.

Lo arraigado y lo intenso del pensamiento antipopular que impregna la visión de la historia republicana de Venezuela, y que tiene una de sus fuentes en el pensamiento antipopular de Simón Bolívar, extrapolado e intemporalizado aviesamente por quienes han hecho del culto a Bolívar el abono ideológico de los gobiernos y las posturas antipopulares de todos los tiempos, puede apreciarse, en forma indirecta, con base en la defensa de ese pueblo que se ha estimado necesario hacer: en substancia, se trataría de un pueblo que carece de densidad histórica, al cual se le ha convertido en expectador de su propia gloria, lo que hace necesario, para su descargo, recurrir al recuerdo de verdades elementales o echar mano de globalizaciones tan amplias que resultan confusas.

Mario Briceño-Iragorry, al subrayar el acierto de José Rafael Pocaterra cuando éste afirmaba que «aún falta por escribirse, no los anales de los patricios ni de los guerreros, no la época de los jefes insignes y de los subalternos que corrían como perros cerca de las botas de los jefes: sino la historia de los hombres», lanzó una punzante acusación a la historiografía que ha tenido en el culto heroico, y especialmente en el rendido a Bolívar, el elemento básico en la composición de una saga vacía de pueblo: ... «Esta circunstancia quizá sea una de las causas más pronunciadas de que nuestro pueblo carezca de densidad histórica. Como colectividad siente poco el pueblo la sombra del esfuerzo sobre los muros del tiempo. Le han enseñado sólo a verse como masa informe que sirve de cauda disciplinada y sufrida a los mílites que hicieron a caballo las grandes jornadas de la guerra. La historia bélica, que hasta hoy ha tenido preferencia en la didaxia, ha sido para el pueblo venezolano como centro de interés permanente, donde ha educado el respeto y la sumisión hacia los hombres de presa»...[21]

Conceptualizado alternativamente como fuerza ciega o como responsable esencial, cuando se trata de explicar los «hechos negativos» de la historia de Venezuela, los cuales van desde la rebelión de pardos y esclavos de Valencia, a los pocos días de ser declarada la Independencia, hasta la aceptación pasiva del ostracismo y aun la muerte de su Padre Libertador, el pueblo venezolano ha sido convertido en una especie de espectador de su propia gloria, y esto, por supuesto, cuando se quiere ser benévolo con él dispensándolo de su esencial responsabilidad histórica, según los términos expresados.

La subvaloración del pueblo venezolano, en gran parte fundada en el diagnóstico sociológico del mismo formulado por Simón Bolívar en el denominado discurso de Angostura[22], en 1819, vuelto caracterización permanente de ese pueblo por quienes pretenden la vigencia absoluta e intemporal de aquel pensamiento, ha hecho necesarias defensas del pueblo que por su carácter, en algunos casos, parecen obvias y hasta superfluas. Bolívar entra en una intrincada interacción con el concepto de pueblo, como explicación no sólo de su existencia pasada sino de su posible nuevo advenimiento, en la visión crítica del bolivarianismo de Enrique Bernardo Núñez. Según él: «Para que Bolívar exista realmente es necesario que se halle en un nuevo hombre. Este podría invocarlo como el máximo representante de los valores de un pueblo»...[23]

Quizá sea el más articulado de los procedimientos seguidos para rescatar y actualizar a Simón Bolívar el consistente en invocar su pensamiento, – en ocasiones interpretado en forma excesivamente libre –, para ponerlo por testigo de los tiempos presentes, – siempre difíciles y aun francamente adversos –, con el propósito de galvanizar los espíritus sobre la base de que el pensamiento de Bolívar prevalecerá cuando las condiciones cambien y el Nuevo Mundo se encuentre lanzado a la realización del ideal bolivariano, bajo la guía de la doctrina de Bolívar.

En esta suerte de ciclo en el cual Bolívar es convertido en principio y fin de su acutalidad y vigencia debe partirse siempre de una visión de lo contemporáneo tan sombría como sea necesario para poder afirmar, sin riesgo de exageración, que su realidad choca con el mensaje que se desprende de la obra y el pensamiento de Bolívar, mensaje que, para el caso, se presenta como expresado por el propio Bolívar:

> «De la concepción histórica de Bolívar y de la penitud de su propósito brota su ilusión en el porvenir. América no puede cancelar la lucha, necesita perseverar en su dirección revolucionariamente creadora. La separación del imperio español significa poco [¡ Fue, sin embargo, la obra heroica de Bolívar !]; él entiende que habrá arado en el mar mientras la práctica desvirtúe todos los sacrificios pasados. Le duele hondo ver que nuestra América no tiene personalidad ni voz políticas; relativamente resuelve en forma autónoma sus asuntos internos, pero en el concierto internacional no se percibe su específico tono»...[24]

Pero no debe extraerse de tan sombrío cuadro el pesimismo que conduzca a estimar inútil todo esfuerzo para cambiarlo, – puesto que «ni Bolívar pudo hacerlo» –, lo cual no dejaría de corresponderse con la lógica del balance de su acción de superhombre o semidios. Por el contrario, al marcarse la supuesta inconformidad de Bolívar con el tiempo presente, – puesto que él la expresó con su propio tiempo al cual, para el caso, se le considera esencialmente identificado con el actual –, lo que se busca es galvanizar los espíritus comprometiéndolos en un proceso de continuación de la lucha, de activa vinculación con el pasado heroico, pues traer «al plano presente los valores antiguos para extraerles su contenido de futuro, no es negarnos a cumplir nuestro destino de la hora», estimaba Mario Briceño-Irragorry. En estos postulados se afinca, igualmente, la certidumbre de que el pensamiento de Simón Bolívar, interpretado en esa perspectiva salvacionista, prevalecerá cuando las condiciones cambien. Fue esta certidumbre la que animó la defensa de Laureano Vallenilla Lanz ante la imputación por Laureano Gómez de que él era el inescrupuloso apologista y filósofo de la dictadura de Juan Vicente Gómez y de la Dictadura pura y simple:

«¡ Todavía es un gran pecado en América profesar los principios políticos del Libertador Simón Bolívar! Pero yo continúo imperturbable mi camino, porque tengo una fe absoluta en que a medida que la cultura científica vaya generalizándose en nuestros países y fortaleciéndose, por medio de la inmigración europea y el fomento de la riqueza, los órganos de selección democrática, las bases fundamentales del Código Bolivariano serán un día los del derecho constitucional en Hispanoamérica».[25]

De hecho, se pretende que el destino histórico de Venezuela y aun del Nuevo Mundo está trazado en cuanto concierne al legado histórico bolivariano, de manera que no faltará ocasión para que, en los más disímiles momentos de dificultad, alguien recuerde que el remedio no es otro que el tomar conciencia de la situación y actuar de tal manera que «adquiera toda su eficacia en esta hora de crisis el mensaje de quienes, como Bolívar, señalaron al Nuevo Mundo su trascendental destino y el único medio posible de realizarlo».[26]

En suma, se acumulan las pruebas que abonan la conclusión de que la invocación de la figura y la obra de Simón Bolívar, en el sentido de su actualización y de su rescate, no expresa sola ni primariamente la justificada admiración de los dirigentes políticos y pensadores, ni el amor profundo que por él siente el pueblo. Pareciera denotar, y esto sea dicho con renuencia, escasa creatividad en el ámbito ideológico, y recurso a procedimientos de manipulación de la conciencia popular cargados de una fuerte dosis de sentimentalismo y hasta de irracionalidad. Obviamente, estas palabras se refieren a los desmedidos esfuerzos para ampararse en la vigencia absoluta e intemporal del legado ideológico bolivariano, pretensión que supera la que racionalmente pueda abrigarse respecto del pensamiento y la obra de cualquier grande hombre, y que sólo procedería en el ámbito de lo religioso, y esto mediando la fe ciega.

Cuando digo baja creatividad quiero significar con ello el hecho de que la clase dominante venezolana ha intentado suplir la ausencia de una teoría de su dominación, – cual la han formulado otras burguesías –, con la apropiación de una suerte de destino histórico, como fundadora, creadora y de hecho usufructuaria de la nacionalidad, al amparo de la invocación bolivariana, con la circunstancia de que esta última se vuelve un bien común con posiciones políticas que son antagónicas a esa burguesía, en la medida en que alientan proyectos que retrasan o contrarían el auge y la modernización de la burguesía como clase, o en la medida en que impulsan proyectos que prescinden de ella. De esta manera, por ejemplo, el pensamiento bolivariano ofrece a un tiempo asidero para una burguesía en busca de una ideología, y para quienes lo adversan predicando el antimperialismo.

Para la burguesía se abre la vía de un pretendido nacionalismo ideológico que en la práctica, además de ser compatible con su integración en esquemas multinacionales capitalistas, apenas disimula su propósito real, pues no se trata de un legítimo y consecuente recurso o retorno a lo nacional, sino de un desesperado esfuerzo por levantar una valla ante el comunismo. Es el fondo de mensajes como este, de un escritor y pedagogo venezolano en 1962, es decir en plena lucha guerrillera: «Si vamos a las fuentes vivas de nuestra raíz de pueblo, si hurgamos en nuestra, conciencia histórica, si asimilamos de acuerdo con una mentalidad moderna las enseñanzas de nuestros forjadores, podemos en cercano plazo ofrecer una unidad de pensamiento y de acción, verdaderamente monolítica. En vez de buscar orientaciones en teorías abstractas y exóticas, necesitamos reactualizar nuestras propias bases espirituales».[27]

No es difícil, al leer estas palabras, recordar el pensamiento aquí comentado del general Eleazar López Contreras, expresado, más de dos décadas atrás y a mucha distancia ideológico-política el uno de otro. Pero la evocación se justifica, porque revela el hecho de que la burguesía venezolana, desvalida de una ideología específica, se aferra al culto a Bolívar, dando lugar a nuevas actualizaciones de su pensamiento y de su obra, para lo cual tiene que entrar en un contraste crítico con los sectores más conservadores, como el representado por el general Eleazar López Contreras, o con la apropiación practicada por dictadores como Marcos Pérez Jiménez. Se forma, de esta manera, un sector crítico del bolivarianismo y su culto que se esfuerza inútilmente por distanciarse del tradicional conservador, inútilmente por cuanto este último domina en el ámbito académico y en el sistema escolar, y termina vencedor gracias al concurso de su aliado: el uso del culto a los héroes, y en especial del culto a Bolívar, como palanca de control ideológico del pueblo, y para estos fines atrae mucho la eficiencia probada de los viejos esquemas y las verdades simples y sentimentales que los sustentan.

En este mismo juego ideológico se extravían los esfuerzos de quienes, programáticamente, se presentan a sí mismos como los encargados de esclarecer la conciencia de los pueblos y aun de crearles una nueva conciencia, bien sea en la lucha clasista en el seno de la sociedad venezolana, bien sea en la denuncia y lucha contra el imperialismo. Al intentar apropiarse la simbología bolivariana que ha venido manejando diestramente su antagonista nacional o internacional, terminan por remedar el fondo ideológico y aun el tono retórico del bolivarianismo oficial. Nada soprendente, por consiguiente, que se haya recurrido a la manida imagen del Bolívar Juez y Censor: «Y desde su sitio en el recuerdo de los pueblos, Bolívar acusa a quienes quieren usar de su nombre para justificar, o intentarlo, la opresión de nuestros pueblos, el despojo de nuestros países, la sumisión incondicional de nuestras naciones a un amo extranjero», como se advierte en la ya comentada denuncia de los exilados venezolanos en México acerca del cónclave presidencial realizado en Panamá en 1956.[28]

Son contadas las voces, por otra parte, que han eludido la retórica para establecer proyecciones actuales del pensamiento de Simón Bolívar en esta cuestión del orden político internacional en el continente Americano, materia en la cual, ciertamente, fue él un innovador no sólo en la teoría sino también en la práctica, tanto al asumir una concepción auténtica y ampliamente supranacional de la lucha por la independencia, – concepción que comenzó a estructurarse desde los albores mismos de la lucha y por el pensamiento y la acción de varios destacados luchadores, pero que encontró en Simón Bolívar su más acabada expresión creadora –, como en la de la vinculación de la formación de los estados nacionales en las antiguas colonias españolas de América con el establecimiento de un nuevo orden internacional americano y aun mundial, – visto este último no como mera reubicación en él de antiguas colonias emancipadas, sino como búsqueda de relaciones más justas y equitativas que se correspondieran con los anhelos de libertad y bienestar de los pueblos. Hay, sobre estas materias, un rico pensamiento de Simón Bolívar cuya vigencia no necesita ser forzada por los requerimientos del culto, ni exaltada por la retórica bolivariana, ni mucho menos necesita ser sometida a los reacomodos de la actualización o del rescate con prescindencia del sentido histórico.

La actualización y el rescate de Simón Bolívar no sólo rigen el orden internacional americano y el orden político venezolano, dotándolo de principios rectores a los cuales se les juzga de permanente y absoluta vigencia. Ellos nutren igualmente una ideología pedagógica, orientada hacia la formación moral y patriótica de la juventud, y para tonificar su espíritu proponiéndole desde muy temprano un paradigma de voluntad (¿quizá como remedio para el más arraigado mal?). Es la función formativa del culto, tan trajinada por los educadores venezolanos, con variantes nada esenciales y con simplismos crecientes. El objetivo de esta pedagogía ejemplarizante es prevenir el máximo peligro que amenaza a la nacionalidad venezolana, según la dramática advertencia de los cruzados del bolivarianismo oficial representados por el Presbítero Pedro Pablo Barnola en 1960:

> «Pobres de nuestras naciones y probecita sobre todo nuestra patria y la del Héroe, Venezuela, el día – que ojalá nunca llegue ni siquiera se vislumbren indicios de que pueda llegar – cuando nuestros niños y jóvenes, por no haber recibido de maestros que debieran ser siempre insospechosamente nacionalistas y americanistas, una diligente, bien orientada y entusiástica enseñanza de la historia y del espíritu bolivarianos, se fueran acostumbrando a concebir una idea vulgar y hasta errónea de lo que fue y lo que debe significar para nosotros la personalidad y la obra de Bolívar»...[29]

No se trata de un peligro más a menos impreciso y remoto. La angustia del autor, compartida por muchos devotos bolivarianos y pedagogos, nace de la pretendida comprobación en el presente de lo que estiman un cuadro de deterioro moral e ideológico de la juventud, el cual se traduciría en agostamiento del espíritu nacional.

A algo habrían conducido estas tribulaciones si hubieran comenzado por preguntarse cuánto de ese supuesto resultado se debería a la machacona insistencia del mensaje impuesto a los jóvenes, y al ampuloso estilo utilizado para transmitirlo. En pocas palabras, comprobaban el hastío causado por un culto heroico y bolivariano que se ha vuelto incompatible, por obra de los sacerdotes – propagandistas, con el ejercicio de la más elemental crítica histórica y el cual, en su empeño por substituir el mensaje real de Simón Bolívar por uno adocenado y puesto al servicio de causas sociales y políticas antipopulares, termina por hacer mella en el prestigio de quien ha sido y es objeto de un auténtico culto popular.

Si el tejido de escogidas expresiones del bolivarianismo que sirve de apoyo a estas notas se propusiera probar algo, ello seguramente sería:

En primer lugar, la alta significación que se le reconoce al pensamiento y a la acción de Simón Bolívar en el ámbito ideológico contemporáneo. Este no es un rasgo común a quienes compartieron con él, tanto en Iberoamérica como fuera de ella, el escenario histórico del primer tercio del siglo XIX.

En segundo lugar, la riqueza de un pensamiento y una acción que, como los de otros grandes hombres, tienden a volverse patrimonio común de la humanidad.

En tercer lugar, el alcance creador de una obra y de un pensamiento que al producir enfoques, – unos nuevos, otros enriquecidos –, de los procesos políticos y sociales, legó enseñanzas a las cuales hombres de diferentes tiempos y culturas han acudido en busca de inspiración o de claves para la comprensión de su presente.

Independientemente de lo más a menos forzado de la vigencia del pensamiento de Simón Bolívar, esto por obra del culto desbordado, tales rasgos bastan para conformar la grandeza de ese pensamiento y de la acción con la cual estuvo esencialmente vinculado.

Pero, al mismo tiempo, lo que de esta manera podría resultar probado constituye una bien fundada advertencia:

Contra la tendencia a la substitución del estudio directo de lo real por la adopción de un pensamiento que, para el caso, es sometido a adaptaciones que conducen a violentarlo.

Contra la tergiversación, y aun la deliberada confusión, de los tiempos históricos, pues al trasponer el significado de los mismos se nubla el conocimiento del presente.

Contra la sostenida deformación de la conciencia histórica de pueblos que, como sucede con los latinoamericanos, han sido aherrojados a una visión heroica y antipopular de su propia historia.

Y advierte, por último, acerca de la posibilidad de que el uso múltiple e indiscriminado del culto oficial protegido y promovido por el Estado venezolano, el cual sirve igualmente de fundamento a programas contrapuestos y aun esencialmente contradictorios entre sí, hasta el punto de que la invocación bolivariana termina por no definir nada, al mismo tiempo que la extrapolación histórica excesiva de que es objeto el pensamiento de Simón Bolívar le impone el adaptarse a realidades ajenas a su naturaleza, vaciándosele así de contenido real. Es decir, el culto termina por circunscribirse a su propia realidad como tal, con lo cual, ciertamente, es también ganado para la historia, pero volviéndose un valor permanente, más desprovisto de contexto determinado.

En suma, el estudio del fenómeno ideológico constituido por la vigencia del pensamiento, la figura y la obra de Simón Bolívar, en función del culto de que es objeto y aun fuera de éste, me lleva a hacer dos comprobaciones con cuyo enunciado cierro estas notas:

La dificultad con el pensamiento de Simón Bolívar no consiste en encontrar motivos para evocarlo, sino en hallarlos para no hacerlo, pues esto último presupone el trance de la creatividad.

Una valoración herética del pensamiento, la figura y la obra de Simón Bolívar sugiere que la manera de identificarse con la esencia de ese pensamiento, y sobre todo con la actitud de Simón Bolívar como pensador, consiste en practicar la percepción creativa de la propia realidad, y en no tomar el atajo de la invocación de un pensamiento para proceder a adaptarlo hasta suplir el esfuerzo creativo. Por no haber procedido de esta última manera, pudo Simón Bolívar producir una teoría de la independencia de las colonias españolas de América ajustada a su tiempo, creativa y operativa, la cual constituye su más acabado y fundamental legado. En otras palabras, lo que Simón Bolívar les está diciendo a los latinoamericanos de hoy es que deben evitar el fácil expediente de recurrir a las muletas en que ha sido convertido su pensamiento, y producir su propia teoría del presente latinoamericano.

1 Miguel de Unamuno, *Vida de Don Quijote y Sancho*, Madrid, Espasa-Calpe, S. A. (Colección Austral no. 33), 1971, p. 13.
2 Alirio Ugarte Pelayo, «Presencia de Bolívar en los problemas actuales de América». *Cuadernos Americanos*, XIX, 5, México 1960, p. 206.
3 Ibidem, p. 214.
4 Juan Marinello, *Martí desde ahora*. Lección Primera de la Cátedra Martiana. La Habana, Imp. de la Universidad de la Habana, 1962, pp. 15–16.
5 «Rumbo y problemática de nuestra historia». *Obras selectas*, Editorial Edime, 1953, pp. 402–403. Por añadidura, «la lucha por la independencia de América no se cerró en Ayacucho; es proeza que revive contra peligros y armas distintas en cada generación». Idem.
6 Ricardo A. Martínez, *El Panamericanismo, doctrina y práctica imperialista*. (Las relaciones interamericanas desde Bolívar hasta Eisenhower). Buenos Aires, Editorial Alumine. (Colección de Cultura Latinoamericana), 1957, p. 152.
7 Ibidem, p. 10.
8 «Discurso del General Eleazar López Contreras en la Sociedad Bolivariana de Barinitas». Rafael Brunicardi, *Por los caminos de la Patria*. Caracas, «Agencia Musical», 1941, pp. 155–156.
9 Eleazar López Contreras, *El Triunfo de la Verdad*. México, Edición Genio Latino, 1949, p. 319.
10 «Discurso del General Eleazar López Contreras en el Segundo Congreso Bolivariano, Caracas, 5 de julio de 1939». Rafael Brunicardi, Op. cit., p. 324.
11 J. L. Salcedo Bastardo, *Visión y revisión de Bolívar*. Buenos Aires, 1957, pp. 387–388.
12 Pedro M. Arcaya, *La pena de la confiscación general de bienes en Venezuela*. (Estudio de Historia y Derecho). Caracas, Impresores Unidos, 1945, p. 61.
13 Carlos L. Capriles, *El Trono de Colombia*, Caracas, Tip. Universal, 1931, p. 19.
14 *Cómo salvar a Venezuela*. Nueva York, Carlos López Press, s/d, p. 71.
15 Rafael Brunicardi, Op. cit., p. 60.
16 J. L. Salcedo Bastardo, Op. cit., p. 384.
17 *De un Congreso de Independencia a una reunión colonialista*. (Bolívar contra la reunión colonialista de Panamá). México, 1956, p. 38.
18 Véase mi obra *El culto a Bolívar*. Caracas, Universidad Central de Venezuela, 1973, 2a. ed., capítulo V.
19 Cecilio Zubillaga Perera, «Jacinto Lara Bolivariano». En Alberto Silva Alvarez, *General Jacinto Lara*. Mérida, Editorial «Patria», 1934, p. 18.
20 Véase mi obra *El culto a Bolívar,* capítulo IV, y «Simón Bolívar, el culto heroico y la nación». *The Hispanic American Historical Review,* 63, 1983, pp. 109–145.
21 *Mensaje sin destino*. (Ensayo sobre nuestra crisis de pueblo). Colección Nuestra Tierra, No. 3. Caracas, Avila Gráfica, S. A., 1952, pp. 22–23.
22 Véase mi obra «El discurso de Bolívar en Angostura: Proceso al federalismo y al pueblo». En *Validación del pasado*. Caracas, Universidad Central de Venezuela, 1975, pp. 147–230.
23 «Bolivarianismo». En *Bajo el samán*. (Biblioteca Venezolana de Cultura). Caracas Ministerio de Educación, 1963, p. 58.
24 J. L. Salcedo Bastardo, Op. cit., p. 387.
25 *Cesarismo Democrático*. Caracas, Tipografía Garrido, 4a. edición, 1961, p. 238.
26 Luis Emilio Gómez Ruiz, *Discurso en homenaje al Libertador Simón Bolívar,* con ocasión del traslado de la estatua de Bolívar a la Avenida de las Américas en Nueva York, el 19 de abril de 1951, p. 5.
27 Pedro Díaz Seijas, *Ideas para una interpretación de la realidad venezolana*. Caracas, Jaime Villegas, Editor, 1962, p. 83.
28 *De un Congreso de independencia a una reunión colonialista,* p. 38.
29 «Por qué Bolívar», *Revista de la Sociedad Bolivariana,* XIX, 63, Caracas, 1960, p. 309.

Profilansicht von Simón Bolívar.
Gezeichnet von François Désiré Roulin (1796–1874) im Jahre 1828 in Bogotá.
Perfil de Simón Bolívar.
Dibujado por François Désiré Roulin (1796–1874) en el año 1829 en Bogotá.

Jacobo Libermann Z.

Bolivar: Americano y universal

En síntesis los empeños y desvelos de Bolívar en Hispanoamérica se pueden expresar en dos palabras que siempre deberían escribirse, como lo hacía Bernardo Monteagudo, en letras mayúsculas: Libertad y Luces.

Libertad para la fruición de la vida con plenitud y Luces para iluminar la ruta interior del espíritu.

Salta a la vista, por su dramaticidad, la antinomia histórica de una España aferrada al absolutismo, vasalla de su propio atraso, con una América alimentada de filosofías libertarias y en trance de insurrección.

Porque así fue, aunque parezca insólito e increíble: Los pueblos del Nuevo Mundo, ese mundo de monopolios comerciales, limitaciones, repartimientos, encomiendas y mitas, exportó a España, y para todos los españoles enfeudados, la ansiedad de un cambio fundamental de sus instituciones políticas, económicas y sociales. A partir de los primigenios pronunciamientos de sus colonias de ultramar la metrópoli ya no fue la misma. Allí se incubaron las semillas de una rebelión con apetencias de modernas corrientes sociales que modificaron, paralelamente, tanto a América como a España.

La ecumenicidad de Bolívar tiene sus raíces muy hondas en la validez de sus principios que no se constriñen en fronteras nacionales ni se minimizan para uso y beneficio de comunidades cerradas y sin horizontes. Su mensaje y ejemplo, desde el comienzo de la epopeya libertadora, trasciende a un ámbito mucho más grande y generoso porque compromete a todos los hombres que, de una u otra manera, sufren el castigo de la opresión o la dependencia.

La descolonización de los pueblos, que sería un fenómeno político y social de primera magnitud a partir de la mitad del siglo XX, – especialmente en Africa y Asia – fue una tarea iniciada por Bolívar en América en los albores del siglo XIX. Esta anticipación visionaria, esta probanza en carne y espíritu americanos, sirvió de levadura, de inspiración histórica, para convertirlo en ciudadano del mundo, es decir universal por la dimensión de su obra.

Su mejor título sería: Preceptor de libertades para un mundo en tinieblas.

La proyección universal de Bolívar, en su doble rasgo de combatiente por la libertad y humanista por vocación intelectual, se advierte muy claramente en su correspondencia por la utilización constante y madura de referencias y citas de filósofos políticos, tanto clásicos griegos y latinos como de aquellos que pertenecían al movimiento del Iluminismo francés con decisivo influjo en la Revolución de 1789. Su instrucción histórica y el dominio de las ideas contemporáneas; la ilustración sobre teorías y análisis del bien común, lo colocan, con ventaja, entre una pléyade de estudiosos sobre el tema de las ciencias sociales. El campo que incursionó fue tan extenso y profundo que toca una amplísima gama de conocimientos especializados en derecho constitucional, historia comparada de las ideas políticas, sistemas educativos, arte militar, interés científico y una visión de América que instrumentaron la praxis para el manejo del Gobierno, luego que las armas dejaron de ser un argumento para la eliminación del régimen colonial.

Su formación y bagaje cultural, para la tarea política y social que emprendería en el futuro, se nutre desde temprana juventud en los planteamientos incitantes de Juan Jacobo Rousseau, explicitados en el «Discurso sobre el Origen de la Desigualdad», «Emilio» y «El Contrato Social», fuentes creadoras para meditar sobre la situación y el destino del hombre en un mundo que estaba rompiendo los diques del sistema absolutista, medieval, divino y anacrónico en una época en plena explosión de la ciencia social moderna, el positivismo liberal, la lógica de Descartes y del pragmatismo anglosajón. Aquel abecedario sociológico del inconformismo y las reglas para la conducción del espíritu, en abierta lucha contra las organizaciones caducas de una sociedad que estaba demoliendo los viejos moldes del derecho divino, fueron transvasados a Bolívar por su maestro de primeras letras Simón Rodríguez Carreño, un alma inquietante, inspiradora y quimérica a finales del siglo XVIII en América y comienzos del XIX en Europa, cuando doctrinante y discípulo, en París y Roma, emprenden un largo peregrinaje pedagógico de aprendizaje histórico-cultural que concluirá en una toma de conciencia libertadora en el Monte Sacro de la Ciudad Eterna.

La huella de Rousseau en el alma de Bolívar se la puede observar en la evaluación paralela con otras fuentes suscitadoras de reglas político-sociales. La intermitente mención de sus teoremas para desentrañar y explicar los fenómenos que movilizan la vida de los pueblos, nos revela la profundidad que caló en él una filosofía que serviría de importante peldaño en el proceso de las ideas renovadoras. A lo largo de su torrencial correspondencia colorean las citas de Rousseau como hitos indicadores para definir políticas y situaciones de diversa naturaleza. Esa cantera, ese faro de luz en medio de las brumas de una América en trance de parto histórico, le permitiría enriquecer su propio concepto sobre las realidades convulsivas del Nuevo Mundo que pretendía establecer.

Y, en ese itinerario de explicarse, y exponer a los demás, las raíces del pensamiento colonial que subyacen en la carne y en el espíritu de los americanos, Bolívar, el 13 de junio de 1821, intenta – en carta al general Francisco de Paula Santander, Vicepresidente de Colombia – evitar el choque prematuro de los partidos que luego desgarrarían a pedazos su magna obra. Sus palabras arrojan los primeros indicios serios de aquella lucha cuando afirmaba: «Esos señores piensan que la voluntad del pueblo es la opinión de ellos, sin saber que en Colombia el pueblo está en el ejército, porque realmente está, y porque ha conquistado este pueblo de manos de los tiranos; porque además es el pueblo que quiere, el pueblo que obra, y el pueblo que puede; todo lo demás es gente que vegeta con más o menos malignidad, o con más o menos patriotismo, pero todos sin ningún derecho a ser otra cosa que ciudadanos pasivos. Esta política, que ciertamente no es la de Rousseau, al fin será necesario desenvolverla para que no nos vuelvan a perder esos señores».[1]

Pero donde el autor del «Contrato Social» realmente se hace presente en las directrices fundamentales de su ideología, y demuestra su validez en el ejercicio de la acción, es cuando Bolívar en diciembre del año 1822, después de los fulgores de las batallas de Bomboná y Pichincha y en circunstancia que preparaba su equipo de soldados libertadores para la campaña peruana, confiesa y reflexiona, en medio de la barahúnda militar y política del momento, como un pensador antes que todo: «Anoche leí a Rousseau, hablando de la pequeña república de Ginebra, que *la mole de un grande estado se conserva y marcha por sí misma, y que la menor falta en uno pequeño lo arruina.* Al instante eché la vista sobre la historia y encontré que los grandes imperios se han conservado indestructibles a pesar de las muchas guerras y sacudimientos, y que las pequeñas naciones, como Caracas, han sido sumidas en la nada por un conquistador, un mal ciudadano, o un terremoto».[2] Esta verdad, que ha desafiado la prueba de los tiempos, señala su vigencia y continua siendo actual en la peripecia que envuelve a los pueblos. Entre ese ayer y este hoy, a pesar de un siglo y medio en su transcurso, las palabras de Bolívar podrían figurar, por su notable novedad, como titulares de los diarios en nuestros países iberoamericanos.

Y así podríamos proseguir con las referencias y citas de Bolívar, sobre el tema de Rousseau, hasta agotar la constante corriente inductora de su influencia sobre su pensamiento universal que vuelve y se afianza, una y otra vez, sobre la materia en enero y septiembre de 1824; en febrero, abril y mayo de 1825; marzo de 1827 y el 10 de diciembre de 1830, en su testamento en la hacienda San Pedro Alejandrino, en la localidad de Santa Marta, Colombia, cuando apenas un hilo de la vida lo mantenía sobre la tierra.

Pero las fuentes nutricias intelectuales de Bolívar van mucho más lejos del enciclopedista ginebrino del siglo XVIII. El abrevadero filosófico y social, histórico y literario, tiene una latitud universal admirable y su arteria conduce, como un río de diversas geografías, el légamo del pensamiento que, capa por capa superpuesta o en perfecta homogeneidad, va construyendo su personalidad rica en valores.

El inventario de ese ancho delta cultural no comienza ni se agota en un solo canal de expresión; igual que los múltiples brazos de su colosal río patrio, el

Orinoco, desembocan en él los contactos y las luces sapientes de Homero, Platón, Virgilio, Maquiavelo, Plutarco, Julio César, Voltaire, Montesquieu, Helvecio, Diderot, Racine, Humboldt, Milton, Madame Stäel, Cervantes, nombrados, entre muchos otros, en su correspondencia que se extiende del 20 de marzo de 1799 hasta el 11 de diciembre de 1830. Todos y cada uno de ellos modelarán sus enfoques de la sociología política, la historia de los pueblos, la metodología de las instituciones democráticas y autoritarias, la guerra y la paz o simplemente los episodios de la vida con sus polaridades morales del idealismo y su contraparte el utilitarismo materialista. En resumen: El *homo politicus* de la conocida fórmula aristotélica y el Hombre como «el sujeto y el supremo objeto a la vez de toda filosofía»[3] de Miguel de Unamuno.

La gran cuestión que se plantea Bolívar, – igual que los interrogantes que suscitaron perplejidades a otros líderes históricos – es cómo organizar a los pueblos después de que la guerra disparara su último cartucho. Porque establecer la libertad es apenas un punto imprescindible, pero simplemente intermedio, para los fines que esa libertad servirá a los americanos que eclosionan caóticamente luego de conquistada la independencia. Esta segunda tarea es mucho más compleja y requiere de mayor sabiduría que vencer en los campos de batalla de Carabobo, Boyacá, Bomboná, Pichincha, Junín o Ayacucho. Entonces se presentan las distintas opciones para encaminar a las nuevas sociedades resultantes de la descolonización política – aunque en el fondo permanecieran ancladas en el pasado – que requería un estatuto constitucional para esa inédita situación. Es así que el paso del soldado al estadista necesariamente exige otra tabla de valores y la meditación para una estrategia de la sociedad democrática. Con el filósofo inglés John Locke, precursor de la escuela de Rousseau, Bolívar conviene en que «el poder político tiene como fin 'sólo el bien público'; y está mejor disuelto que utilizado como instrumento de absolutismo»[4]. La tesis idealista definía que la «condición natural es condición de igualdad»[5]; apoyada en la premisa de que todos los hombres por naturaleza son libres, iguales e independientes, chocaba irremediablemente con el establecimiento de «un estado de libertad, pero no de libertinaje»[6].

En esa misma línea de desentrañar influencias en el pensamiento de Bolívar, Montesquieu, especialmente con su obra «El Espíritu de las Leyes», tendrá una importante gravitación por sus sólidas concepciones sobre el tema de la libertad que ha preocupado vivamente a generaciones de hombres en todas las épocas. Esa libertad, tan cara para Bolívar y coincidente con el ideólogo de la Ilustración francesa, «es preservada por el equilibrio entre las partes de la constitución de las que él dice que 'una parte encadena a la otra y – agrega con optimismo – así la totalidad se mueve armónicamente'»[7]. Montesquieu, al desarrollar su teoría del equilibrio gubernamental, formula también la doctrina clásica de la triple división de los poderes constitucionales. Allí radica, precisamente, todo el armazón jurídico expuesto en los documentos de Bolívar en los congresos de Angostura el 15 de febrero de 1815; en Rosario de Cúcuta el 29 de septiembre de 1821 y en las líneas maestras de la Constitución para Bolivia en 1826.

Y, volviendo a Rousseau, Bolívar al releer sus páginas advierte, como lo hicieron las mentalidades más vigilantes en los claustros universitarios de Charcas, Buenos Aires, Lima, Bogotá o Caracas, que en aquellos iluminadores escritos estaba la clave, dirigida al hombre común de todo el mundo, incitándolo a la conquista de las libertades.

Bolívar discurría: – Las cadenas, dondequiera que existan, son ilegítimas y deben destruirse sus eslabones.

Esa aplicación universal a un hecho particularmente hispanoamericano, a comienzos del siglo XIX, fue el motor que puso en movimiento a un alud de papeles clandestinos con proclamas y pronunciamientos anti-coloniales que despertaron a los hombres de este Continente. Con la perspectiva actual si fue inútil tanto esfuerzo colectivo es asunto para otro análisis político y socio-económico.

Nada revela mejor el agudo instinto de proyección de Bolívar que sus esfuerzos, – desde el origen mismo de su gran tarea hasta los días finales de la vida – para difundir el pensamiento y obra de sus inquietudes americanistas y la preocupación para ampliar las bases de las adhesiones a escala mundial. Con él recién comienza a preguntarse en Europa, – luego de 300 años de espeso aislamiento en la opinión pública de los pueblos – ¿qué entelequia es Hispanoamérica; qué secretas corrientes estremecen a ese misterioso Continente poblado de españoles, criollos, mestizos e indios en efervescencia revolucionaria? América, entonces, cobra personalidad propia y su vastedad geográfica despierta una inquieta admiración, independientemente del río de plata, las montañas de cacao, las siderales cifras del añil, las piedras preciosas para la joyería europea y los sueños del tabaco que fueron transladados en los galeones de la Madre Patria; todo ello, con poco o ningún retorno para el avance y modernización de sus sociedades dependientes.

Ese hombre, ese caraqueño cosmopolita, Bolívar, que afirmaba que América entera era su patria, por la magnitud de su hazaña, podía reivindicar una ciudadanía universal sin mezquinas fronteras. Y así, luchador por los principios de los derechos del hombre y humanista por formación cultural, se transforma en la conciencia de América luego de tres siglos de vasallaje desde su descubrimiento en 1492, hasta el último disparo en Tumusla, provincia Sud Chichas en el Alto Perú, el 10 de abril de 1825, cuando se cierra el periplo de una libertad que, por ser intrínsecamente una ansiedad del Hombre, automáticamente se convierte en la suerte de la Humanidad.

Para concebir toda esa tarea, de relevancia continental, no solamente era preciso movilizar soldados y recursos materiales, sino, además, exponer la doctrina que acompañaba a los ejércitos y que servía de ariete para enfervorizar a los pueblos. Ese ingrediente dialéctico, sin el cual no podía pretenderse ninguna victoria, fue elaborado con un conjunto de ideas que maduraron lentamente al amparo subrepticio de hombres comprometidos con la autonomía de estas tierras americanas. «Esos pensadores universitarios, o intelectuales autodidactas, ávidos lectores como el propio Bolívar, fomentan y conforman una mentalidad moderna, caldo de cultivo para las ideas políticas de la emancipación»[8], apunta Guillermo Morón un historiador venezolano. Y también, en la gesta libertadora, la función vital de la prensa puso alas al credo bolivariano, para conocimiento del mundo, desde la *Gaceta de Caracas* hasta ese gran documento informativo llamado *Correo del Orinoco*, nacido en el corazón fluvial de la selva venezolana. Esos nobles papeles americanos, escritos e impresos en un territorio libre, llevaban la voz de Bolívar a todos los rincones de la insurgencia.

En su labor de «alfarero de repúblicas», con la greda esencial de imperfectas sociedades estamentarias, sabía Bolívar que «la libertad apareja un extraordinario esfuerzo de educación»[9] sin cuyo auxilio toda tarea carecía de significación por debilidad estructural. ¿Qué hacer con la libertad una vez conquistada? ¿Cómo encaminar a los pueblos por la vía de su propia autoconservación institucional si la libertad, lograda a tan alto precio, servía de instrumento para su propia destrucción? ¿Cuál era el método más idóneo para domar las hirvientes rebeldías y los torrentes de pasión que estremecen a un continente proclive a la anarquía?

La violencia, la inconformidad y las formas primitivas de la psicología social hispanoamericana, mostraban síndromes de descomposición en las dos puntas de esa sociedad desajustada: El equipo de hombres en la dirección de los gobiernos y el pueblo en la base de la pirámide del Estado. En ambos extremos, y como trabajando en tándem, habían factores letales para la conservación y progreso del sistema republicano. Las razones más visibles que dinamizaban ese fenómeno podían ser atribuidas a un conjunto de factores: El individualismo español, – con orgullo de hijodalgo – injertado en América; el aquelarre de criollos y mestizos en una libertad recién conquistada; las tensiones y diferencias sociales sin la amortiguación de una clase media; los ejércitos libertadores transformados en beneficiarios del poder omnímodo; los desequilibrios interraciales por una ausencia de sincronía psicológica; la estratificación de las injusticias; los abrumadores desniveles de riqueza y control de una economía para usufructo de pequeños círculos terratenientes, exportadores y burócratas. Todo este esquema, – admitiendo algunas omisiones en su enumeración – que fue haciéndose más grave con el transcurso del tiempo, tenía que poner en serio peligro a la obra americana de Bolívar.

La solución, – de corte reformista sin tocar las entrañas del problema – para corregir aquellas fracturas de una sociedad estremecida en su estructura colonial, la receta bolivariana recomendaba una terapia idealista de cuádruple acción: a) Instalación de un gobierno paternal y autoritario; b) Un decidido esfuerzo en la educación de los pueblos; c) Elevar el nivel cultural y de preparación de las élites conductoras y d) Auspicio a las actividades de científicos e investigadores para el progreso de la ciencia y la tecnología en un continente inexplorado e ignorante en el aprovechamiento de sus propios recursos naturales.

Pero la clave, el punto prioritario de todo el programa, radicaba en la preparación básica del pueblo aunque esa pedagogía política y social requiriese extensos plazos para advertir sus frutos. Los sinceros y entusiasmados afanes de Bolívar por la educación, la cultura y la ciencia aplicada, admiran y conmueven por su apasionado empeño en «redondear» una independencia que no era tal, si solamente se daba en el terreno de las armas y los triunfos militares. Ya lo había comprobado, y por eso tenía una amarga experiencia, que los soldados podían arrebatarle a España su imperio en las Indias Occidentales y crear «repúblicas aéreas» si ellas no venían acompañadas de un mínima planificación política y social que pusiera en marcha, con realismo y coherentemente, a esos estados náufragos de la colonia y sobrevivientes de tres siglos de mandato ibérico.

En aquella resolución bolivariana de poner especial énfasis en el binomio «libertad y cultura», lo que equivale a decir, ejercicio del libre albedrío y cultivo del espíritu, se propone redactar – ¡ El hombre de la «guerra a muerte» y la gloria! –, unas reglas pedagógicas para la buena formación escolar de su sobrino Fernando Bolívar y que por extensión constituye su pensamiento sobre la materia para todos los colegios de las naciones independizadas por la acción revolucionaria. Ese «boceto metodológico»[10] – como lo define el ilustre historiador Dr. José Luis Salcedo-Bastardo – descubriría los más íntimos recodos de cómo estaba organizada su mente y la comprensión que tenía sobre los problemas de la educación en aquellos tiempos de profundos sobresaltos y montoneras, aún no aquietadas, en sus últimos enfrentamientos contra los realistas.

Como si se tratara de un nuevo texto, el «Emilio» de Rousseau en el que Bolívar bebió sus enseñanzas transmitidas por los maestros Simón Rodríguez y Andrés Bello, ahora, propone algunas normas y programas para la educación de los jóvenes, cuyos principales puntos pueden resumirse así:

– «La geografía y cosmografía debe ser de los primeros conocimientos que haya de adquirir un jóven».

– «La Historia, a semejanza de los idiomas, debe principiarse a aprender por la contemporánea, para ir remontando por grados hasta llegar a los tiempos de la fábula».
– «Jamás es demasiado temprano para el conocimiento de las ciencias exactas, porque ellas nos enseñan el análisis en todo, pasando de lo conocido a lo desconocido, y por ese medio aprendemos a pensar y a raciocinar con lógica. (...) Mas debe tenerse presente la capacidad del alummo para el cálculo, pues no todos son igualmente aptos para las matemáticas».
– «Generalmente todos pueden aprender la geometría y comprenderla; pero no sucede lo mismo con el álgebra y el cálculo integral y diferencial».
– «La estadística es un estudio necesario en los tiempos que atravesamos, y deseo que la aprenda mi sobrino».
– «Con preferencia se le instruirá en la mecánica y la ciencia del ingeniero civil, pero no contra su voluntad, si no tiene inclinación a esos estudios».
– «La música no es preciso que la aprenda, sino en el caso que tenga pasión por ese arte; pero sí debe poseer aunque sea rudimentos de dibujo lineal, de la astronomía, química y botánica, profundizando más o menos en esas ciencias según su inclinación o gusto por algunas de ellas».
– «Siendo muy difícil apreciar donde termina el arte y principia la ciencia, si su inclinación lo decide a aprender algún arte ú oficio yo lo celebraría, pues abundan entre nosotros médicos y abogados, pero nos faltan buenos mecánicos y agricultores que son los que el país necesita para adelantar en prosperidad y bienestar».[11]
Este último punto, de una actualidad impresionante en todas las repúblicas hispanoamericanas, y particularmente en Bolivia, demuestra elocuentemente la orientación de Bolívar en preparar ciudadanos útiles en aquella etapa y cómo organizar repúblicas, superando un atraso abismal heredado, en un continente que ya no era tan flamante ni niño cuando él cabalgaba sobre el espinazo de los Andes.
En este capítulo, para lanzar a las gestantes repúblicas por la ruta de una educación académica o técnica sin trabas, sin limitaciones ni prejuicios religiosos medievales sujetos a programas observados con lente inquisitorial, «Bolívar, – como anota brillantemente Salcedo-Bastardo en su libro «Bolívar: Un Continente y un Destino» – está consciente de que la existencia colectiva depende de la educación; sin ésta no hay historia, ni fisionomía nacional que se mantenga a través de los tiempos. La escuela, según él, es la piedra de toque para la apreciación de una sociedad, crisol de la patria. ‹No puede ser buen ciudadano ni hombre honrado el que olvidando que su familia pertenece más a la Patria que a sí misma, descuida la educación de sus hijos›. En su programa de gobierno el apoyo, fomento y estímulo total a la educación, figura en sitio dominante. Ante el Congreso de Angostura no titubea: ‹La

educación popular debe ser el cuidado primogénito del amor paternal del Congreso›; en Bolivia repite seis años después: ‹El primer deber del gobierno es dar educación al pueblo. (...) La salud de una república depende de la moral que por la educación adquieren los ciudadanos en la infancia›.
«El plan de las Escuelas Mutuas de Joseph Lancaster fue escogido por Bolívar – prosigue la cita de Salcedo-Bastardo – para la instrucción primaria». Este sistema, que permitía a un maestro dirigir, mediante la colaboración de los estudiantes más avanzados, hasta un millar de niños, era sin duda el más recomendable para la realidad americana, donde no había personal capacitado y eran mínimos los recursos financieros. Ninguna vía mejor para obtener el máximo rendimiento de los muy pocos maestros que poseía Colombia. (...) Más tarde, Bolívar reafirmará esa misma fe, declarando: ‹Yo he hecho establecer el sistema lancasteriano en toda Colombia y eso sólo hará a las generaciones venideras muy superior a la presente›. El 31 de enero de 1825 decretó en el Perú el establecimiento en cada capital de Departamento de una Escuela Normal lancasteriana. Justamente en la decidida protección a tal sistema educativo, debe verse una prueba más de la organicidad de la concepción revolucionaria bolivariana.
«Son por demás abundantes los testimonios de las medidas concretas que en pro de la educación dicta Bolívar. Más de cuarenta decretos y resoluciones, dictadas en los lugares más distintos, en el curso de un decenio tremendo se refieren a las facetas todas de tan vasta y compleja problemática. Esos diez años de esfuerzo educacional corren del 17 de septiembre de 1819 – cuando en Bogotá dispone crear una escuela para huérfanos, expósitos, o pobres a los cuales la República debía de sostener y educar –, hasta el 5 de diciembre de 1829 – fecha del nuevo plan de estudios promulgado en Popayán –. En su inicial decreto sobre esta materia, el primer considerando contiene el germen de una doctrina, suerte de idea matriz para su carrera: ‹La educación e instrucción pública son el principio más seguro de la felicidad general y la más sólida base de la libertad de los pueblos›», dirá con indiscutible razón.
Cuando atravesaba el Perú, con don Simón Rodríguez en su séquito, concretamente en 1825 – que fue el año más notable en estos afanes culturales –, toca los temas pedagógicos más distintos. Importantes decretos dicta en Chuquisaca: han de aplicarse todas las obras pías a la enseñanze pública; en cada capital departamental se establecerá una escuela primaria para niños de uno y otro sexo; en la propia ciudad andina habrá un colegio de ciencias y artes; además una escuela militar, y su colegio seminario será para ordenados de toda la República»[12].
La universalidad de Bolívar tiene relación con sus estrechos contactos con los coetáneos hombres de pensamiento; a su epopeya libertadora seguida con interés en todo el mundo, y las lecturas de las principales fuentes clásicas que

le dieron una visión sincrética de la cultura y la ciencia. La amistad y entusiasmo que expresó al trabar una duradera relación con el sabio alemán Alejandro de Humboldt, ese extraordinario «científico de la naturaleza», autor de densos 30 volúmenes de sus «Viajes a las regiones equinoxiales del Nuevo Mundo», estimularon la imaginación y el respeto de Bolívar por la sistematización de los estudios que colocaban a la América como sujeto de la más grande aventura del pensamiento en toda su historia desde el descubrimiento a la colonia.

Su encuentro con Humboldt en París, el año 1804, – todavía un jóven en agraz con sus alados 21 años – cimentará un puente muy sólido entre el futuro Libertador y el científico alemán que puso a las tierras americanas en la vitrina europea de la admiración por ese mundo conocido muy vagamente y envuelto en leyendas. Muchos años después, el 22 de octubre de 1823, diría en una carta que Humboldt, a través de su labor investigadora «ha hecho más bien a la América que todos los conquistadores»[13] reunidos, entre ellos, señalaríamos, a la pareja de más celebridad: Cortés y Pizarro que no aportaron nada a excepción de lágrimas, dolores y muerte.

En aquella misma tesitura se inscribe su vinculación personal con el botánico francés Aimé Bonpland que delimitó una geografía vegetal en tierras hispanoamericanas. El binomio Humboldt-Bonpland, ligados en un afán investigador, contó con el apoyo incondicional de Bolívar que advertía que la libertad de las colonias, en el Nuevo Mundo, se podía dar tanto en el campo de las insurgencias revolucionarias como en una revolución de la inteligencia al servicio de sus indescubiertas potencialidades.

Así, Bolívar, demostró sin egoísmos localistas ni incipientes nacionalismos recelosos, que era posible abrir el Continente a la inquietud científica para conocer sus realidades físicas y espirituales. Nada más cierto en ese siglo de primiciales luces, de tanteos y exámenes de un Continente cerrado a la curiosidad de sus potencialidades, que la adhesión de Bolívar a todo cuanto significara la presencia de América en un mundo que estaba ingresando a una rápida expansión y a un inventario de posibilidades inéditas.

Pensando en Bolivia, – la nación que tomó su preclaro nombre – Bolívar, el 12 de junio de 1826, le escribe a Antonio José de Sucre, Presidente de la flamante República, que atienda y facilite los trabajos de investigación del señor Joseph Barclay Pentland, un inglés especializado en historia natural. Bolívar dirá al Mariscal de Ayacucho: «El señor Pentland que está al partir para Bolivia pondrá esta carta en manos de Ud. Los vastos conocimientos de este caballero, en casi todos los ramos de la historia natural, unidos a su buen carácter y a los deseos que tiene de ser útil a ese país por medio de sus viajes y descubrimientos, me imponen el agradable deber de recomendarlo a Ud., muy particularmente. El señor Pentland ha vivido por algunos años con el célebre Cuvier y ha participado de sus trabajos. Además es el amigo del Ilustre Humboldt lo que ciertamente yo espero, mi querido general, que Ud., tratará a este señor, con toda aquella atención que él merece y que Ud., tomará el mayor interés en que el señor Pentland realice el objeto de su viaje, que es el de hacer descubrimientos en un país que aún no es conocido en el mundo científico. Ud., puede aprovechar esta favorable ocasión para obtener del señor Pentland todos aquellos informes que desée con respecto a las minas y otros objetos, seguro de que éste caballero se complacerá en darlos siendo sus miras puramente científicas».[14] La misión de estudio del señor Pentland se tradujo en un importante «Informe sobre Bolivia» de 200 carillas, entregada al señor C. M. Ricketts, Cónsul General para el Perú de su Majestad Británica, en mayo de 1827. El señor Pentland, – a decir del Ing. Jack Aitken Soux, traductor y prologuista del libro publicado en Potosí en 1975 – «durante el transcurso de su viaje por Bolivia . . . estudia el país, determinando alturas y posiciones geográficas, observando a sus habitantes, analizando la producción de sus minas y sus manufacturas, criticando el comercio interior y exterior, la calidad de sus habitantes y la de sus Gobernadores, sus instituciones religiosas y militares, la historia antigua (. . .)». Reune una «colección de papas de Cotaña, al sur del Illimani y estudia la flora silvestre». Más adelante, en el prefacio de referencia, se puntualiza que el señor Pentland realizó un «estudio sobre el lago Titicaca (que) fue publicado por el Almirantazgo Británico en 1847»[15].

Y ese hombre, de apellido Bolívar, con campañas fulgurantes en el Caribe y los Andes, «guerrero insomne» – como lo definiría el escritor colombiano Germán Arciniegas – preocupado substancialmente por la educación, la cultura y la ciencia en su gran patria americana, traía en sus alforjas la «Campaña Admirable», iniciada en 1812; el decreto de la «Guerra a Muerte», suscrito en Trujillo el 15 de junio de 1813; el paso de los Andes por las cumbres de Pisba, el 5 de julio de 1819; el triunfo de Boyacá, el 7 de agosto de 1819; la batalla estelar en los llanos de Carabobo, el 24 de junio de 1821; la agotadora y difícil victoria de Bomboná, el 7 de abril de 1822; la entrevista con el gran general platense José de San Martín en Guayaquil, el 26 y 27 de julio de 1822; su ingreso a Lima, el 2 de septiembre de 1823; el triunfo de Junín, el 6 de agosto de 1824; la creación de Bolivia, el 6 de agosto de 1825; la Carta Magna para una naciente República con su nombre, en mayo de 1826, y, a toda esa cruzada de guerra y paz, los papeles trascendentales conteniendo la dialéctica del Nuevo Mundo del por qué de tantos afanes y sacrificios en pro de la independencia política y la descolonización de estas tierras empeñadas en destruir la dependencia feudal. Esos papeles, que fueron sembrados en América como una semilla para instrumentar una organización política, social y económica, también tienen sus nombres insignes y marcan los capítulos de una doctrina e ideología para los americanos: «El Manifiesto de Cartagena» del 15 de diciembre de 1812, el primero de sus documentos capitales; el «Manifiesto de Carúpano» del 7 de septiembre de 1814, para explicar el colapso de la República; la célebre «Carta de Jamaica» del 6 de septiembre de 1815, donde expone su irrefutable cosmovisión del Continente en sus tres tiempos históricos: pasado, presente y porvenir. Los papeles del Congreso de Angostura del 15 de febrero de 1819, que sintetiza su ideario político cuando reinstala la República «en su tercera y definitiva tentativa»[16]. Y para los bolivianos, – cerrando el círculo de los documentos trascendentales para la vida y destino de las repúblicas bolivarianas, sin excluir, por supuesto, a los patéticos papeles finales de la Convención de Ocaña del 29 de febrero de 1828 y el Mensaje al Congreso de Colombia del 30 de enero de 1830 – su comunicación al Congreso Constituyente de Bolivia, del 25 de mayo de 1826, remitiendo el proyecto de Carta Magna que instrumentaría un cuerpo de pautas políticas y sociales de relevante importancia para su inicial encaminamiento. Dicho mensaje refleja en Bolívar su intuición y conocimiento del alma de un pueblo cuando responde a su propia interrogante: «¿Qué quiere decir Bolivia? Un amor desenfrenado de libertad, que al recibirla vuestro arrobo, no vió nada que fuera igual a su valor»[17].

Su vida es una suma de banderas, espadas, papeles y pedagogías en trance de materializar repúblicas y estructuras sólidas para que el viento no se las lleve. La literatura y estilo de aquellos documentos tienen un sabor y un espíritu inéditos en las letras americanas de las primeras décadas del siglo XIX. Un vendaval épico recorre sus páginas con un lenguaje que el castellano aún no había registrado. Se trata de una sintaxis figurada y personal con fuertes inclinaciones a un barroquismo criollo inspirado en su propia realidad insurgente y con adiciones de literaturas revolucionarias europeas y norteamericanas.

En la vasta trama de la existencia de Bolívar, son muy pocos los estudios que indagan sobre la calidad y el estilo de sus torrenciales escritos que evolucionan dramáticamente desde su primera carta conocida, que data del 20 de marzo de 1799, hasta su última misiva del 11 de diciembre de 1830, cuando se encontraba en San Pedro Alejandrino en el tramo final de la vida, a pocos pasos de la cita con la muerte.

En sus cartas, discursos y proclamas se observa, como en un gran bastidor de su periplo humano, el desarrollo de su lenguaje y el proceso e influencia cultural que han dejado en él las lecturas de los autores clásicos y contemporáneos. La erudición de sus citas y el trasplante de ellas a diversas situaciones que desea ilustrar, van refinando sus escritos y enriqueciendo el horizonte conceptual de un hombre que se sentía – insólitamente – muy poco militar y mucho más pensador cuando afirmaba en Lima, agosto de 1826: «El amor a la libertad me ha forzado a seguir un oficio contrario a todos mis sentimientos»[18].

De substancias hispanoamericanas, – y como una síntesis de abisales geografías y el caos en busca de una costosa armonía civilizadora – se nutrió Bolívar para dar forma y color a un espíritu y estilo en los documentos de la autonomía y la libertad. En aquellos afanes generosos que se empinan sobre los intereses minúsculos del hombre, – sin metas para heredar la conducción egoísta de los pueblos ni congelar el sistema Colonial a nombre de una retumbante República de meras palabras – fue preciso realizar una alquimia de la realidad y la magia americana para entender y organizar su destino.

El nombre de Bolívar pertenece a este Continente como sus inmensos ríos, el vértice de sus gigantescas montañas y la toponimia que nos habla en susurro – con su lenguaje arcaico – de aquellas viejas culturas nativas, de aquellos remotos pueblos que constituyen el pasado precolombino de esta América que se agita en temblores del *querer ser* sin lograr aún un lugar eminente en el mundo. Bolívar, por sobre todas las cosas, ansiaba establecer una identidad del sujeto americano como punto de partida para su trascendencia; un equilibrio y armonía de sus hombres con la naturaleza indomada. El sabía, por experiencia e intuición, que todo se da y todo es posible en América: La perfección y el idealismo en contraposición con la traición y la infamia; la humildad de la grandeza y la arrogancia de la mediocridad; la honradez intelectual, para con los pueblos, y la falsificación más grosera de los negociantes en baratijas. Conocía, como un artista plástico, los materiales con los que tenía que realizar su obra y muchos de sus hombres, militares y civiles, demostraron un amor a la verdad y un caudal inagotable para revertir en serio la suerte de los pueblos en un instante de cambio. Por otro lado, en las legiones de hombres que marcharon a su vera, también estaban presentes aquellos que hicieron de la Independencia una reverberante bisutería falsa y utilitaria. Siempre luchó en un campo basculante entre el espejismo y la realidad: El Quijote y Sancho.

Y en ese rostro bifronte de América, – Jano con mirada en direcciones opuestas – Bolívar constituye la puerta hacia el porvenir que cierra una tricentenaria etapa del pasado. Así, con él la libertad y descolonización tienen un lenguaje escrito que modificó los sacramentales moldes de una literatura criolla, hispanoamericana, por su verbo y las motivaciones temáticas que se universalizaron en su mensaje.

He ahí, que nos encontramos con un Bolívar inédito en su peripecia; el ser humano como escritor, como artífice de una literatura heroíca, panfletaria y estimulante para los novísimos rumbos de una América insurgente y necesitada de un estilo revolucionario, a tono con los vientos del tiempo, que dejará atrás las enmohecidas páginas, lacrimosas y dolientes, evangélicas y pro-virreinales, del siglo XIX en las ex dependencias de las Indias Occidentales.

Bolívar, en sus cartas y proclamas, es un cronista de una época intrépida que con sus palabras enriquece la arquitectura del idioma y le da nuevos y briosos acentos de una tersura admirable. El lenguaje escrito sufre una vibrante transformación que enaltece las páginas de las primeras literaturas republicanas de su tiempo. Los viejos y nobles odres de Castilla se recubren, en una América criolla-indo-mestiza, con los aportes de una cultura sintáctica y estilística que galvanizan las letras con inéditas figuras y sabores estéticos nativos. Frente a las cumbres españolas de los Pirineos se alzan las cimas de los Andes y frente al Duero, de breve aliento, el Orinoco bolivariano un mar de aguas germinales de la libertad.

Científicos, investigadores, pedagogos y eruditos, todos a la sombra de una libertad creadora impulsada por Bolívar que se apresuraba, – en busca del tiempo perdido – a establecer los fundamentos de una sociedad moderna que superara la superstición, la injusticia, el privilegio y la opresión intelectual en beneficio de lo que llamó Voltaire «el código de la razón y la libertad». Tamaña empresa, de un idealismo democrático-burgués que reemplazara la institución del despotismo monárquico en las colonias de España en América, tuvo un planteamiento teórico correcto y un efímero resultado práctico a la luz de un entusiasmo revolucionario por la autonomía. Lo que Bolívar no podía prever era que los caudillos militares, en colaboración con grupos civiles con mentalidad colonial y adictos a un orden político, social y económico que favoreciera sus intereses, impidieron tenazmente el desarrollo de nuevos conceptos para el progreso de los pueblos. Ellos heredaron las repúblicas dejando intactas las viejas estructuras feudales españolas.

En aquella dialética de contraposiciones, – modernización con liberalismo versus despotismo analfabeto post-colonial América se debatió, y aún persiste el anacronismo, en esporádicos espasmos por encontrar un destino que siga las normas soñadas por Bolívar en un Hemisferio caracterizado por las frustraciones y los anhelos insatisfechos de sus pueblos que han superado la postura orante por la libertad, el progreso y la dignidad del hombre.

Entre Ruy Díaz de Vivar, el Cid Campeador, y el Comandante de esclavos y libertos, Espartaco, – mencionados ambos por Bolívar en 1823 y 1819 respectivamente – se mueve el Libertador como heredero de un fuego que no agota su combustible y que va renovando su llama a medida que los pueblos invocan su nombre para el combate por la libertad y la unificación.

Y así viene Bolívar, a dos siglos de su natalicio en Caracas, con muchedumbres de hombres que se levantan desde el polvo de los tiempos para mostrarnos la ruta correcta que conduce a la cima de las aspiraciones humanas. Con él, inventariando algunos pocos nombres que figuran en su monumental correspondencia, vienen en manifestación multitudinaria los nombres de sus maestros Simón Rodríguez, Andrés Bello y el Padre Andújar; sus inspiradores Rousseau, Voltaire, Diderot y Plutarco; los adelantados de la libertad, Túpac Amaru y el Padre Las Casas con sus legiones de indios soñando con un mundo mejor.

Sin academicismos aislados de los pueblos y con fragmentos de un poema de Neruda, digamos para Bolívar, como en una oración cívica, unas palabras finales que expresan su dimensión americana y universal:

> Padre nuestro que estás en la tierra,
> en el agua, en el aire
> de toda nuestra extensa latitud silenciosa,
> todo lleva tu nombre, padre, en nuestra morada:
> tu apellido la caña levanta a la dulzura,
> el estaño bolívar tiene un fulgor bolívar,
> el pájaro bolívar sobre el volcán bolívar,
> la patata, el salitre, las sombras especiales,
> las corrientes, las vetas de fosfórica piedra,
> todo lo nuestro viene de tu vida apagada:
> tu herencia fueron ríos, llanuras,
> campanarios:
> tu herencia es el pan de cada día,
> padre.
>
> Bolívar, capitán, se divisa tu rostro.
> Otra vez entre pólvora y humo tu espada está naciendo.
> Otra vez tu bandera con sangre se ha bordado.
> Los malvados atacan tu semilla de nuevo:
> clavado en otra cruz está el hijo del hombre.

1 Simón Bolívar: *Obras Completas*, Vol. I. Compilación y notas de Vicente Lecuna, con la colaboración de Esther Barret de Nazaris. Editorial Lex, La Habana, 1947, pág. 565.
2 Op. cit., pág. 708.
3 Jacinto Grau: «Unamuno y la España de su Tiempo». *Cuadernos de la Cultura Española,* Vol. 12, Talleres Gráficos Araujo, Buenos Aires, 1943, pág. 33.
4 George Gordon Catlin: *Historia de los Filósofos Políticos*, Ediciones Peuser, Buenos Aires, 1946, pág. 316.
5 Op. cit., pág. 331.
6 Op. cit., pág. 316.
7 Op. cit., pág. 328.
8 Guillermo Morón: *Breve Historia de Venezuela*, Espasa-Calpe, S. A. Madrid, 1979, pág. 166.
9 J. L. Salcedo-Bastardo: *Bolívar: Un continente y un destino*, Ediciones de la Biblioteca Universidad Central de Venezuela, Caracas, 1977, pág. 134.
10 Op. cit., pág. 240.
11 Simón Bolívar: *Obras Completas*, Vol. II. Compilación y notas de Vicente Lecuna, con la colaboración de Esther Barret de Nazaris. Editorial Lex, La Habana, 1947, págs. 1295–1296.
12 J. L. Salcedo-Bastardo: *Bolívar: Un continente y un destino*, Ediciones de la Biblioteca Universidad Central de Venezuela, Caracas, 1977, págs. 237 ss.
13 Simón Bolívar: *Obras Completas*, Vol. I. Compilación y notas de Vicente Lecuna y Esther Barret de Nazaris, Editorial Lex, La Habana, 1947, pág. 820.
14 Joseph Barclay Pentland: *Informe sobre Bolivia*, Editorial «Potosí», Colección de la Cultura Boliviana, Vol. XIII, Potosí, 1975, pág. XXV.
15 Op. cit., págs. XXI y ss.
16 Simón Bolívar: *Siete Documentos Esenciales*. Introducción y Subtítulos de J. L. Salcedo-Bastardo, Edición de la Presidencia de la República, Caracas, 1973, pág. 14.
17 Simón Bolívar: *Obras Completas*, Vol. II, pág. 1228.
18 Op. cit., Vol. I, pág. 1417.

John V. Lombardi

The Social Order of Venezuela: Property, Society, and Authority in Times of Bolívar 1750–1850

Introduction

Within the century of transition from 1750 to 1850, Spanish America moved from a colonial dependency of Spain to a politically independent participant in the expanding Atlantic world economy. While the external dimensions of this process have been extensively studied and debated and the political reorganizations of the Spanish American regions have received considerable attention, we have achieved a much less developed synthetic understanding of the internal readjustments required by Spanish American independence. To be sure, a number of excellent studies exist on many significant events, important processes, and key individuals. But this literature, especially comprehensive on the last years of the colonial period and the turmoil of independence, has not yet led to the continental synthesis that would make the dynamic of the century of transition clearly understood.[1]

For those of us interested in Venezuela, the century of transition presents an impressive panorama of change, readjustment, political inventiveness, and violence; many developments that took centuries elsewhere in the Americas happened in Venezuela in the span of a few generations. These events, from the creation of the Caracas Company in 1728 through the invention of the country's institutional structure symbolized by the establishment of the Captaincy General of Venezuela in 1776 to the heroic and violent decades between 1810 and 1830 of independence and the reconstruction afterwards, offer a striking example of the rapidity of change in politics, economy, and society.[2]

Even more impressive than the change accomplished during those years, however, is the stability of the social and local economic structures that, in the end, provided this place called Venezuela with its enduring character and organizational integrity. To appreciate the strength of this society that managed to survive the independence wars with its fundamental structure intact, it may be helpful to examine the nature of the threats confronted by the dominant elites during the independence years and speculate on their strategies of survival.

In this bicentennial year, it should come as no surprise to see the figure of Simón Bolívar as the surrogate for the dominant elite of Venezuelan independence. This derives not only from the ceremonial requirements of the year but also from the tremendous volume of writings – letters, decrees, and other documents – that articulate so well the elite understanding of the challenges and the possible responses that formed part of the independence epoch.[3]

Property, Society, Authority

«...sin estabilidad todo principio político se corrompe y termina siempre por destruirse. ...si hay alguna violencia justa, es aquella que se emplea en hacer a los hombres buenos y por consiguiente, felices; y no hay libertad legítima sino cuando ésta se dirige a honrar la humanidad, y a perfeccionarle su suerte. Todo lo demás es de pura ilusión, y quizá de una ilusión perniciosa.» (Bolívar to Guillermo White, San Cristóbal, mayo 26 de 1820, *Cartas*, II, 340–41).

Property, society, and authority: these are the principal rubrics that categorize the challenges of independence. Within each of these categories, the old internal order, priorities, and privileges had to contend with major threats, and in the resolution of those threats Venezuela determined the character and stability of its social, political, and economic order for the period of over a century after the end of independence.

Property, of course, constitutes the basic stuff of organized society, and it takes no sophisticated understanding of human relations to know that man's relationship to property, and especially to the means of distributing, validating, and protecting property, defines many social hierarchies. Venezuela, like the rest of Spanish America, came to independence with a solid, well developed system of property rights inherited from the Spanish imperial system of which it formed a part. The independence wars, with their political and ideological concomitants, required a host of measures that threatened the integrity of this system of property. Whether in the form of confiscations, quasi-legal penalties, outright pillage, or forced contributions, the combatants in the Venezuelan independence wars found compelling reasons to violate the cherished sanctity of property. The trick, of course, was to do enough to win the war, but not enough to destroy the stability and legitimacy of personal property after the war.[4]

Society, too, suffered a tremendous shock in the course of the independence wars. The traditional categories of race and class, already fragile by the end of the 18th century, failed to withstand the onslaught of war-time necessity. Subtle distinctions of race disappeared with the need for soldiers, carefully drawn class boundaries faded with the destruction of elite families, and the clear connection between race, class, and property symbolized by slavery became broken with the acceptance of the eventual demise of chattel slavery. But these threats to the social order were met by a resourceful elite whose management of social structure and whose inventiveness proved adequate to the task of containing these socially explosive threats within relatively narrow boundaries. The result, after the wars, was a society less specifically rigid perhaps, but no less structured and hierarchical than before. This result represents a major achievement of the Venezuelan elite, one well worth extended attention.[5]

Authority and legitimacy represent the general agreement of a people to accept a process for the resolution of internal conflicts within their society. Authority represents the power to resolve those conflicts and legitimacy represents the acceptance by the people of the exercise of authority. For colonial Venezuela, authority and legitimacy posed no particular problems, the Spanish monarchy provided the legitimacy and delegated the authority by which individual disputes could be settled. Although authority might be abused, the legitimacy of that authority remained, for the most part, above question. Independence, however, required that Spanish authority be discredited by bringing its legitimacy into doubt. Unfortunately, while the independence generation proved able to discredit the old, they found it difficult to accredit the new authority and even harder to imbue it with the necessary legitimacy.[6]

These threats to the social order that was and is Venezuela must not be considered in isolation from the context of Venezuelan society. This country, whatever other difficulty we may have in describing the essence of its nationality, entered the independence era with a cultural heritage expressed through language and complex family relationships, a heritage that gave meaning and cohesion to the responses the elite provided to these threats. Venezuelans, whether Simón Bolívar, Santiago Mariño, or José Antonio Páez, had a world view, a sense of their own identity within the western world, and a vision of how they wanted to become part of that world. They responded to the independence era threats to property, society, and authority in terms of their understanding of this context. Throughout the effort to create their place within the western world, the Venezuelan elites sustained the stability of these three major social characteristics in spite of the disruption of the independence wars and the subsequent stress of a politically independent existence.

The colonial construct

Although this is not the place for an extended discussion of Venezuela's colonial past, some elements of the colonial achievement have a direct bearing on our understanding of the independence generation.

This place we call Venezuela came into existence as a coherent and identifiable place during the course of the eighteenth century. Composed of several clearly defined geographic regions, the Venezuela of independence was a product of conscious and careful design. The managers of the Spanish empire in America rarely saw Venezuela as a main event, but rather as an auxiliary contributor to a grand design for the Caribbean, focused on Mexico and Cuba and preoccupied with the defense of the Spanish lake. Venezuela, a prosperous agricultural colony situated on the track of the Spanish fleet and strategically located at the entrance to the Caribbean, seemed ideal to anchor that southeastern portion of the continental arc that defined the Spanish Caribbean. To this end, the natural Venezuelan entry points of Orinoco and Maracaibo were closed as too difficult to defend against pirates, and the region's commerce and government became focused on the central city of Caracas and its indifferent port, La Guaira.[7]

Without this sense of the strategic place of the Venezuelan coast in the Caribbean, the emergence of a country focused on Caracas as the central city, makes little geographic sense. Many other cities could claim a better geography for trade or agriculture, and the caraqueño presumption of supremacy could only have prevailed with the help of Spanish bureaucrats who implanted a Captaincy General, an Audiencia, a Consulado, a Bishopric, and later an Archbishopric, each with its main office in Caracas. Equally significant, the entrepreneurial energy of the Caracas Company, that Basque monopoly that reorganized Venezuela's internal commerce and external trade during the middle eighteenth century, provided the region with an economic focus. The Caracas Company, as its name implies, functioned from headquarters in Caracas and La Guaira, and gave a firm commercial basis to the subsequent creation of administrative, judicial, and ecclesiastical institutions also centered on the central city.[8]

Thus, by the time of independence, Venezuela as an identifiable entity clearly existed as a Caracas-centered administrative unit of the Spanish empire. While regional centers such as those in the Andes, Coro or Maracaibo, the Llanos, or the Eastern regions of Barcelona and Cumaná maintained their separate identities well past independence, the coherence of the Caracas-based system that is Venezuela only gained strength from the stress and conflict of independence. Venezuela, it would appear, emerged from the eighteenth century with a structure that all the violence and turmoil of the nineteenth century only strengthened.[9]

The principal tangible element of this colonial heritage, over and above a common understanding about property, society, and authority, consisted of the urban artifact, a physical and ideological construct visible as a network of towns and cities linked by bureaucracy, tradition, commerce, Church, and family, to the complex of institutions (or perhaps more clearly put, to the power) of the central city of Caracas. Moreover, Caracas not only linked the towns and cities of the region into a network that was Venezuela, it also served as the intermediary connection between Venezuela and the rest of the world. It was by virtue of this connective function, which only Caracas could perform, that the urban system and the central city itself had the power to maintain and implement the elite's understanding of what would be meant by property, society, and authority in the politically independent Venezuela of the nineteenth and twentieth centuries.

With this background, then, it becomes possible to sketch some of the dimensions of a study of the three major issues of the independence era, property, society, and authority. But given the complexity of these issues, this essay will address only the second, society, the first topic on property having been reviewed in a previous discussion and leaving for later a consideration of the interaction of property, society, and authority.

Society

If independence placed property at risk, at least the threat had a real, tangible manifestation in the land, houses, cattle, cacao trees, and possessions of Venezuela's residents. But the independence era threats to society came in many forms, some easily visible such as the challenge to chattel slavery, but others practically invisible in the dissolution of formal caste distinctions and the blurring of social boundaries. Yet for all the imprecision these events cause the historian, contemporaries had few doubts about the danger or direction of social change, either before, during, or after the independence wars.

Part of the imprecision of this analysis comes from the difficulty of identifying the colonial baseline from which change might be measured. Many scholars have discussed the nature of race, class, and caste in the Spanish American context, and while each has contributed much to our understanding, the varying perspectives still do not converge on a common explanation of the precise definitions and limits of Hispanic social space and practice. To be sure, such agreement may well be impossible since regional variations apparently encompassed a wide range of behavior, but for the purposes of this discussion some synthetic hypothesis may serve an analytical purpose, at least for that place we now call Venezuela.

Society, of course, is a multi-dimensional, dynamic phenomenon; a structure experienced differently by various participants. Distinctions important to one group, can become invisible to another; social grievances that outrage the upper class may appear trivial to the lower class. The classification of a society for the purposes of analysis must, by definition, be an artificial invention of the historian since no individual could possibly have experienced social reality as we describe it.

Venezuelan society in the last decades of the colonial period had, as do most human societies, rich and poor, respected and despised, powerful and weak. Each individual lived in accord with goals and aspirations established by culture, tradition, family, experience, and possibilities. While it is difficult to identify these goals with precision, especially for the weak and poor who wrote little about their pursuit of the good life, we can guess from their behavior that they, like their more prosperous neighbors, sought as much of the material goods of society as possible, and as much prestige and status as the possession of those goods could achieve.[10]

Some might argue that the achievement of prestige and status represented greater and more important goals that the mere acquisition of material goods, and perhaps that is so. But if behavior is any guide, Spanish Americans in Venezuela demonstrated remarkable consistency in the pursuit, acquisition, and retention of material goods. In this pursuit of wealth, Venezuelans applied every advantage derived from status and prestige. Apparently prestige and position without material advantage interested but few of Venezuela's inhabitants, while many sought positions and prestige that once achieved opened opportunities for substantial material gain.[11]

Social Categories

What then, are the social categories of interest? Some are quite easy to identify. Slaves, Negro slaves in this context, represented a clearly defined human category not because slavery represented a definable life style or even a clearly understood measure of personal freedom but because slavery represented property rights, and as such, had to be clearly defined so those rights could be bought, sold, transferred, or in rare cases, ceded to the slave.[12]

Closely allied to the categories of slave and free are those attached to race. White, Indian, Negro: the primary colors of America became mixed in many combinations to produce racial tints difficult to distinguish. Yet Spanish Americans, and in this case Venezuelans, maintained a complex set of distinctions based on the presumed distance from a white stereotype. In theory, of course, the scale of value associated with race appeared clear cut. White was good, black was bad, and Indian somewhat better than black, but not much. Unfortunately for the neatness of it all, intermarriage and miscegenation without benefit of clergy so mixed these colors that distinctions became difficult to sustain, and Venezuelans, like most Spanish Americans, found it impossible to implement an exclusion rule such as developed in what is now the United States.

The consequence of all this was a flexible perception of race and color that defies neat social scientific classification. Parish priests tried hard to keep their books straight, putting blacks, whites, Indians and the mixtures into their appropriate place. Unfortunately, the system broke down under the strain, and by the end of the eighteenth century Venezuelans found it impossible to distinguish reliably more than three main racial groups: whites, pardos, slaves. In some regions, Indians and mestizos may have been recognizable subgroups, especially in the lower llanos or substantial parts of the Andes, but in the central part of Venezuela where the impact of independence seemed greatest these three categories defined the racial problem.

Complicating even these broad categories, slavery, while ostensibly racial in nature, included under its rubric all kinds and colors of black people, from those who might be classified as true Negroes to others who were clearly pardos or lighter still. The demise of slavery in the course of the century of transition left Venezuela with only two racial classes, whites and pardos.[13]

But the racial dilemma of Venezuela expressed only one part of the social problem. Venezuelans distinguished themselves by all kinds of other categories. Whites saw important distinctions between Basques, Creoles, Castillians, Canarios. Creoles thought *corianos* much different from *orientales* who had social dimensions distinct from *andinos* or *llaneros*. Pardos who worked as peons surely recognized the superior social category of enterprising urban pardo artisans, muleteers, or petty merchants. Urban household slaves could look down on their uncouth slave brethren on rural plantations. Spanish bureaucrats found the local aristocracy identifiable and true Spanish nobility frequently found the local grandees beneath notice. And so it went, Venezuelans exhibiting that universal human need to identify at least some group or category worse off.

Rather than trying to describe this social mosaic, more can be learned from studying its purpose. This complex system existed to provide Spanish America with rules of behavior and a mechanism for containing and regulating the competition for scrarce resources. Because of the complexity, adaptability, and strength of this interlocking system of categories and social criteria, Venezuelan society proved capable of withstanding major changes in economy and polity and damage to the social order during independence, all without requiring more than modest changes in the social system that regulated and sustained the system of resource distribution.[14]

Part of the strength of this system came from its interlocking, connective categories. In colonial times, each individual belonged to many identifiable, regulated, recognized, and specified social groupings. A pardo belonged to a family, had god parents and an extended family, participated in a religious brotherhood, belonged to an artisan guild, and participated in a militia group. He had obligations, rights, privileges, and prohibitions attached to his behavior by virtue of each of these categories.

More prosperous individuals, whites for example, also belonged to families, had the noble titles of Don, recognized many god children and the extended family these represented, owned urban and rural real estate, occupied seats on the town council, had family members in Spain or relatives in the high clergy, and obtained university degrees. Each of these connections also represented rights, privileges, obligations, and opportunities.

Much of the Spanish empire's social legislation in America focused on the relationship of these various categories to an individual's rights and obligations to society and crown, but the number and interconnection of these categories, coupled with their close relationship to an individual's ability to acquire scarce material goods, cemented Spanish America into a complex, vital, and most durable social unit.

Clearly, then, changes in the relationship between these various categories defining rights and obligations brought with them considerable social turmoil, uncertainty, and on occasion disorder. What is remarkable about all this is not that the disorder occurred but that the social structure survived the considerable changes of the century of transition substantially intact.[15]

Change came to Venezuela in many forms, each creating opportunities for some and certain prosperity for others. The Caracas Company brought one of the more substantial economic and social changes to the agricultural outpost of Venezuela in the early eighteenth century, introducing a new ethnic category into the upper echelons of white society while at the same time changing the trading patterns, and therefore the opportunities for wealth, of the country. This is not the place to explore all the ramifications of the Compañía Guipuzcoana in Venezuela, but it clearly challenged prior social arrangements sufficiently to generate a rebellion and numerous petitions to the Crown requesting relief.[16]

The Caracas Company was but one of the earliest, eighteenth-century innovations with social impact. The late eighteenth century political and fiscal reorganization known as the Bourbon reforms brought Audiencia, Captaincy General, Intendancy, and Bishopric to Venezuela, each with a new set of officials, categories, identities, opportunities, and obligations that had to be integrated into the social complex outlined above.

Perhaps the increased tension within the various white groups, as new bureaucrats and merchants contended with established elites for a share of influence and opportunity, increased white sensitivity to any unrest among pardos and slaves. The instability and insecurity of Spanish and European markets for Venezuelan products also contributed to the restlessness of rural and urban pardos. Rebellion in the French Antillies offered, if not models for action, at least material for white fear of black, slave, or pardo uprisings and the chimera of racial war.[17]

In the enlightened pursuit of practical knowledge, Spanish bureaucrats and clerics collected information about population, verifying the large numbers of pardos in Venezuelan towns and cities. Policy makers considered possible innovations designed to readjust the matrix of rights and obligations assigned to whites and pardos. Rather than disturb the categories themselves, the bureaucrats experimented with the peculiar notion of redefining a small but symbolic number of prosperous pardos as whites by virtue of an official paper called a *gracias al sacar*. This idea, violently protested by *caraqueño* notables, had only a modest effect on Venezuelan society, but illustrated in a quixotic fashion the essential features of the Hispanic social arrangement.

The *gracias al sacar* revealed the key to this social structure as access to opportunity for material gain. Each social category or issue becomes clearly intelligible if we discover who might to gain greater access and opportunity and who might lose. Not all issues represented direct threats to gain, but most can easily be seen in this fashion. What, then, of the *gracias al sacar*? Obviously, the issue was not one of race of color, although race and color served as useful and easily identifiable symbols for advantage and disadvantage. Rather, the notion of redefining a pardo as a white for the payment of a fee or in recompense for a signal service threatened the social system in several ways.

First, it implied that the categories recognized and used by all to help parcel out opportunities could be redefined rather casually by the Crown, a prospect not favored by those in the best categories. Second, it seemed to indicate that the Crown expected to expand the number of individuals entitled to the access and privileges of whites, and in an economy of scarce resources, the more competitors the harder the competition and the less goods available to each. Third, this program touched one of the most profound categories, one of the touchstones of social organization – race –, apparently challenging its validity as a universal, if difficult to define, social quality. If blacks could be declared white and had to be treated as if they were white, what then guaranteed the integrity of the system at large? These concerns, of course, help explain the anxiety of the caraqueño response to this program.

Independence and Society

Independence, coming on the heels of at least a generation of social adjustment brought by the Bourbon reforms, further threatened the stability of Venezuela's social order, but in a way much different from earlier threats. The principal challenge came, as it did for property, from the violent necessities of war. Had the Caracas revolutionaries succeeded in their coup d'etat and replaced the Spanish government, society's transition to republican rule would have been much easier. But it did not happen that way. Instead, Venezuelans became involved in the continental war for independence, campaigns that made heavy demands on the social system and came close to bringing major changes to its structure.

This threat had several manifestations. One was simple: the issue of black slavery. Bolívar and Haiti, Bolívar and Petion, Bolívar's call for freedom for black slaves, Bolívar's speech before the Congress of Angostura, each of these dramatic moments appears to symbolize the independence movement's commitment to a less restrictive social system. And they do speak well for Bolívar's ability to dramatize important issues, especially issues recognized outside Venezuela as significant. But inside the country, in a Venezuela where the Liberator's word was law at various times during the independence years and where slavery represented a modest economic asset, Bolívar failed to insist on more than a free birth law, and that apparently only as a response to the commitments made during the desperate early years of the war.

Slaves represented an element of military material, especially important in the early years of the war. Like horses and cattle, the slaves were property that patriot and royalist armies could confiscate. But unlike the cattle and horses, the slaves could choose to fight or flee. They could choose which army offered the best advantage or the safest haven.

Royalist and patriot alike promised freedom to slaves who fought in the wars, and when the wars ended, they could hardly re-enslave their soldiers. The rhetoric of independence made it equally impossible to maintain the servile institution intact into the republican era. So Bolívar's colleagues, invented a free birth law that would prolong slavery for at least two generations. This measure represented another victory for the stability of the Hispanic social system, as well as a vote for gradual and careful adjustments to that system in the future.[18]

Pardos, too, posed a problem for the patriot leaders. They, even more than the slaves, represented the troops necessary to win the war. Without pardo participation, neither patriots nor royalists could control the country. Bolívar's several attempts to identify himself and his cause with the pardos have been studied elsewhere, but clearly he found it difficult to attract those his class had so carefully restricted under Spanish rule. Hence the early success of chieftains such as Boves who, although a white, knew how to lead these men and reward them not with the words of republican advantage but the reality of material plunder. Once the patriot elite came to understand this reality, they, too found the leaders who could deliver the pardo troops, men such as José Antonio Páez who mobilized the llanero lancers, troops that once might have followed a Boves for king but now followed Páez for Independence.

This heroic tale obscures the central, strategic dilemma of the independence war. The white creole elites of Venezuela found themselves required to bring the carefully controlled pardo class into the fight as the decisive element in the war. Moreover, as Bolívar expressed it, they feared that the war would decimate the numerically small white elite, leaving a republic inherited by a *pardocracia*. It was not for this that Bolívar's generation had gone to war. So throughout the campaigns, Bolívar and the rest of the commanding elite made sure that no pardo heroes gained sufficient credit to emerge after the conflict as major national leaders, a successful strategy carried out less by explicit intent than by the commitment to the Hispanic social design dressed in republican rhetoric.[19]

The independence leaders sent pardo troops throughout South America, far from their homeland, to fight Spanish royalists in Ecuador, Bolivia, and Peru, and to become diluted midst the armies of the south, lest they identify a point of view or a common interest at odds with their white commanders. By 1830, when the Bolivarian epoch ended, much of the pardo threat had been dissipated, the social organization mended, and the hispanic social system re-established in its republican form.[20]

Republican Society

To affirm that independence brought few major changes to the basic logic and organization of the Hispanic social system is not to deny the importance of those changes that did take place. The most significant modification of Venezuela's social environment came from the emergence of the independence heroes, frequently minor whites under the Spanish regime, as major social actors, based in part on the glory of their military exploits but more on the wealth that accumulated from extensive land holdings acquired as confiscated Spanish properties during the war, and the privatization of public land after the war. This landed elite, while composed of individuals new to elite status, existed with the same goals, aspirations, and social expectations as their colonial counterparts. The only difference, of considerable importance to be sure, lay in the sources of authority and legitimacy for the social system.

The pardos gained too, but only marginally. While some of the specificity in the Spanish social matrix disappeared with the abolition of official racial names, there is little evidence that the replacement mechanisms for maintaining social distances and categories were any less effective. Some of these took the form of economic barriers, preventing access to credit, education, or position. Others involved legal and regulatory restrictions such as those designed to keep rural laborers orderly and fixed on the land. And many restrictions, previously codified in Spanish colonial social law, remained tacitly in force under republican government by virtue of a general consensus among the elite about proper social order.

Because these unwritten and little discussed attitudes rarely appeared in forms easily accesible to the historian, the controversies of the late 1830s and early 1840s, brought on by an economic crisis in agriculture and the trade associated with it, offer an unusual glimpse into Venezuelan social thought. As problems in agriculture continued during those years, plantation managers found it more and more difficult to pay an attractive wage to rural workers. Peons, most of them in Venezuela being pardos, moved from farm to farm seeking the best price for their labor. This behavior alarmed the elite and moved them to a series of laws and regulations on peonage designed to prevent rural laborers from seeking the best price for their labor.[21]

But the worst was yet to come. When the elite factions went to war against each other over control of the government, the pardos became, with the slaves, a political and social issue. Nothing proved more inflammatory in this controversy than the charge that one side or the other was inciting the pardos or slaves to a social uprising against the white elite. Clearly, all elite contenders recognized the danger to the social arrangement of any such measures, and the charge was roundly repudiated by everyone. Recognizing the potential political and social capital that could be made from slavery, as well as its intimate relationship to the social issue of race, the Venezuelan legislature eliminated slavery as a legal institution in 1854, long after it had ceased to be a major social institution.[22]

The remarkable transition of this society from colonial dependency to republican state without major social change deserves more study than is possible here. But some of the changes in the tokens of social access and control required in the transition can be outlined. A comparison of pre-independence and post-independence Venezuelan society, admittedly a preliminary approximation, finds several clear redefinitions.

Republican social order relied much less on Church, family, and law for its definition. Partly this is a consequence of the newness of many members of the white elite, men without family history, in part from the decline of Church influence as a result of its opposition to independence, and of course, in part from the elimination of the Spanish legal bureaucracy. Republicans substituted a slightly different set of criteria for access to opportunity, although the primacy of land ownership and mercantile connections remained as strong or stronger.

After independence power and wealth came through the control of four resources: Land, people, access, and information. Land, but especially productive land, provided the means of acquiring wealth, both from production and from loans. Land also often provided access to the second resource, control over people. With control over people, an able leader could exercise the authority of force so important in nineteenth century Venezuelan politics. This authority of force opened access to the acquisition of more land, better loans, better trade, and other opportunities for wealth, which, if ably managed, made elite status possible.

Information, always important, stands here for another complex of attributes. One of the new functions assumed by the Venezuelan governing elite involved the mediation between the demands and opportunities of international trade and the resources and conditions of an essentially rural Venezuela. By controlling information, rules, regulations, negotiations, and the myriad details of international commerce, the members of the elite who had the information to perform these functions also gained considerable authority, power, and consequently wealth. As Venezuela's economic prosperity depended greatly on its external trade, those who managed the connection, principally concentrated in Caracas, had many economic advantages and learned to serve the changing political masters of the country with remarkable consistency and continuity.[23]

Thus, by 1850, Venezuela's social system had survived the trauma of war with much change in individuals but little change in structure. Whites controlling land, people, access, and information gained control over the distribution of Venezuela's scarce resources, reserving the greater portion for themselves. Pardos, restricted and controlled through tradition, legislation, denial of access, and force, remained subordinated to the elite's design for a European export oriented economy. This system, with many superficial changes in names and titles, remained in force until at least the mid-twentieth century.

But if the social system withstood the onslaught of war, the crisis of authority and legitimacy brought by independence proved much more difficult to resolve, an effort that forms the topic of the third essay in this series.[24]

1 The literature on Spain and Spanish America in the century of transition is large. The following items simply give an indication of the depth and breadth of this material.

On Spain there is the classic by Richard Herr, on *The Eighteenth-Century Revolution in Spain* (Princeton 1958). On Spanish interest in the Caribbean, see K. R. Andrews, *The Spanish Caribbean. Trade and Plunder, 1530–1630* (New Haven 1978) and Paul E. Hoffman, *The Spanish Crown and the Defense of the Caribbean (1535–1585: Precedent, Patrimonialism, and Royal Parsimony*) (Baton Rouge 1980).

One of the pioneering studies of the colonial administration of this period is John Lynch, *Spanish Colonial Administration, 1782–1810. The Intendant System in the Viceroyalty of the Rio de la Plata* (London 1958). Other examples of this genre can be seen in Mark A. Burkholder, *Politics of a Colonial Career: José Baquíjano and the Audiencia of Lima* (Albuquerque 1980); John P. Moore, *The Cabildo in Peru under the Bourbons* (Durham, N.C., 1966); Christon I. Archer, *The Army in Bourbon Mexico, 1760–1810* (Albuquerque 1977); Jacques A. Barbier, *Reform and Politics in Bourbon Chile, 1755–1796* (Ottawa 1980); Bernard B. Bobb, *The Viceregency of Antonio María Bucareli in New Spain, 1771–1779* (Austin 1962); Burkholder and D.S. Chandler, *From Impotence to Authority. The Spanish Crown and the American Audiencias, 1687–1808* (Columbia, Mo., 1977); Lillian E. Fisher, *The Intendant System in Spanish America* (Berkeley 1929); John R. Fisher, *Government and Society in Colonial Peru. The Intendant System, 1784–1814* (London 1970); and Herbert I. Priestley, *José de Gálvez, Visitor-General of New Spain, 1765–1771* (Berkeley 1916).

An equally impressive set of examples of recent scholarship on the independence period can be shown. See for example, Timothy E. Anna, *The Fall of the Royal Government in Mexico City* (Lincoln 1978) and his *The Fall of Royal Government in Peru* (Lincoln 1979); Mario Rodríguez, *The Cádiz Experiment in Central America, 1808–1826* (Los Angeles 1978); Charles W. Arnade, *The Emergence of the Republic of Bolivia* (Gainesville 1957); David Bushnell, *The Santander Regime in Gran Colombia* (Newark, Delaware, 1954); Simon Collier, *Ideas and Politics of Chilean Independence, 1808–1833* (New York 1969); Jorge I. Domínguez, *Insurrection or Loyalty: The Breakdown of the Spanish American Empire* (Cambridge, Mass., 1980); Hugh H. Hamill, Jr., *The Hidalgo Revolt. Prelude to Mexican Independence* (Gainesville 1966); and the outstanding survey of the independence period, John Lynch, *The Spanish American Revolutions, 1808–1826* (New York 1973).

Social and economic studies of the period include works focused on many elements of society, reflecting the change and challenges of the time. See, for example, Adalberto López, *The revolt of the Comuneros, 1721–1735: A Study in the Colonial History of Paraguay* (Cambridge, Mass., 1976); Magnus Mörner, *Historia social latinoamericana (nuevos enfoques)* (Caracas 1979); Charles F. Nunn, *Foreign Immigrants in Early Bourbon Mexico, 1700–1760* (New York 1979); David G. Robinson, ed., *Social Fabric and Spatial Structure in Colonial Latin America* (Syracuse 1979); John V. Lombardi, *People and Places in Colonial Venezuela* (Bloomington, Indiana, 1976); David A. Brading, *Miners and Merchants in Bourbon Mexico, 1763–1810* (Cambridge 1971); Brian R. Hamnett, *Politics and Trade in Southern Mexico, 1750–1821* (Cambridge 1971); Nicholas P. Cushner, *Lords of the Land: Sugar, Wine, and Jesuit Estates of Coastal Peru, 1600–1767* (New York 1980); Clement G. Motten, *Mexican Silver and the Enlightenment* (Philadelphia 1950); George Reid Andrews, *The Afro-Argentines of Buenos Aires, 1800–1900* (Madison

1980); Rose Marie Buechler, *The Mining Society of Potosi, 1776–1810* (Ann Arbor, Mich., 1981); Jonathan C. Brown, *A Socioeconomic History of Argentina, 1776–1860* (Cambridge 1979); Leon G. Campbell, *The Military and Society in Colonial Peru, 1750–1810* (Philadelphia 1978); Donald B. Cooper, *Epidemic Disease in Mexico City, 1761–1813. An Administrative, Social, and Medical Study* (Austin 1965); Michael P. Costeloc, *Church Wealth in Mexico, 1800–1856. A Study of the «Juzgado de Capellanías» in the Archbishopric of Mexico, 1800–1856* (London 1967); Nancy M. Farriss, *Crown and Clergy in Colonial Mexicò, 1759–1821. The Crisis of Ecclesiastical Privilege* (London 1968); Allan J. Kuethe, *Military Reform and Society in New Granada, 1773–1808* (Gainesville 1978); Charles F. Nunn, *Foreign Immigrants in Early Bourbon Mexico, 1700–1760* (Cambridge 1979); John L. Phelan, *The People and The King: The Comunero Revolution in Colombia* (Madison 1977); Susan Midgen Socolow, *The Merchants of Buenos Aires, 1778–1810. Family and Commerce* (New York 1978); Ann Twinam, *Miners, Merchants, and Farmers in Colonial Colombia* (Austin 1982); Eric Van Young, *Hacienda and Market in Eighteenth-Century Mexico: The Rural Economy of the Guadalajara Region, 1675–1820* (Berkeley 1981); Tulio Halperín Donghi, *Politics, Economics and Society in Argentina in the Revolutionary Period* (Cambridge 1975).
This rather lengthy list, by no means complete, provides an clear indication of the strength of scholarship. It shows as well, however, the lack of synthetic works. With the exception of a few efforts such as John Lynch's work on independence or the fascinating synthetic study by Tulio Halperín Donghi on Argentina, much less attention has been given to larger hypotheses.

2 The administrative changes in eigtheenth-century Venezuela can be approached through the following works. Caracciolo Parra Pérez, *El régimen español en Venezuela. Estudio histórico* (2nd ed., Madrid 1964); José L. Sucre Reyes, *La capitanía general de Venezuela* (Barcelona 1969); Manuel Nunes Dias, *El real Consulado de Caracas (1793–1810)* (Caracas 1971); *Documentos para la historia de la iglesia colonial en Venezuela* (2 vols., 1965); and Nicolás Eugenio Navarro, *Anales eclesiásticos venezolanos* (2nd ed., 1951). Useful as well is Guillermo Boza, *Estructura y cambio en Venezuela colonial* (Caracas 1973). On the Caracas Company the classic work is still Roland D. Hussey, *La Compañía de Caracas, 1728–1784* (Caracas 1962). See too, the volumes by Eduardo Arcila Farías, *El Real Consulado de Caracas* (Caracas 1957), *El régimen de la encomienda en Venezuela* (2nd ed., Caracas 1966) *Comercio entre Venezuela y México en los siglos XVI y XVII* (1950), and his *Historia de un monopolio. El estanco del tabaco en Venezuela (1799–1833)* (1977). Also excellent is Mercedes M. Alvarez F., *El Tribunal del Real Consulado de Caracas* (2 vols., 1967).

3 Independence era historiography is, of course, a Venezuelan specialty and the volume of it is very large. There are two main divisions in this literature: items about independence itself and the Bolivarian bibliography.
Especially helpful in the first category are the 53 volumes from the Academia Nacional de la Historia See for example Caracciolo Parra Pérez, *Historia de la Primera República de Venezuela* (2nd ed., 2 vols., 1959) and his *Mariño y la independencia de Venezuela* (5 vols., Madrid 1954–57). The *Causas de infidencia* (2 vols., 1960) have some fascinating information. On the royalists see Steven K. Stoan, *Pablo Morillo and Venezuela, 1815–1820* (Columbus, Ohio, 1974) and the *Anuario del Instituto de Antropología e Historia, UCV, 1967–69* (2 vols., 1971). Other independence era themes are covered in Carlos Felice Cardot, *La Iglesia y el Estado en la Primera República* (Madrid 1962); Miguel Batllori, *El Abate Viscardo. Historia y mito de la intervención de los jesuitas en la independencia de Hispanoamérica* (1930); William Spence Robertson, *La vida de Miranda* (1967); Francisco de Miranda, *Archivo del General Miranda* (24 vols., 1929–50); and John P. Hoover, *Sucre, Soldado y revolucionario* (Cumaná 1975). The bibliography on independence is covered in Pedro Grases and Manuel Pérez Vila, «Gran Colombia. Referencias relativas a la bibliografía sobre el período emancipador en los países grancolombianos (desde 1949)». *Anuario de estudios americanos*, 21 (1964), 733–77, and subsequent publications by Grases, *Investigaciones bibliográficas* (Caracas 1968), and *Temas de bibliografía y cultura venezolana* (2nd ed., 2 vols., 1973).
Bolívar, the occasion for this celebration as well as the *héroe máximo* of independence in Venezuela, has attracted massive attention from historians. The meaning and dynamic of this enthusiasm is best understood through Germán Carrera Damas, *El culto a Bolívar. Esbozo para un estudio de la historia de las ideas en Venezuela* (2nd ed., Caracas 1973). Full dress biographies of Bolívar are best represented by Gerhard Masur, *Simón Bolívar* (rev. ed., Albuquerque 1969) and Augusto Mijares, *El Libertador* (5th ed., Caracas 1969). Also essential for Bolivarian bibliography are the works by Vicente Lecuna, *Crónica razonada de las guerras de Bolívar* (2nd ed., 3 vols., Caracas 1960) and *Bolívar y el arte militar* (New York 1955).

4 Sources on Venezuelan property during independence are, for the most part, scattered. The documents published in the series «Materiales para el estudio de la cuestión agraria en Venezuela» by the Universidad Central de Venezuela have exceptional material on this topic. See especially *Materiales para el estudio de la cuestión agraria en Venezuela (1800–1830)* (Caracas 1964) and *Materiales para el estudio de la cuestión agraria en Venezuela (1829–1860)* (Caracas 1971). Other information can be found in the compilation *Cuerpo de leyes de la República de Colombia, 1821–1827* (Caracas 1961) and in the numerous laws and

decrees issued by Bolívar during the course of independence collected in the items mentioned below.

5 The social history of the century of transition in Venezuela has attracted considerable interest. See for example Miguel Acosta Saignes, *Vida de los esclavos negros en Venezuela* (Caracas 1967); Carlos Siso Maury, *La formación del pueblo venezolano. Estudios sociológicos* (2 vols., Madrid 1953). Also very useful is the vision of social life and population in Mariano Martí, *Documentos relativos a su visita pastoral de la diócesis de Caracas, 1771–1784* (7 vols., Caracas 1969). See also on the late colonial population John V. Lombardi, *People and Places in Colonial Venezuela* (Bloomington, Indiana, 1976). Some useful documents, especially in relation to slavery and labor, can be found in the volume of *Materiales para el estudio de la cuestión agraria en Venezuela (1810–1865): Mano de obra, legislación y administración* which includes a helpful introductory study by Antonieta Camacho, «Aportes para el estudio de la formación de la mano de obra en Venezuela: Esclavos y libres (1810–1865)», pp. vi-lix. Robert D. Matthews, Jr., *Violencia rural en Venezuela, 1840–1858* (Caracas 1977) and John V. Lombardi, *The Decline and Abolition of Negro Slavery in Venezuela, 1820–1854* (Westport, Conn., 1971), discuss the violence of the early republican period and the process of abolition during those years.

6 The chronic problem of authority and legitimacy can be seen in a number of contexts. One of these is through the work of Robert L. Gilmore, *Caudillism and Militarism in Venezuela, 1810–1910* (Athens, Ohio, 1964) and the perceptive study by Laureano Vallenilla Lanz, *Cesarismo democrático: Estudios sobre las bases sociológicas de la constitución efectiva de Venezuela* (4th ed., Caracas 1961). Another approach is through the comprehensive political histories of Venezuela which detail the complex manifestations of the crisis of authority and legitimacy in Venezuela during and after independence. See especially Francisco González Guinán, *Historia contemporánea de Venezuela* (15 vols., Caracas 1954) and José Gil Fortoul, *Historia constitucional de Venezuela* (5th ed., 3 vols., 1967). Also helpful on the first independent generations is Ramón Díaz Sánchez, *Guzmán. Elipse de una ambición de poder* (5th ed., 2 vols., Caracas 1968) and the foreign perspective of Sir Robert Ker Porter, *Caracas Diary, 1825–1842. A British diplomat in a Newborn Nation* (Caracas 1977).

7 In addition to the items outlined in note 2 above, students of Venezuela's emergence as a national entity during the course of the colonial period would benefit from the study of the following sources: Pablo Vila et al., *Geografía de Venezuela* (2 vols., Caracas 1960–65) provides an essential perspective on the country's resources and human development. A large literature exists on the role of the various religious orders in the campaign to bring Venezuela into the ambit of western society. See for some examples, Father Buenaventura de Carrocera, *Misión de los Capuchinos en los Llanos de Caracas* (3 vols., Caracas 1972); Lino Gómez Canedo, *La misiones de Píritu. Documentos para su historia* (2 vols., Caracas 1967); Manuel Aguirre Elorriaga, *La Compañía de Jesús en Venezuela* (Caracas 1941) and José del Rey Fajardo, *Documentos jesuíticos relativos a la historia de la Compañía de Jesús en Venezuela* (3 vols., Caracas 1974); José Antonio de Armas Chitty, *Caracas. Origen y trayectoria de una ciudad* (2 vols., Caracas 1967) and Irma de Sola Ricardo, *Contribución al estudio de los planos de Caracas. La ciudad y la provincia, 1567–1967* (Caracas 1967) are helpful on the emergence of Caracas.
For a look at some of the literature on other cities in Venezuela which helps clarify the emergence of Caracas as the region's central city, see de Armas Chitty, *Tucupido, formación de un pueblo del llano* (Caracas 1961); Ambrosio Perera, *Historia de la organización de pueblos antiguos de Venezuela. Génesis, desarrollo y consolidación de pueblos venezolanos, pueblos coloniales de Barquisimeto,...* (3 vols. in vol. 1, Madrid 1964). For a view of the Caribbean role of Venezuela in the early colonial period, see Enrique Otte, *Las perlas del Caribe. Nueva Cádiz de Cubagua* (Caracas 1977). The classic view of Venezuela's geography and resources at the close of the colonial period is Alexander von Humboldt, *Viaje a las regiones equinocciales del nuevo continente 1799–1804* (7 vols., Caracas 1969). An interesting perspective on the colonial Caribbean is in Cornelis Christiaan Goslinga, *The Dutch in the Caribbean and on the Wild Coast, 1580–1680* (Assen, The Netherlands, 1971).

8 The previously cited works on the development of the Venezuelan infrastructure in note 2 above need not be repeated here. In addition, however, it is useful to review a number of other sources. For example, the *Actas del Cabildo de Caracas, 1573–1629* (11 vols., 1943–1969) show Caracas in the early stages of its primacy. See also the material in Angel Altolaguirre Duvale, ed., *Relaciones geográficas de la governación de Venezuela (1767–68)* (Madrid 1908) and the companion volume by Antonio Arellano Moreno, Comp., *Relaciones geográficas de Venezuela* (Caracas 1964). See, too, Santiago Gerardo Suárez, *Las instituciones militares venezolanas del período hispánico en los archivos* (Caracas 1969) and Graziano Gasparaini and Juan Pedro Posani, *Caracas a través de su arquitectura* (Caracas 1969).

9 For broad perspective on the urban system after the war see the excellent geography in Giovanni Battista Agostino Codazzi, *Obras escogidas* (2 vols., Caracas 1961).

10 The literature on race, class, and caste in Spanish America is very large indeed, but the following items should provide some general guidance in the field. Magnus Mörner, *Race Mixture in the History of Latin America*, Boston 1967, provides an excellent introduction to the field. Marvin Harris, *Patterns of Race in the Americas*, New York 1964, offers a fascinating and influential analysis of race relations. Robert B.

Toplin, ed., *Slavery and Race Relations in Latin America*, Westport, Conn., 1974, has a useful collection of essays on these issues. Monographs on special topics related to the themes of race, class, or caste abound. The following indicate the range of material available on Latin America, excluding Venezuela.
James Lockhart, *The Men of Cajamarca. A Social and Biographical Study of the First Conquerors of Peru*, Austin 1972; Frederick P. Bowser, *The African Slave in Colonial Peru, 1524–1650*, Stanford 1974; John K. Chance, *Race and Class in Colonial Oaxaca*, Stanford 1978; Magnus Mörner, *Historia social latinoamericana (nuevos enfoques)*, Caracas 1979, an his «Economic Factors and Stratification in Colonial Spanish America with Special Regard to Elites», *HAHR*, 63, 2 (1983), 335–369; Leslie B. Rout, Jr., *The African Experience in Spanish America: 1502 to the Present Day*, Cambridge 1971; John H. Rowe, «The Incas under Spanish Colonial Institutions», *HAHR*, 37 (1957), 155–191; William B. Taylor, *Landlord and Peasant in Colonial Oaxaca*, Stanford 1972; John K. Chance, *Race und Class in Colonial Oaxaca*, Stanford 1978; Michael Craton, *Searching for the Invisible Man: Slaves and Plantation Life in Jamaica*, Cambridge, Mass., 1978; Patricia Seed, «Social Dimensions of Race: Mexico City, 1753», *HAHR* 62, 4, 1982, 569–606. Two useful bibliographies are Robert Conrad, *Brazilian Slavery: An Annotated Research Bibliography*, Boston 1977; and John David Smith, comp., *Black Slavery in the Americas: An Interdisciplinary Bibliography, 1864–1980*, Westport, Conn., 1982 (?).

11 While few scholarly studies have focused on the Venezuelan attitudes towards wealth and prestige, some indication can be gained from reading travelers accounts of the early nineteenth century. The most famous of these, of course, are by Alexander von Humboldt, *Viaje a las regiones equinocciales del nuevo continente hecho en 1799, 1800, 1801, 1802, 1803 y 1804 por . . . y A. Bonpland*, 5 vols., 2nd ed., Caracas 1956 and François Depons, *Viaje a la parte oriental de Tierra Firme en la América meridional*, 2 vols., Caracas 1960. Another astute observer of Venezuela was Sir Robert Ker Porter, *Sir Robert Ker Porter's Caracas Diary, 1825–1842: A British Diplomat in a Newborn Nation*, Caracas 1966. A guide to traveler's accounts for Venezuela is in María Luisa Ganzenmuller de Blay, *Contribución a la bibliografía de viajes y exploraciones de Venezuela, colección de 467 fichas*, Caracas 1964.

12 Venezuelan slavery has been studied in a variety of places. For an introduction to the field see Miguel Acosta Saignes, *Vida de los esclavos negros en Venezuela*, Caracas 1967, and John V. Lombardi, *The Decline and Abolition of Negro Slavery in Venezuela, 1820–1854*, Westport, Conn., 1971.

13 The literature on the comparative history of race and slavery in the Americas is extensive. Some of the classics in this genre are Frank Tannenbaum, *Slave and Citizen: The Negro in the Americas*, New York 1946; Gilberto Freyre, *The Masters and the Slaves: A Study in the Development of Brazilian Civilization*, New York 1946; Stanley N. Elkins, *Slavery: A Problem in American Institutional and Intellectual Life*, Chicago 1959; Herbert S. Klein, *Slavery in the Americas: A Comparative Study of Virginia and Cuba*, Chicago 1967; David B. Davis, *The Problem of Slavery in Western Culture*, Ithaca 1966; Carl N. Degler, *Neither Black nor White: Slavery and Race Relations in Brazil and the United States*, New York 1971; Harry Hoetink, *The Two Variants in Carribbean Race Relations: A Contribution to the Sociology of Segmented Societies*, London 1967. The debate engendered by these works is summarized in Laura Foner and Eugene Genovese, *Slavery in the New World: A Reader in Comparative History*, Englewood Cliffs, N. J., 1969 and analyzed in John V. Lombardi, «Comparative Slave Systems in the Americas: A Critical Review», in Richard Graham and Peter H. Smith, *New Approaches to Latin American History*, Austin 1974. See also the fascinating and insightful analysis in Eugene D. Genovese, *Roll, Jordan, Roll. The World the Slaves Made*, New York 1972. For discussion of more recent work in this area see Colin A. Palmer, «Slavery, Abolition, and Emancipation in the New World», *LARR*, 17, 3, 1982, 276–283 and Orlando Patterson, «Recent Studies on Caribbean Slavery and the Atlantic Slave Trade», *LARR*, 17, 3, 1982, 251–275.

14 The distribution of race in Venezuela is known to us primarily through the traveler's accounts mentioned earlier for impressionistic information and through the statistical surveys conducted by the clergy especially during the late eighteenth century. For a complete discussion of these materials, too numerous to be included here, see John V. Lombardi, *People and Places in Colonial Venezuela*, Bloomington, Indiana, 1976. Of special importance, of course, are the books of bishop Mariano Martí's visita published in *Documentos relativos a su visita pastoral de la diócesis de Caracas, 1771–1784*, 7 vols., Caracas 1969.

15 Information on social distinctions, corporate groups, and the structure of Venezuelan society at large is scattered in many places. For the distinctions related to the clergy there is a large collection of works focused on the various religious orders such as Father Buenaventura de Carrocera, *Misión de los Capuchinos en los Llanos de Caracas*, 3 vols., Caracas 1972; Lino Gómez Canedo, *Las misiones de Píritu. Documentos para su historia*, 2 vols., 1967, or José del Rey Fajardo, *Bio-bibliografía de los jesuitas en la Venezuela colonial*, Caracas 1974. The *Actas del Cabildo de Caracas, 1573–1629*, 11 vols., Caracas 1943–69, are helpful in this context. For a view of the artisan class see Carlos F. Duarte, *Los maestros fundidores del período colonial en Venezuela*, Caracas 1978. Carlos Siso Maury, *La formación del pueblo venezolano. Estudios sociológicos*, 2 vols., Madrid 1953, is also useful.

16 For the Caracas Company, the classic work is still Roland D. Hussey, *La Compañía de Caracas, 1728–1784*, Caracas 1962.

17 On the eighteenth century reforms in Venezuela see the items cited in note 2 above.

18 A complete discussion of these events with citations to the relevant material is in Lombardi, *The Decline and Abolition of Negro Slavery in Venezuela.*

19 The classic discussion of the role of Boves and the llaneros is in Germán Carrera Damas, *Boves. Aspectos socio-económicos,* Caracas 1968. See also, Lombardi, *The Decline and Abolition of Negro Slavery.*

20 Bolívar's discussion of slave policy is collected in a long correspondence with Santander which can be seen in *Cartas del Libertador* vol. II.

21 The laws on labor are discussed in Lombardi, *Decline and Abolition*, and outlined in the excellent collection of documents, Carrera Damas, *Materiales para el estudio de la cuestión agraria en Venezuela (1800–1830)*, vol. 1, Caracas 1964, and *Materiales para el estudio de la cuestión agraria en Venezuela (1810–1865). Mano de obra: legislación y administración*, vol. 1, Caracas 1979. Especially interesting is the excellent monograph published as an introduction to this volume by Antonieta Camacho, *Aportes para el estudio de la formación de la mano de obra en Venezuela: Esclavos y libres (1810–1865).*

22 On the issues of 1830–1840 see the general works mentioned in note 6 above.

23 On the role of bureaucracy and the centrality of the city of Caracas, and a general discussion of the structure of the Venezuelan system that managed to preserve property and stability into the twentieth century, see Lombardi, *Venezuela: The Search for Order the Dream of Progress.* Further sources on these and many other Venezuelan topics can be found in Lombardi, et al., *Venezuelan History: A Comprehensive Working Bibliography*, Boston 1977.

24 The first essay in this series was prepared for the Congress on the occasion of the Bicentennial of the birth of Simón Bolívar held under the auspices of the Academia Nacional de la Historia of Venezuela in July 1983, and will be published with the proceedings. The third essay in the series will appear in a collection edited by Germán Carrera Damas, also on the occasion of Bolívar's bicentennial.

Über die Vortragenden/Sobre los conferenciantes

Germán Carrera Damas: * 1930 in Cumaná, Venezuela. Historiker, Promotion an der Zentraluniversität von Venezuela, seit 1958 Professor der Geschichte daselbst. Publikationen u. a.: *El culto a Bolívar; Boves, aspectos socioeconómicos de la guerra de independencia; Historia de la historiografía venezolana; La crisis de la sociedad colonial; Una nación llamada Venezuela.*

Germán Carrera Damas: * 1930 en Cumaná, Venezuela. Historiador, hizo su doctorado en la Universitad Central de Venezuela, desde 1958 profesor de historia en la misma universidad. Publicaciones, entre otras: *El culto a Bolívar; Boves, aspectos socioeconómicos de la guerra de independencia; Historia de la historiografía venezolana; La crisis de la sociedad colonial; Una nación llamada Venezuela.*

Günter Kahle: * 1927 in Berlin. Historiker, Promotion an der Universität Köln 1962, Professor für lateinamerikanische Geschichte an der Universität Köln. Publikationen u. a.: *Militär und Staatsbildung in den Anfängen der Unabhängigkeit Mexikos; Simón Bolívar und die Deutschen;* sowie zahlreiche Artikel in deutschen und internationalen Fachzeitschriften.

Günter Kahle: * 1927 en Berlín. Historiador, hizo su doctorado en la Universidad de Colonia en 1962, profesor de historia latinoamericana en la Universidad de Colonia. Publicaciones, entre otras: *Militär und Staatsbildung in den Anfängen der Unabhängigkeit Mexikos; Simón Bolívar y los alemanes;* así como numerosos artículos en revistas alemanas e internacionales de su especialidad.

John V. Lombardi: * 1942 in Los Angeles, California, USA. Historiker, Promotion an der Columbia University, New York, USA, 1968, Professor der Geschichte und Dekan für Internationale Studien an der Indiana University, Bloomington, Ind., USA. Publikationen u. a.: *The Decline and Abolition of Negro Slavery in Venezuela; People and Places in Colonial Venezuela; Venezuelan History: A Comprehensive Working Bibliography; Venezuela: The Search for Order, The Dream of Progress; Latin America: A Teaching Atlas* (zusammen mit Cathryn L. Lombardi).

John v. Lombardi: * 1942 en Los Angeles, California, EE.UU. Historiador, hizo su doctorado en la Universidad de Columbia, Nueva York, EE.UU. en

1968, profesor de historia y Decano de Estudios Internacionales en la Universidad de Indiana, Bloomington, Ind., EE.UU. Publicaciones, entre otras: *The Decline and Abolition of Negro Slavery in Venezuela; People and Places in Colonial Venezuela; Venezuelan History: A Comprehensive Working Bibliography; Venezuela: The Search for Order, The Dream of Progress; Latin America: A Teaching Atlas* (conjuntamente con Cathryn L. Lombardi).

Jose Luis Salcedo-Bastardo: * 1926 in Carúpano, Venezuela. Politologe und Soziologe, Promotion in Politologie an der Zentraluniversität von Venezuela, Professor der Soziologie, Senator. Ehemals Botschafter in Ekuador, Brasilien und Frankreich, Rektor der ersten privaten Universität von Venezuela und Minister der Präsidialkanzlei sowie Staatsminister für Wissenschaft, Technik und Kultur. Publikationen u. a.: Visión y revisión de Bolívar; Historia fundamental de Venezuela; Bolívar. Ein Kontinent und sein Schicksal.

Jose Luis Salcedo-Bastardo: * 1926 en Carúpano, Venezuela. Politólogo y sociólogo, hizo su doctorado en ciencias políticas en la Universidad Central de Venezuela, profesor de sociología, senador. Fue embajador en el Ecuador, en el Brasil y en Francia, rector de la primera universidad privada de Venezuela, Ministro de la Secretaría de la Presidencia de la República, y Ministro de Estado para la ciencia, la Tecnología y la Cultura. Publicaciones, entre otras: Visión y revisión de Bolívar; Historia fundamental de Venezuela; Bolívar, un continente y un destino.

O. Carlos Stoetzer: * 1921 in Buenos Aires, Argentinien. Historiker, Promotion Dr. jur. an der Universität Freiburg 1945 und Ph. D. an der Georgetown University, Washington, D. C., USA 1961, seit 1966 Professor für lateinamerikanische Geschichte an der Fordham University, New York, USA. Publikationen u. a.: *The Organization of American States. An Introduction; El pensamiento político en la América española durante el período de la emancipación: Las bases hispánicas y las corrientes europeas.*

O. Carlos Stoetzer: * 1921 en Buenos Aires, Argentina. Historiador, obtuvo los títulos de Dr. jur. en la Universidad de Friburgo, Alemania, en 1945, y de Ph. D. en la Universidad de Georgetown, Washington, D. C., EE.UU., en 1961, desde 1966 profesor de historia latinoamericana en la Universidad Fordham, Nueva York, EE.UU. Publicaciones, entre otras: *The Organization of American States. An Introduction; El pensamiento político en la América española durante el período de la emancipación: Las bases hispánicas y las corrientes europeas.*

Jacobo Libermann Z.: * 1922 in La Paz, Bolivien. Literaturwissenschaftler und Schriftsteller, Professor der Literaturwissenschaft und seit 1980 Leiter der Senatsverwaltung in La Paz. Gründer der Zeitschrift *Khana.* Publikationen: Zahlreiche Veröffentlichungen in Zeitungen und Zeitschriften; in Vorbereitung: Eine Biographie Simón Bolívars unter dem Titel *Cartas y documentos para la historia de la independencia americana.*

Jabobo Libermann Z.: * 1922 en La Paz, Bolivia. Literato y escritor, profesor de ciencias literarias y desde 1980 jefe de la Dirección del Senado en La Paz. Fundador de la revista de artes y letras *Khana.* Publicationes: Numerosas publicaciones en diarios y revistas; en preparación: una biografía de Simón Bolívar bajo el título *Cartas y documentos para la historia de la independencia americana.*

Alberto Wagner de Reyna: * 1915 in Lima, Peru. Dr. phil., Lic. jur., Dr. litt. h.c. Professor der Philosophie an der Katholischen Universität von Peru in Lima. Ehemals Vizeminister für auswärtige Angelegenheiten sowie Botschafter in Bonn, Bogotá, Belgrad und Paris. Publikationen u. a.: Destino y vocación de Iberoamérica; Historia diplomática del Perú; La intervención de las potencias europeas en Latinoamérica (1864–1868); Pobreza y cultura.

Alberto Wagner de Reyna: * 1915 en Lima, Perú. Dr. phil., Lic. jur., Dr. litt. h.c. Profesor de filosofía en la Universidad Católica del Perú, Lima. Fue Vice-ministro de RR.EE. y más tarde embajador en Bonn, Bogotá, Belgrado y Paris. Publicaciones, entre otras: *Destino y Vocación de Iberoamérica; Historia diplomática del Perú; La intervención de las potencias europeas en Latinoamérica (1864–1868); Pobreza y Cultura.*

Bibliographie

Bibliografía

León E. Bieber

Bibliographie ausgewählter Titel zu Bolívar aus den Beständen des Ibero-Amerikanischen Instituts

Anmerkungen zur Auswahl

Die in der vorliegenden bibliographischen Auswahl angegebenen Titel umfassen einen relativ geringen Teil der Literatur, die der interessierte Leser zum Thema Bolívar im Ibero-Amerikanischen Institut in Berlin finden kann.

Bei der Auswahl sind im wesentlichen zwei Kriterien angelegt worden. Es wurden bewußt Bücher und Artikel berücksichtigt, die sowohl Fachleute wie aber auch ein weitaus breiteres Publikum ansprechen. Neben den Werken, die zur Standard-Literatur über Bolívar gehören, wurden zugleich Arbeiten angegeben, die einen Einblick vermitteln über die Vielfalt von Aspekten, die im Zusammenhang mit dem Leben und Werk des südamerikanischen Befreiers Gegenstand von Untersuchungen, Forschungen, Reflektionen und Kontroversen geworden sind.

Ausgehend von den genannten Kriterien beinhaltet diese Bibliographie die bekanntesten klassischen Werke über Bolívar; allgemeine Abhandlungen über sein Wirken im Rahmen der Unabhängigkeitskriege Spanisch-Amerikas; Monographien, die unterschiedliche Aspekte seines Denkens oder seiner Einschätzung zu ganz spezifischen Problemen wie das der Sklaverei, des Indianertributs oder der Agrarfrage behandeln sowie Studien über sein Verhältnis zu anderen Persönlichkeiten und gegebenenfalls über deren Einfluß auf ihn.

Die ausgewählten Titel umfassen zugleich genealogische, psychologische und psychopathologische Arbeiten über Bolívar sowie Untersuchungen, die verschiedene Aspekte seines Privatlebens und seiner Haltung zur Religion und Moral beleuchten. Es finden sich ebenfalls Literaturangaben, die einschneidende Ereignisse in der politisch-militärischen Laufbahn des Befreiers (wie den Kongress von Angostura oder das Treffen mit San Martin in Guayaquil) behandeln sowie andere, die auf sein Verhältnis zu unterschiedlichen Staaten und Religionen eingehen. Bücher und Artikel, die sich mit der Zusammentragung der Schriften Bolívars befassen, die diese vom philologischen oder literarischen Standpunkt untersuchen, oder die auf unterschiedliche Weise seine wichtigsten Dokumente deuten, sind genauso berücksichtigt worden wie dichterische und ikonographische Bände, Gedenk- und Festschriften, Essays, Romane, Bücher für Jugendliche und Theaterstücke.

Bei der Zusammenstellung ist darauf geachtet worden, Arbeiten in verschiedenen Sprachen aufzunehmen und der deutschsprachigen Bolívar-Literatur einen gebührenden Platz einzuräumen.

Die Auswahl der Werke Bolívars umfaßt neben den bedeutenden Ausgaben in spanischer und englischer Sprache, verschiedene Editionen zu abgegrenzten Komplexen in diesen Sprachen sowie in französischer und russischer Sprache.

Diese Bibliographie ausgewählter Titel soll einen Eindruck über die umfangreichen Themenstellungen zum Leben und Werk Simón Bolívars vermitteln. Sie will dabei zugleich auf die reichhaltigen Bestände aufmerksam machen, die darüber am Ibero-Amerikanischen Institut von Berlin zu finden sind.

León E. Bieber

Bibliografía de titulos selectos sobre Bolívar de las existencias del Instituto Ibero-Americano

Observaciones sobre la selección

Los títulos señalados en la presente selección bibliográfica comprenden una parte relativamente reducida de la literatura que sobre el tema de Bolívar puede encontrar el lector interesado en el Instituto Ibero-Americano de Berlín.

Para la selección se han establecido básicamente dos criterios. Se procuró incluir libros y artículos que llamen la atención tanto de expertos como también de un público mucho más amplio. Junto a las obras que pertenecen a la literatura standard sobre Bolívar se han indicado trabajos que permiten enterarse de los múltiples aspectos relacionados con la vida y la obra del Libertador sudamericano, convertidos en objeto de análisis, investigaciones, reflexiones y controversias.

Partiendo de los criterios mencionados, esta bibliografía contiene las obras clásicas más conocidas sobre Bolívar; tratados generales de su actuación en el marco de las guerras de independencia de Hispanoamérica; monografías que se ocupan de diversos aspectos de su pensamiento o de su evaluación de problemas muy específicos como el de la esclavitud, del tributo indígena o la cuestión agraria; así como estudios sobre su relación con otras personalidades y, dado el caso, sobre la influencia de éstas en él. A su vez, los títulos seleccionados abarcan trabajos genealógicos, psicológicos y psicopatológicos referentes a Bolívar, al igual que análisis que clarifican diversos aspectos de su vida privada y de su posición frente a la religión y la moral. Se encuentran referencias bibliográficas que tratan acontecimientos trascendentales de la carrera política-militar de Libertador (como ser el Congreso de Angostura o la entrevista con San Martín en Guayaquil) o que incursionan en su relación hacia diversos estados y regiones. Además de libros y artículos dedicados a la recopilación de los escritos de Bolívar, al análisis filológico o literario de éstos o a interpretar de diversa manera sus documentos más importantes, se han considerado también tomos de poesía e iconografía, ediciones conmemorativas, ensayos, novelas, libros para la juventud y piezas de teatro.

La recopilación ha tomado en cuenta trabajos en diversos idiomas y ha concedido a la literatura alemana sobre Bolívar su debido lugar.

La selección de la obras de Bolívar abarca las más significativas publicaciones en español e inglés y diversas ediciones sobre aspectos específicos en estos idiomas así como en francés y ruso.

Esta bibliografía de títulos selectos tiene por finalidad dar a conocer la amplitud de planteamientos temáticos que existen en torno a la vida y obra de Simón Bolívar. Al mismo tiempo busca llamar la atención sobre las abundantes existencias que al respecto se pueden encontrar en el Instituto Ibero-Americano de Berlin.

Werke Bolivars – Obras de Bolívar

Cartas de Bolívar. 1799–1822. Vorwort von José Enrique Rodó und Anmerkungen von Rufino Blanco-Fombona. 459 S., Paris-Buenos Aires [1912].

Bolívar, pintado por sí mismo. Hrsg. Rufino Blanco-Fombona. 2 Bd., 381 S., Paris-Buenos Aires 1913.

Papeles de Bolívar. Hrsg. Vicente Lecuna. 476 S., Caracas 1917.

Ideas políticas y militares. 1812–1830. Hrsg. Vicente Lecuna. 417 S., Buenos Aires 1945.

Obras completas. Hrsg. Vicente Lecuna und Esther Barret de Nazaris. 2. Aufl., 3 Bd. nebst Suplemento, 2933 S., La Habana 1950.

Selected Writings of Bolívar. Hrsg. Vicente Lecuna und Harold A. Bierck Jr. 2 Bd., 822 S., New York 1951.

Cartas de Simón Bolívar al fundador de la libertad del Perú José de San Martín. Hrsg. Instituto Nacional Sanmartiniano. 30 S., Buenos Aires 1952.

„Selección de decretos del Libertador en beneficio del Perú". In *Revista de la Sociedad Bolivariana de Venezuela,* 20. Jg., Bd. 18, Nr. 60, S. 393–419, Caracas 1959.

Acotaciones bolivarianas. Decretos marginales del Libertador (1813–1830). Hrsg. Fundación John Boulton. 323 S., Caracas 1960.

Decretos del Libertador. Hrsg. Sociedad Bolivariana de Venezuela. 3 Bd., 1461 S., Caracas 1961.

Cartas del Libertador. Hrsg. Banco de Venezuela. Fundación Vicente Lecuna. 2. Aufl., 8 Bd., 4667 S., Caracas 1964–1970.

Escritos del Libertador. Hrsg. Sociedad Bolivariana de Venezuela. 12 Bd., Caracas 1974–1976.

Carta de Jamaica. The Jamaica Letter. Lettra a un Habitant de la Jamaïque. Hrsg. Ministerio de Educación. 112 S., Caracas 1965.

Bolivar. Pages choisies. Hrsg. Institut des Hautes Etudes de L' Amérique Latine. 239 S., Paris 1976.

Discurso de Angostura. Speech of General Bolivar to the Congress of Venezuela. Discours prononcé par le Libérateur à Angostura. Hrsg. Ministerio de Educación. 131 S., Caracas 1969.

Los borradores del discurso de Angostura. Hrsg. Instituto Nacional de Cultura y Bellas Artes. 29 S. und 179 Faksimile, Caracas 1969.

Itinerario documental de Simón Bolívar. Escritos selectos. Hrsg. República de Venezuela. Ediciones de la Presidencia. 377 S., Caracas 1970.

The Political Thought of Bolivar. Selected Writings. Hrsg. Gerald E. Fitzgerald. 143 S., The Hague 1971.

Escritos políticos. Hrsg. Graciela Soriano. 2. Aufl., 194 S., Madrid 1971.

Doctrina del Libertador. Hrsg. Manuel Pérez Vila. 327 S., Caracas 1976.

Correspondencia del Libertador con el General Juan José Flores. 1825–1830. Hrsg. Pontificia Universidad Católica del Ecuador. 581 S., Quito 1977.

Simon Bolivar. Izbrannye proizvedenija. Hrsg. V. V. Vol'skij. 279 S., Moskva 1983.

L'unico scopo è la libertà. Scritti scelti di Simon Bolivar. Hrsg. José Luis Salcedo-Bastardo. 239 S., Rom 1983.

Bücher – Libros

Abreu y Lima, José Ignacio de, *Resúmen histórico de la última dictadura del Libertador Simón Bolívar. Comprobada con documentos.* 308 S., Rio de Janeiro 1922.

Academia de Ciencias de la URSS (Hrsg.), *Presencia de Miranda, Bolívar y Paez en los archivos de la URSS.* 146 S., Moscú 1976.

Aljure Chalela, Simón (Hrsg.), *Bibliografía bolivariana.* 494 S., Bogotá 1983.
André, Marius, *Bolívar et la démocratie.* 300 S., Paris 1924.
Bakula Budge, María Cecilia, *Los ideales de Bolívar en la integración de los pueblos hispanoamericanos.* 185 S., Lima 1975.
Banco Central de Venezuela (Hrsg.), *Homenaje al Libertador. Miniaturas-Numismática-Filatelia y Documentos Bolivarianos.* 78 S., Caracas 1967.
Belaúnde, Victor Andrés, *Bolivar and the Political Thought of the Spanish American Revolution.* 451 S., Baltimore 1938.
In spanischer Sprache u.d.T. *Bolívar y el pensamiento político de la revolución hispanoamericana.* 433 S., Madrid 1959 und 366 S., Caracas 1974.
Bernal Medina, Rafael, *Ruta de Bolívar (Espiritual y geográfica).* 3. Aufl., 215 S., Cali 1961.
Blanco-Fombona, Rufino, *El pensamiento vivo de Bolívar.* 3. Aufl., 236 S., Buenos Aires 1958.
Bohórquez Casallas, Luis Antonio, *El pensamiento social del Libertador.* 128 S., Tunja 1968.
Bolivar Feier. Reden gehalten am 19. Dezember 1932 im Festsaal des Ibero-Amerikanischen Instituts in Berlin bei der feierlichen Übergabe der Büste von Simon Bolivar. 55 S., Berlin 1933.
Bolivarianische Gesellschaft Deutschlands (Hrsg.), *Simon Bolivar der Befreier. Leben, Gedanken und Worte.* Festschrift zur 150. Wiederkehr des Tages, an dem Simon Bolivar auf dem Monte Sacro in Rom den Schwur tat Venezuela zu befreien. 61 S., Hannover 1955.
Brice, Angel Francisco, *El „Bolívar" de Marx ampliado por Madariaga.* 103 S., Caracas 1952.
Briceño Perozo, Mario, *El Bolívar que llevamos por dentro.* 2. Aufl., 439 S., Caracas 1968.
Bruckner, Ferdinand, *Simon Bolivar.* [Schauspiel in deutscher Sprache]. 158 S., New York 1945.
Carbonell, Diego, *Psicopatología de Bolívar.* 456 S., Caracas 1965.
Carrera Damas, Germán, *El culto a Bolívar. Esbozo para un estudio de la historia de las ideas en Venezuela.* 333 S., Caracas 1969.
Cohen, Harry, *Simon Bolivar and the Conquest and Liberation of South America.* 183 S., New York 1955.
Colombres Mármol, Eduardo L., *La entrevista de Guayaquil. Hacia un esclarecimiento.* 230 S., Buenos Aires 1972.
Consuegra Higgins, José, *Las ideas económicas de Simón Bolívar.* 156 S., Bogotá 1982.
Cuevas Cancino, Francisco, *La Carta de Jamaica redescubierta.* 117 S., México 1975.
Descola, Jean, Les Libertadors. *L'émancipation de l'Amerique Latine 1810–1830.* S. 205–300, Paris 1978.
Dietrich, Wolfram, *Simon Bolivar und die latein-amerikanischen Unabhängigkeitskriege.* 280 S., Hamburg 1934.
In spanischer Sprache u.d.T. *Simón Bolívar y las guerras de la Independencia Americana.* 262 S., Santiago de Chile 1945.
Díez de Medina, Lucio, *El Libertador en Bolivia.* 329 S., La Paz 1954.
Ducoudray-Holstein, H. L. von (Hrsg.), *Bolivar's Denkwürdigkeiten.* 196 S., Hamburg 1830.
Edschmid, Kasimir, *Der Marschall und die Gnade. Roman des Simon Bolivar.* 547 S., Wien-München-Basel 1954.
Neuaufl. u.d.T. *Bolivar. Die Befreiung Südamerikas. Roman.* 560 S., München-Wien-Basel 1965.
Encina, Francisco Antonio, *Bolívar y la Independencia de la América española.* 8. Bd., Santiago de Chile 1957–1965.
Finot, Enrique, *Bolivar pacifista. (Orígenes de la cooperación internacional en América).* 205 S., New York 1936.
Francia, Felipe, *Genealogía de la familia del Libertador Simón Bolívar.* 30 S., o. A. (El Cojo) 1911.
Frank, Waldo, *Birth of a World. Bolivar in Terms of his People.* 432 S., Boston-Cambridge 1951.

In spanischer Sprache u.d.T. *El nacimiento de un mundo. Bolívar dentro del marco de sus propios pueblos.* 556 S., Madrid 1959.
Gaitán de Paris, Blanca (Hrsg.), *La mujer en la vida del Libertador.* 229 S., Bogotá 1980.
García Deffendini, Alfredo José, *Bolívar y el Discurso de Angostura.* 49 S., Caracas 1970.
Gómez Picón, Alivio, *Bolívar y Santander. Historia de una amistad.* 518 S., Bogotá 1971.
Grases, Pedro (Hrsg.), *El Libertador y la Constitución de Angostura de 1819.* 215 S., Caracas 1970.
Grases, Pedro, *El Archivo de Bolívar. (Manuscritos y Ediciones).* 296 S., Caracas 1978.
Grases, Pedro, *Estudios bolivarianos.* 628 S., Caracas-Barcelona-México 1981.
Grisante, Angel, *Iconografía de la familia del Libertador.* 114 S., Caracas 1956.
Guerra Iñiquez, Daniel, *El pensamiento internacional de Bolívar.* 309 S., Caracas 1955.
Guevara, Darío, *Bolívar. Libertador y arquitecto de la unidad americana.* 354, S., Quito 1974.
Gusev, Vladimir Ivanovič, *Gorizonty svobody. Povest' o Simone Bolivare.* 382 S., Moskva 1972.
Gutiérrez, Alberto, S. J., *La Iglesia que entendió el Libertador Simón Bolívar.* 288 S., Maracaibo 1981.
Hagen, Victor Wolfgang von, *The Four Seasons of Manuela. The Love Story of Manuela Saenz and Simon Bolivar.* 404 S., London 1952.
In deutscher Sprache u.d.T. *Manuela. Manuela Saenz und Simon Bolivar.* 429 S., Hamburg 1957.
In spanischer Sprache u.d.T. *La amante inmortal. (Los amores de Simón Bolívar y Manuela Sáenz).* 348 S., Barcelona 1958.
Hammel, Klaus, *Humboldt und Bolivar oder der Neue Kontinent (Schauspiel).* 93 S., Berlin 1979.
Hauschild, Ernst J., *Bolivar und San Martin, oder der Befreiungskampf auf der südamerikanischen Halbinsel in den Jahren 1808–1826.* 264 S., Leibzig 1844.
Heiman, Hanns, Humboldt und Bolivar. Begegnung zweier Welten in zwei Männern. In: Schultze, Joachim H. (Hrsg.), *Alexander von Humboldt. Studien zu seiner universalen Geisteshaltung.* S. 215–234, Berlin 1959.
In spanischer Sprache u.d.T. Humboldt y Bolívar. Encuentro de dos hombres en dos mundos, in: *Humboldt,* 1. Jg., Nr. 37, S. 21–27 Hamburg 1969.
Hildebrandt, Martha, *Los peruanismos en el léxico de Bolívar.* 48 S., Lima 1960.
Hildebrandt, Martha, *La lengua de Bolívar. I. Léxico.* 525 S., Caracas 1961.
Iribarren Celis, Lino (Hrsg.), *La campaña admirable. 1813.* 369 S., Caracas 1963.
Johnson, John J., *Simón Bolívar and Spanish American Independence 1783–1830.* 223 S., Princeton, N.J.-Toronto-Melbourne-London 1968.
Júlio, Sílvio, *Bolívar.* 4. Aufl., 464 S., Rio de Janeiro 1981.
Kahle, Günter, *Simon Bolivar und die Deutschen.* 115 S., Berlin 1980.
In spanischer Sprache u.d.T. *Simón Bolívar y los alemanes.* 109 S., Bonn 1980.
Kahle, Günter (Hrsg.), *Simon Bolivar in zeitgenössischen deutschen Berichten (1811–1831)/en los informes alemanes de la época (1811–1831).* 174 S., Berlin 1983.
Kienzl, Florian, *Bolivar. Ruhm und Freiheit Südamerikas.* 306 S., Berlin 1935.
In spanischer Sprache u.d.T. *Bolívar. Gloria y libertad de Sur-América.* 317 S., Caracas 1967.
Lara, A. Darío, *Algunas cartas de Bolívar a Flores (publicadas en francés, en 1948).* 69 S., Paris 1974.
Larrazábal, Felipe, *Vida del Libertador Simón Bolívar.* 2 Bd., 1075 S., Madrid 1918.
Lawrezki, Josef, *Simon Bolivar. Rebell gegen die spanische Krone. Befreier Südamerikas.* 341 S., Köln 1981.
Lecuna, Vicente, *Crónica razonada de las guerras de Bolívar.* 3 Bd., 1694 S., New York 1950.
Lecuna, Vicente, *Catálogo de errores y calumnias en la historia de Bolívar.* 2 Bd., 769 S., New York 1955–1956.

Lecuna, Vicente, *La entrevista de Guayaquil. Restablecimiento de la verdad histórica.* 4. Aufl., 2 Bd., 934 S., Caracas 1962–1963.
Łepkowski, Tadensz, *Simon Bolivar.* 243 S., Warszawa 1976.
Leturia, Pedro, S. J., *Bolívar y León XII.* 181 S., Caracas 1971.
Liévano Aguirre, Indalecio, *Bolivarismo y monroeísmo.* 98 S., Caracas 1971.
Liévano Aguirre, Indalecio, *Bolívar.* 534 S., Caracas 1974.
Loon, Hendrick Willem van, *Jefferson and Bolivar. New World Fighters for Freedom.* 238 S., London-Toronto-Wellington-Sydney 1966.
López, Ismael, *El libro de oro de Bolívar.* 297 S., Paris 1925.
López Contreras, Eleazar, *Bolívar, conductor de tropas.* Neuaufl., 215 S., Caracas 1971.
Ludwig, Emil, *Bolivar. The Life of an Idealist.* 317 S., London 1947.
Madariaga, Salvador de, *Bolívar.* 2 Bd., 1483 S., México 1951.
In deutscher Sprache u.d.T. *Bolivar.* 542 S., Stuttgart 1961.
In englischer Sprache u.d.T. *Bolivar.* 711 S., Coral Gables, Florida 1967.
Mancini, Jules, *Bolívar et L'Emancipation des Colonies Espagnoles des Origines à 1815.* 606 S., Paris 1912.
In spanischer Sprache u.d.T. *Bolívar y la emancipación de las colonias españolas desde los orígenes hasta 1815.* 591 S. Paris-México 1923.
Marshall, Phyllis und Crane, John, *The Dauntless Liberator.* 306 S., New York-London 1933.
Martin, Karl, *Simon Bolivars Tod und Verklärung. (Muerte y transfiguración de Simón Bolívar). Schauspiel in 3 Aufzügen (2 Wirklichkeits- und 8 Traumbildern) aus dem Leben des Befreiers von Spanisch-Amerika.* 38 Bl., Hamburg 1941.
Martínez Zulaica, Antonio, *Patobiografía de Simón Bolívar.* 513 S., Bogotá 1975.
Masur, Gerhard, *Simon Bolivar und die Befreiung Südamerikas.* 718 S., Konstanz 1949.
In spanischer Sprache u.d.T. *Simón Bolívar.* 2. Aufl., 2 Bd., 706 S., Bogotá 1980.
Memoria de la Asamblea Nacional Bolivariana de 1964. 166 S., Maracaibo 1964.
Méndez, José Ignacio, *El ocaso de Bolívar.* 2. Aufl., 317 S., Bogotá 1951.
Mendoza, Cristóbal L., *Las relaciones entre Bolívar y Miranda. Ensayo.* 215 S., Caracas 1978.
Mijares, Augusto, *El Libertador.* 5. Aufl., 586 S., Caracas 1969.
Miramón, Alberto, *Bolívar.* 2 Bd., 283 S., Bogotá 1971–1972.
Miramón, Alberto, *Bolívar en el pensamiento europeo de su época.* 115 S., Bogotá 1980.
Molina Mostajo, Plácido, *El Libertador en Bolivia.* 330 S., Santa Cruz 1975.
Navarro, Nicolás Eugenio, Monseñor, *El destinatario de la ,,Carta de Jamaica". (En torno a un hallazgo documental).* 40 S., Caracas 1954.
Nectario M., Hermano, *Ideas y sentimientos religiosos del Libertador Simón Bolívar.* 48 S., Madrid 1968.
Nuñez, Estuardo (Hrsg.), *Bolívar, Ayacucho y los tradicionistas peruanos.* 186 S., [Lima] 1974.
O'Leary, Daniel F., *Memorias del General O'Leary.* 26 Bd., Caracas 1880–1884.
O'Leary, Daniel F., *Correspondencia de extranjeros notables con el Libertador.* 2 Bd. 616 S., Madrid 1820.
O'Leary, Simón B., *Bolívar en el Perú.* 249 S., Caracas 1971.
Omiste, M., *Centenario de Bolívar. Informe de la Comisón Nacional de Boliva de su participación en las fiestas que han tenido lugar en Caracas, y reseña de ellas.* 147 S., Caracas 1883.
Ortega, Exequiel César, *Bolívar y la revolución sudamericana.* 303 S., Buenos Aires 1973.
Osorio Jiménez, Marcos A., *Bibliografía crítica de la detracción bolivariana.* 331 S., Caracas 1959.
Palma, Ricardo, *Bolívar en las tradiciones peruanas.* 166 S., Madrid-Barcelona-Buenos Aires 1930.
Peña Vásquez, Salvador, *Simón Bolívar y el panamericanismo.* 224 S., Caracas 1972.
Pereyra, Carlos, *Bolívar y Washington. Un paralelo imposible.* 444 S., Madrid 1917.
Pereyra, Carlos, *La juventud legendaria de Bolívar.* 523 S., Madrid 1932.

Pérez Vila, Manuel (Hrsg.), *Bolívar y su época. Cartas y testimonios de extranjeros notables.* 2 Bd., 526 S., Caracas 1953.
Pérez Vila, Manuel, *La biblioteca del Libertador.* 27 S., Caracas 1960.
Pérez Vila, Manuel, *Las campañas periodísticas del Libertador.* 121 S., Caracas 1974.
Pérez Vila, Manuel, *La formación intelectual del Libertador.* 255 S., Caracas 1979.
Perico Ramírez, Mario H., *Bolívar el héroe maldito.* 2. Aufl., 539 S., Bogotá 1979.
Peru de Lacroix, Luis, *Diario de Bucaramanga. Vida pública y privada del Libertador Simón Bolívar.* 267 S., Paris 1912.
Peter, Elizabeth, *Die Innenpolitik Simon Bolivars.* Inaugural-Dissertation, 71 S., Münster 1931.
Pineda, Gabriel H., *Bolívar frente a la muerte. (Diario íntimo de su agonía).* 101 S., Cochabamba 1972.
Pineda, Rafael, *Tenerani y Tadolini. Los escultores de Bolívar.* 179 S., Caracas 1973.
Prividal, Francisco, *Bolívar: Pensamiento precursor del antiimperialismo.* 244 S., La Habana 1977.
Poli Monjardin, Adelpho, *Bolivar e Caixas. Paralelo entre duas vidas.* 650 S., Rio de Janeiro 1967.
Ponce Enriquez, Camilo, *Las ideas del Libertador referentes a la constitución política de los Estados Americanos.* 133 S., Quito 1936.
Presidencia de la República (Hrsg.), *Colombia al Libertador.* 341 S., Bogotá 1981.
Puentes, Milton, *Bolívar, padre de las izquierdas liberales.* 151 S., Bogotá 1965.
Quevedo, Numa, *Bolívar. El mágico adelantado.* 225 S., Caracas 1972.
Ramos, Jorge Abelardo, *Bolivarismo y Marxismo.* 135 S., Buenos Aires 1969.
Révérend, Alejandro Próspero, *La última enfermedad, los últimos momentos i los funerales de Simón Bolívar.* 67 S., Maracaibo 1922.
Rey Ochoa Terán, Luis, *Bolívar y sus ideas educativas.* 72 S., Caracas 1970.
Rincón, Nemesiano, *El Libertador Simón Bolívar. Presdidente de la República de Colombia, en la campaña de Pasto (1819–1822).* 248 S., [Bogotá] 1973.
Rink, Paul, *Quest for Freedom. Bolivar and the South American Revolution.* 188 S., New York 1968.
Rivas Dugarte, Rafael Angel, *Simón Bolívar. En publicaciones periódicas del exterior.* 238 S., Caracas 1980.
Rodríguez, Manuel Alfredo, *Bolívar en Guayana.* 322 S., [Ciudad Bolívar 1970]
Rodríguez, Simón, *El Libertador del mediodía de América y sus compañeros de armas defendidos por un amigo de la causa social.* Faks.– Neudr., 158 S., Caracas 1971.
Rodríguez Demorizi, Emilio, *Santo Domingo y la Gran Colombia. Bolívar y Núñez de Cáceres.* 218 S., Santo Domingo 1971.
Rodríguez Iturbe, José, *Génesis y desarrollo de la ideología bolivariana. Desde la pre-emancipación hasta Jamaica.* 490 S., Caracas 1973.
Rojas, Armando, *Ideas educativas de Simón Bolívar.* 199 S., Madrid 1952.
Rojas, Marqués de, *Simón Bolívar.* 352 S., Paris 1883.
Romancero bolivariano. 368 S., Caracas 1969.
Romero Martínez, Vinicio, *Las aventuras de Simón Bolívar. Autobiografía del Libertador.* 188 S., Caracas 1972.
Rumazo González, Alfonso, *Simón Bolívar. (Biografía).* 5. Aufl., 269 S., Madrid 1973.
Sáenz, Vicente, *Morelos y Bolívar.* 125 S., México 1947.
Salcedo-Bastardo, José Luis, *Bolívar: Un continente y un destino.* 6. Aufl., 392 S., Caracas 1977.
In deutscher Sprache u.d.T. *Simon Bolivar. Ein Kontinent und sein Schicksal.* 434 S., Percha am Starnberger See 1978.
Salcedo-Bastardo, José Luis, *Visión y revisión de Bolívar.* 415 S., Caracas 1981.
Santana, Arturo, *La campaña de Carabobo (24 de junio de 1821).* 42 S., Caracas 1921.
Santovenia, Emeterio S., *Bolívar y las Antillas Hispanas.* 276 S., Madrid 1935.
Sarmiento, Alberto, *Bolívar masón.* 100 S., Quito [1976].

Saurat, Gilette, *Bolivar le Libertador.* 509 S., Paris 1979.
Schael Martínez, Graciela, *Biografía de la casa natal del Libertador.* 75 S., Madrid 1965.
Sherwell, Guillermo A., *Simón Bolívar. (El Libertador). Patriot, Warrior, Statesman. Father of Five Nations. A Sketch of his Life and his Work.* 233 S., Baltimore 1930.
Sociedad Bolivariana de Venezuela (Hrsg.), *Testimonios peruanos sobre el Libertador.* 482 S., Caracas 1964.
Sociedad Bolivariana del Perú (Hrsg.), *Homenaje a Bolívar.* 316 S., Lima 1942.
Suárez, Ramón Darío, *Genealogía del Libertador.* 449 S., Mérida 1970.
Tautphoeus, Franz Freiherr von, *Flammen über Südamerika. Simon Bolivars Freiheitskampf.* 157 S., Schloß Bleckede 1952.
Toro Anda, Jorge, *Las ideas del Libertador referentes a la constitución política de los Estados americanos.* 288 S., Quito 1936.
Toro Hardy, José, *Ideario político-social de Bolívar desde su juramento en Roma hasta el Manifiesto de Cartagena.* 89 S., Caracas 1964.
Torres, Mauro, *Perspectiva psiconalítica de Simón Bolívar.* 291 S., Bogotá 1968.
Townsend Ezcurra, Andrés, *Las ideas de Bolívar en la integración de los pueblos latinoamericanos.* 120 S., Lima 1975.
Uribe White, Enrique (Hrsg.), *Iconografía del Libertador.* 238 S., Caracas 1967.
Uribe White, Enrique, *El Libertador. Campaña de 1819. Episodios en su vida.* 378 S., Bogotá 1969.
Uslar Pietri, Arturo, *Bolivariana.* 124 S., Caracas 1972.
Valencia-Villa, Hernando, *La constitución de la quimera. Rosseau y la república jacobina en el pensamiento constitucional de Bolívar.* 158 S., Bogotá 1982.
Verna, Paul, *Robert Sutherland. Un amigo de Bolívar en Haití. Contribución al estudio de los destierros del Libertador en Haití, y de sus expediciones de los Cayos y de Jacmel.* 120 S., Caracas 1966.
Verna, Paul, *Petión y Bolívar. 40 años (1790–1830) de relaciones haitiano-venezolanas y su aporte a la emancipación de Hispanoamérica.* 594 S., Caracas 1970.
Villanueva, Carlos A., *La monarquía en América. Bolívar y el General San Martín.* 287 S., Paris 1911.
Villanueva Urteaga, Horacio, *Simón Bolívar en el Cuzco.* 103 S., Caracas 1971.
Worcester, Donald Emmet, *Bolivar.* 243 S., Boston-Toronto 1977.

Artikel – Artículos

Ardao, Arturo, „El supuesto positivismo de Bolívar". In: *Revista de la Sociedad Bolivariana de Venezuela.* 21. Jg., Bd. 19, Nr. 64, S. 472–489, Caracas 1960.
Ariza S., Alberto E., Fray, O. P., „Bolívar y la Santa Sede según el Padre Leturia". In: *Revista de la Academia Colombiana de Historia Eclesiástica.* Bd. 5, Nr. 17–18, S. 41–55, Medellín 1970.
Brice, Angel Francisco, „La detracción bolivariana en el sur". In: *Revista de la Sociedad Bolivariana de Venezuela.* 21. Jg., Bd. 19, Nr. 65, S. 753–816, Caracas 1960.
Bushnell, David, „The Last Dictatorship: The Trial or Consummation?". In: *Hispanic American Historical Review.* Bd. 63, Nr. 1, S. 65–105, Durham, North Carolina 1983.
Capo, José María, „Don Simón Rodríguez, maestro del Libertador". In: *Educación.* Bd. 11, Nr. 1, S. 51–71, San Juan [Puerto Rico] 1961.
Carreras, Juan José, „Marx y Bolívar". In: *Eco.* Bd. 25/1, Nr. 145, S. 90–103, Bogotá 1972.
Collier, Simon, „Nationality, Nationalism and Supranationalism in the Writings of Simon Bolivar". In: *Hispanic American Historical Review.* Bd. 63, Nr. 1, S. 37–64, Durham, North Carolina 1983.
Cova, Jesús Antonio, „Bolívar y el Congreso de Panamá". In: *Revista de Estudios Políticos.* Nr. 127, S. 173–181, Madrid 1963.

Crema, Edoardo, ,,Lo poético en Bolívar". In: *Revista de la Sociedad Bolivariana de Venezuela.* 23. Jg., Bd. 21, Nr. 71, S. 291–354, Caracas 1962.
Cubitt, David J., ,,La anexión de la provincia de Guayaquil, 1822: Estudio del estilo político bolivariano". In: *Revista del Archivo Histórico de Guayas.* 7. Jg., Nr. 13, S. 7–29, Guayaquil 1978.
Dantès Bellegarde, Louis, ,,Petión y Bolívar". In: *Revista de la Sociedad Bolivariana.* Bd. 3, Nr. 9, S. 172–186, Caracas 1941.
De-Sola Ricardo, Irma, ,,Precioso hallazgo de una carta del padre del Libertador". In: *Boletín Histórico.* Nr. 28, S. 165–171, Caracas 1972.
Díaz Alvarez, Manuel, OFM Cap., ,,El Padre Andújar, Maestro de Simón Bolívar". In: *Estudios Franciscanos.* Bd. 75, Nr. 351, S. 425–441, Barcelona 1974.
Escalona-Escalona, José Antonio, ,,Significado de la actuación de Bolívar en Angostura". In: *Revista de la Sociedad Bolivariana de Venezuela.* 22. Jg., Bd. 20, Nr. 68, S. 592–605, Caracas 1961.
Febres Cordero, Julio, ,,Bolívar y Rusia". In: *Revista de la Sociedad Bolivariana de Venezuela.* 28. Jg., Bd. 26., Nr. 90, S. 71–82, Caracas 1967.
Febres Cordero, Julio, ,,Arcaísmos institucionales e influencias románticas en el Libertador". In: *Boletín Histórico.* Nr. 26, S. 153–185, Caracas 1971.
Flores Cano, Enrique, ,,El ideal bolivariano en la Carta de Jamaica". In: *Cuadernos Americanos.* 22. Jg., Bd. 130, Nr. 5, S. 209–223, México, D. F. 1963.
Fuentes Carvallo, Rafael L., ,,La estirpe manchega y la sangre alemana del Libertador". In: *Boletín de la Asociación Cultural Humboldt.* Nr. 11–12, S. 59–73, Caracas 1976.
Guevara, Darío, ,,Bolívar y Lancaster". in: *Boletín de la Academia Nacional de la Historia.* Bd. 51, Nr. 201, S. 81–90, Caracas 1968.
Guzmán Noguera, Ignacio de, ,,Las conspiraciones contra el Libertador". In: *Arco.* 6. Jg., Nr. 48, S. 604–611, Bogotá 1964.
Hanke, Lewis, ,,Simon Bolivar and Neutral Rights". In: *The Hispanic American Historical Review.* Bd. 21, Nr. 2, S. 259–291, Durham, North Carolina 1941.
Helguera, J. León, ,,Bolívar: Una interpretación de su política económica en la teoría y en la práctica". In: *Boletín Histórico.* Nr. 17, S. 167–183, Caracas 1968.
Jacob, Ernst Gerhard, ,,Simón Bolívar (1783–1830)". In: *Stimmen der Zeit.* 88. Jg., Bd. 171, H. 3, S. 199–206, Freiburg i. Br. 1962–1963.
Jaramillo Alzate, José, ,,La formación jurídica del Libertador". In: *Universidad de Antioquía.* Bd. 51, Nr. 198–199, S. 167–173, Medellín 1976.
Lewis, William F., ,,Simón Bolívar and Xavier Mina. A Rendezvous in Haiti". In: *Journal of Inter-American Studies.* Bd. 11, Nr. 3, S. 458–465, Coral Gables, Florida 1969.
Lozano Cleves, Alberto, Tte. Coronel, ,,Bolívar y Santander". In: *Boletín de Historia y Antigüedades.* Bd. 45, Nr. 519–521, S. 71–83, Bogtá 1958.
Lynch, John, ,,Bolívar and the Caudillos". In: *Hispanic American Historical Review.* Bd. 63, Nr. 1, S. 3–35, Durham, North Carolina 1983.
Mazzei de Grazia, Leonardo, ,,Simón Bolívar y la creación de Bolivia". In: *Atenea.* Nr. 432, S. 99–112, Concepción 1975.
Meneses Franco, Alvaro, ,,El Libertador Simón Bolívar, padre de la campaña de Boyacá en el año de 1819". In: *Boletín Historial.* 46. Jg., Nr. 140, S. 2–28, Cartagena 1961.
Mier, José M. de, ,,Documentos inéditos relativos a la exhumación de los despojos mortales del Libertador". In: *Boletín Histórico.* Nr. 29, S. 291–303, Caracas 1972.
Mieres, Antonio, ,,Bolívar y el periodismo". In: *Anuario.* Bd. 1, S. 65–82, Caracas 1975.
Millares Carlo, Agustín, ,,La verdad en el caso de las cartas de Lafont y Colombres Mármol". In: *Boletín del Archivo General de la Nación.* Bd. 62, Nr. 223, S. 257–270, Caracas 1972.
Muñoz Sanz, Juan Pablo, ,,El poder moral en el concepto del Libertador". In: *Revista de la Sociedad Bolivariana de Venezuela.* 22. Jg., Bd. 20, Nr. 69, S. 749–825, Caracas 1961.
Nava, Ciro, ,,Ramas genealógicas y familiares del Libertador". In: *Revista de la Universidad del Zulia.* 11. Jg., Nr. 42–43, S. 111–121, Maracaibo 1968.
Nuñez Ponte, José Manuel, ,,El Libertador y la esclavitud. Instancias de Bolívar. – La

manumisión". In: *Revista de la Sociedad Bolivariana de Venezuela.* 7. Jg., Bd. 8, Nr. 20, S. 589–596, Caracas 1946.

Paiva Reinoso, Antonio, ,,El pretendido reestablecimiento de los tributos personales de los indios por parte del Libertador en 1828". In: *Cultura Universitaria.* Nr. 93, S. 169–175, Caracas 1967.

Palacios, Alfredo L., ,,Bolívar y Alberdi. Comunidad regional iberoamericana". In: *Cuadernos Americanos.* 14. Jg., Bd. 82, Nr. 4, S. 170–218, México 1955.

Panhorst, Karl Heinrich, ,,Simon Bolivar und Alexander von Humboldt". Sonderdruck aus *Ibero-Amerikanisches Archiv.* Bd. 4, H. 1, 13 S., Berlin 1930.

Pardo, Ricardo C., ,,Bolívar y el proceso de abolición de la esclavitud". In: *Revista de la Sociedad Bolivariana de Venezuela.* 21. Jg., Bd. 19, Nr. 64, S. 529–544, Caracas 1960.

Parra-Pérez, Caraciolo, ,,Bolívar y Napoleón". In: *Cuadernos.* Nr. 71, S. 23–31, Paris 1963.

Pérez Botero, Luis, ,,La política vaticanista de Bolívar". In: *Universidad de Antioquía.* Nr. 147, S. 983–1003, Medellín 1961.

Pinto C., Manuel, ,,Bolívar y las masas". In: *Revista de la Sociedad Bolivariana de Venezuela.* 23. Jg., Bd. 21, Nr. 73, S. 768–815, Caracas 1962.

Porras Troconis, Gabriel, ,,Bolívar, Libertador del Perú". In: *Revista de la Sociedad Bolivariana de Venezuela.* 19. Jg., Bd. 17, Nr. 56, S. 337–372, Caracas 1958.

Roberts, W. Adolphe, ,,Simón Bolívar in Jamaica". In: *The Jamaican Historical Review.* Bd. 2, Nr. 2, S. 1–10, Kingston 1952.

Roig, Arturo Andrés, ,,Los ideales bolivarianos y la propuesta de una Universidad Latinoamericana Continental". In *Latino América. Anuario Estudios Latinoamericanos.* Nr. 9, S. 231–245, México 1976.

Rojas, Armando, ,,Aspectos de la política internacional de Bolívar en el Perú". In: *Revista Nacional de Cultura.* 32. Jg., Nr. 205, S. 69–86, Caracas 1972.

Ross, Waldo, ,,Bolívar; el espíritu de la ,Carta de Jamaica'". In: *Universidad de Antioquía.* Nr. 152, S. 25–38, Medellín 1963.

Rothe, Juan Ernesto, ,,Bolívar, precursor de la reforma agraria en América". In: *Lotería.* 2. Serie, Bd. 9, Nr. 107, S. 78–87, Panamá 1964.

Sáenz de Santa María, Carmelo, S. J., ,,Bolívar y Pío VIII". In: *Revista de Historia de América.* Nr. 49, S. 147–171, México 1960.

Sánchez, Luis Alberto, ,,Bolívar en el Congreso del Perú". In: *Boletín del Archivo General de la Nación.* Bd. 58, Nr. 214, S. 49–67, Caracas 1968.

Santander, Francisco de Paula, ,,El general Simón Bolívar en la campaña de la Nueva Granada de 1819". In: *Boletín de la Academia Nacional de Historia.* Bd. 52, Nr. 207, S. 400–412, Caracas 1969.

Santos Lima, Néstor, ,,A Imagem do Brasil nas cartas de Bolívar". In: *Revista Brasileira de Política Internacional.* Bd. 21, Nr. 81–84, S. 29–50, Rio de Janeiro 1978.

Schottelius, Herbert, ,,Bolivar und San Martin". In: *Die Welt als Geschichte.* 15. Jg., H. 2, S. 114–125, Stuttgart 1955.

Shepherd, William R., ,,Bolivar and the United States". In: *The Hispanic American Historical Review.* Bd. 1, Nr. 3, S. 270–298, Sonderdruck, o. A. 1918.

Silva Otero, Arístides, ,,Bolívar y sus relaciones con las provincias del Río de la Plata". In: *Revista de la Sociedad Bolivariana de Venezuela.* 22. Jg., Bd. 20, Nr. 67, S. 276–328, Caracas 1961.

Tosta, Virgilio, ,,En torno al pensamiento social de Libertador". In: *Revista Nacional de Cultura.* 22. Jg., Nr. 139, S. 78–107, Caracas 1960.

Valencia Rangel, Francisco, ,,Bolívar, frente a las tentativas monárquicas de San Martín e Iturbide". In: *A.P.U.M.* Bd. 1, Nr. 14, S. 9–18, México 1962.

Zeuske, M., ,,Simón Bolívar 1783–1830. Zum 150. Jahrestag seines Todes". In: *Lateinamerika.* Herbstsemester, S. 5–17, Rostock 1980.

Zum Umschlagbild:

Simón Bolívar 1830
Lithographie nach einer Elfenbeinminiatur des
Italieners Antonio Meucci

Über die Entstehung der Darstellung schreibt Belford Hinton Wilson, ein britischer Diplomat und ehemaliger Kampfgefährte Bolívars, am 18. Mai 1853:
«General Bolívar, geboren am 24. Juli 1783 in Caracas, Republik Venezuela, starb am 17. Dezember 1830 in meinen Armen in Santa Marta, Republik Neu-Granada. Dieses ist die beste und einzige gute Darstellung, die ich von General Bolívar gesehen habe. Das bestätigten der General selbst und Oberst Ibarra, seine Gefolgsleute, ebenso Herr José Rafael Revenga und alle Gefährten General Bolívars, seine Berater und Freunde, denen ich die Miniatur gezeigt habe. Das Porträt blieb unvollendet, aber das Typische ist treffend herausgestellt. Der Maler, von dem ich es 1837 in Lima erwarb, der Italiener Meucci, hatte mir angeboten, es noch fertigzustellen. Das Bild wurde in Cartagena, Republik Kolumbien (heute Neu-Granada) im Jahre 1830 gemalt. General Bolívar hatte dem Künstler mehrmals Modell gesessen. Meucci fertigte vier oder drei verschiedene Fassungen an. Eine überreichte General Bolívar Frau Trobriant, der Schwester des französischen Generals Trobriant. Ein anderes Bild schenkte er Konsul Watts. Eines der Porträts wurde für Herrn Juan de Francisco Martín gemalt. Die Miniatur, die ich besitze, war für General O'Leary gedacht.
Ich wünsche, daß dieses Bild als kostbares Vermächtnis im Besitz meiner Familie bleibt, und daß unter meinen Nachfahren stets einer den Vornamen «Bolívar» trägt bzw. «Bolivia», wenn es ein Mädchen betrifft, zum ehrenvollen Gedenken an die Beziehung, die ich zu dieser berühmten Persönlichkeit hatte.»

Sobre la ilustración de la cubierta:

Simón Bolívar 1830
Litografía según una miniatura en marfil del
italiano Antonia Meucci

Sobre el origen de la ilustración escribe el diplomático inglés y antiguo compañero de lucha de Bolívar Belford Hinton Wilson el 18 de mayo de 1853 lo siguiente:
«El General Bolívar nació en Caracas, República de Venezuela, el 24 de julio de 1783 y murió en mis brazos, en Santa Marta, República de Nueva Granada, el 17 de diciembre de 1830. Esta es la mejor y la única buena interpretación que jamás haya yo visto del General Simón Bolívar y así ha sido reconocido por el General y por el Coronel Ibarra, sus edecanes, como también por el señor José Rafael Revenga y por todos los compañeros del General Bolívar, sus oficiales y amigos, a quienes la he mostrado. El retrato está inconcluso, pero para no destruir el parecido no consentí que fuera terminada la obra, a pesar de que el pintor, un italiano nombrado Meucci, me ofreció concluirla después que la adquirí de él en Lima en 1837. Fue pintado en Cartagena, República de Colombia (hoy en día Nueva Granada), en 1830. El General Bolívar posó para ella muchas veces. Meucci hizo cuatro o tres copias – una fue obsequiada por el General Bolívar a la señora Tropbriant (*sic*), hermana del General

francés Tropbriant, la otra la obsequió al cónsul señor Watts. Otra fue pintada para el señor Juan de Francisco Martín; la que tengo yo creo fue hecha para el General O'Leary.
Es mi deseo que este retrato sea considerado por mi familia como un legado a perpetuidad y que uno de mis descendientes lleve siempre el nombre de Bolívar, o Bolivia si es hembra, en grato recuerdo por la asociación que tuve con esa ilustre persona.»

Bildquellennachweis:

Abb. neben Seite 40: Porträtarchiv Diepenbroick. Westfälisches Landesmuseum für Kunst- und Kulturgeschichte, Münster.

Abb. neben Seite 70: Antiquariat Harlinghausen, Osnabrück.

Abb. neben Seite 86: Porträtarchiv Diepenbroick. Westfälisches Landesmuseum für Kunst- und Kulturgeschichte, Münster.

Abb. neben Seite 102: Porträtarchiv Diepenbroick. Westfälisches Landesmuseum für Kunst- und Kulturgeschichte, Münster.

Abb. neben Seite 118: Westfälisches Landesmuseum für Kunst- und Kulturgeschichte, Münster.

Abb. neben Seite 134: Antiquariat Harlinghausen, Osnabrück.

Procedencia de las Ilustraciones:

Ilustr. junto á la pag. 40: Archivo de retratos Diepenbroick.
(Museo de Historia del Arte y de la Cultura de Westfalia, Münster).

Ilustr. junto á la pag. 70: Archivo de retratos Diepenbroick.
(Museo de Historia del Arte y de la Cultura de Westfalia, Münster).

Ilustr. junto á la pag. 86: Anticuario Harlinghausen, Osnabrück.

Ilustr. junto á la pag. 102: Archivo de retratos Diepenroick.
(Museo de Historia del Arte y de la Cultura de Westfalia, Münster).

Ilustr. junto á la pag. 118: Archivo de retratos Diepenroick.
(Museo de Historia del Arte y de la Cultura de Westfalia, Münster).

Ilustr. junto á la pag. 134: Anticuario Harlinghausen, Osnabrück.